FASCISMO
UM ALERTA

FASCISMO

UM ALERTA

MADELEINE ALBRIGHT

com Bill Woodward

Tradução
Jaime Biaggio

CRÍTICA

Copyright © Madeleine Albright, 2018
Publicado em acordo com Harper Collins Publishers.
Copyright © Editora Planeta do Brasil, 2018
Todos os direitos reservados.
Título original: *Farcism: A Warning*

Preparação: Ana Tereza Clemente
Revisão: Fernando Nuno e Olívia Tavares
Diagramação: Triall Editorial Ltda
Capa: Adaptada do projeto original de Milan Bozic
Imagem de capa: © themacx/iStock/Getty Images

Dados Internacionais de Catalogação na Publicação (CIP)
Angélica Ilacqua CRB-8/7057

Albright, Madeleine
 Fascismo: um alerta / Madeleine Albright, Bill Woodward; tradução de Jaime Biaggio. – São Paulo : Planeta, 2018.
 304 p.

 ISBN: 978-85-422-1427-7
 Título original: Fascism: A Warming

 1. Fascismo 2. Fascismo - História I. Título II. Albright, Madeleine III. Solano, Jaime Biaggio

 18-1475   CDD 335.6

2018
Todos os direitos desta edição reservados à
EDITORA PLANETA DO BRASIL LTDA.
Rua Padre João Manuel, 100 – 21º andar
Ed. Horsa II – Cerqueira César
01411-000 – São Paulo-SP
www.planetadelivros.com.br
atendimento@editoraplaneta.com.br

Para as vítimas do fascismo
Ontem e hoje
E para todos que o combatem
Em si mesmos
E nos outros

Toda era tem o seu próprio fascismo.

PRIMO LEVI

SUMÁRIO

1. UMA DOUTRINA DE RAIVA E MEDO 9
2. O MAIOR ESPETÁCULO DA TERRA 23
3. "QUEREMOS SER BÁRBAROS" 37
4. "NÃO TENHAM PIEDADE NO CORAÇÃO" 51
5. A VITÓRIA DOS CÉSARES 63
6. A QUEDA 73
7. A DITADURA DA DEMOCRACIA 87
8. "HÁ MUITOS CORPOS LÁ EM CIMA" 103
9. UMA DIFÍCIL ARTE 115
10. PRESIDENTE VITALÍCIO 127
11. ERDOGAN, O MAGNÍFICO 143
12. O HOMEM DA KGB 159
13. "SOMOS QUEM UM DIA FOMOS" 173
14. "O LÍDER SEMPRE ESTARÁ CONOSCO" 193
15. PRESIDENTE DOS ESTADOS UNIDOS 211
16. SONHOS RUINS 229
17. AS PERGUNTAS CERTAS 243

AGRADECIMENTOS 257
REFERÊNCIAS 261
INDICE REMISSIVO 279
SOBRE A AUTORA 299

1

UMA DOUTRINA DE RAIVA E MEDO

No dia em que os fascistas alteraram pela primeira vez o curso da minha vida, eu mal havia dominado a arte de caminhar. Era 15 de março de 1939. Batalhões de tropas de assalto alemãs invadiram meu país, a Tchecoslováquia, conduziram Adolf Hitler ao Castelo de Praga e jogaram a Europa à beira de uma Segunda Guerra Mundial. Após dez dias escondidos, meus pais e eu fugimos para Londres. Lá, nos juntamos a exilados de toda a Europa no apoio à reação aliada enquanto aguardávamos ansiosamente pelo fim do calvário.

Quando os nazistas se renderam, seis duros anos depois, voltamos para casa cheios de esperança, ávidos por construir uma nova vida em um país livre. Meu pai continuou sua carreira no Departamento de Relações Exteriores da Tchecoslováquia e por um breve período esteve tudo bem. Em 1948, contudo, os comunistas assumiram o controle do nosso país. A democracia foi suspensa e minha família, mais uma vez, forçada a se exilar. No Dia do Armistício, chegamos aos Estados Unidos (EUA), onde, sob os olhos vigilantes da Estátua da Liberdade, fomos recebidos como refugiados. Para nos proteger e permitir que a minha vida e as de minha irmã, Kathy, e de meu irmão, John, parecessem tão normais quanto possível, meus pais não nos contaram o que só viríamos a saber décadas depois: três de nossos avós e um grande número de tias, tios e primos estavam entre os milhões de judeus que morreram no ato definitivo do fascismo – o Holocausto.

Eu tinha 11 anos quando cheguei aos Estados Unidos, sem qualquer meta mais ambiciosa senão a de me tornar uma típica adolescente americana. Livrei-me do sotaque europeu, li revistas em quadrinhos aos montes, grudei o ouvido num rádio a pilha e me enchi de chicletes. Fiz tudo o que podia para me integrar, mas não tinha como fugir ao fato de que, em nossos dias, mesmo decisões tomadas em lugares distantes, poderiam marcar a diferença entre a morte e a vida. Ao entrar no ensino médio, fundei um grupo de debate de questões internacionais, me autonomeei presidente dele e instiguei discussões sobre tudo, do socialismo autogestionário de Tito ao conceito de *satyagraha* apresentado por Gandhi ("A força que nasce da verdade e do amor").

Meus pais amavam a liberdade encontrada no país que adotamos. Meu pai logo se estabeleceu como professor na Universidade de Denver, escreveu livros sobre os perigos da tirania e preocupava-se quanto aos americanos, de tão acostumados à liberdade – por serem a tal ponto "muito, muito livres", em suas palavras –, não darem o devido valor à democracia. Quando formei minha própria família, minha mãe telefonava todo Quatro de Julho para se certificar de que os netos tinham ido à parada e se estavam cantando músicas patrióticas.

Muitos americanos tendem a idealizar os anos imediatamente posteriores à Segunda Guerra – imaginam uma época radiante e inocente na qual todos concordavam que o país era fantástico e que cada família tinha a segurança de um provedor, os utensílios mais modernos, filhos acima da média e uma visão promissora da vida. A verdade é que a Guerra Fria foi um período de ansiedade incessante no qual a sombra ameaçadora do fascismo era obscurecida por um outro tipo de nuvem. Na minha adolescência, devido aos testes atômicos, um elemento radioativo, o estrôncio 90, era encontrado em dentes de bebês em quantidade cinquenta vezes maior que o normal. Praticamente todas as cidades contavam com uma superintendência de defesa civil a clamar pela construção de abrigos nucleares caseiros que tivessem estoque de legumes em conserva, tabuleiros de Banco Imobiliário e cigarros. Crianças em cidades grandes andavam com plaquinhas de metal com os nomes gravados para identificação, caso o pior acontecesse.

Quando fiquei mais velha, segui os passos de meu pai e tornei-me professora universitária. Entre minhas especialidades estava o Leste Europeu, onde países eram descartados como satélites na órbita de um sol totalitário, e onde havia uma impressão geral de que nada de interessante jamais aconteceu e de que nada importante se modificaria. O sonho de Marx de um paraíso dos trabalhadores havia degenerado em um pesadelo orwelliano; o conformismo era o bem mais precioso, informantes vigiavam cada quarteirão, países inteiros viviam por trás de cercas de arame farpado e seus governos teimavam em chamar topo de fundo e preto de branco.

Então, quando a mudança chegou, foi com uma velocidade que espantou a todos. Em junho de 1989, as reivindicações antiquíssimas dos estivadores e a inspiração fornecida por um papa nascido em Wadowice instituíram na Polônia um governo democrático. Em outubro, a Hungria havia se tornado uma república democrática e no início de novembro o Muro de Berlim rachara. Naqueles dias milagrosos, a cada manhã, a TV nos trazia notícias que por muito tempo haviam parecido impossíveis. Ainda me lembro dos momentos decisivos da Revolução de Veludo na minha Tchecoslováquia, assim chamada por ter sido deflagrada sem cortes de cabeças nem tiros. Era uma tarde gelada no fim de novembro. Na histórica praça de São Venceslau, em Praga, uma multidão de 300 mil pessoas sacudia chaves alegremente a simular o badalar de sinos pelo fim do regime comunista. Numa sacada, a observar a massa, estava Václav Havel, o destemido dramaturgo que seis meses antes era prisioneiro político e cinco semanas depois seria proclamado presidente de uma Tchecoslováquia livre.

Naquele instante, eu me incluía entre tantos que sentiam que a democracia havia superado seu teste mais difícil. A outrora poderosa União Soviética (URSS), fragilizada pela economia enfraquecida e pelo desgaste ideológico, despedaçou-se como um vaso derrubado sobre um chão de pedra, liberando a Ucrânia, o Cáucaso, o Báltico e a Ásia Central. A corrida armamentista retrocedeu sem nos mandar pelos ares. No Oriente, a Coreia do Sul, as Filipinas e a Indonésia livraram-se de velhos ditadores. No Ocidente, os governantes militares da América Latina cederam espaço a presidentes eleitos. Na África, a libertação de Nelson Mandela – outro prisioneiro a virar presidente – criou a esperança de um renascimento regional. Mundo afora, países dignos de serem chamados de democráticos aumentaram de 35 para mais de cem.

Em janeiro de 1991, George H. W. Bush disse ao Congresso que "o fim da Guerra Fria foi uma vitória para toda a humanidade... e a liderança dos EUA foi fundamental em torná-la possível". Do outro lado do Atlântico, acrescentou Havel: "A Europa está tentando criar um tipo de ordem historicamente nova por meio do processo de unificação... uma Europa em que ninguém com mais poder será capaz de oprimir alguém com menos poder, onde não mais será possível a resolução de conflitos por meio da força".

Hoje, mais de um quarto de século depois, é preciso perguntar o que foi que aconteceu àquela visão edificante; por que parece estar se Freedom House, a democracia está hoje "sob ataque e recuando"? Por que tanta gente em posições de poder vem tentando minar a confiança popular nas eleições, nos tribunais, na mídia e – questão fundamental do futuro da Terra – na ciência? Por que teria se deixado abrir fissuras tão profundas entre ricos e pobres, cidade e campo, detentores de educação superior e os que não a possuem? Por que teriam os Estados Unidos – ao menos temporariamente – abdicado de sua liderança nas questões mundiais? E por que, a esta altura do século XXI, voltamos a falar de fascismo?

Uma das razões, para dizer francamente, é Donald Trump. Se pensarmos no fascismo como uma ferida do passado que estava quase sarada, colocar Trump na Casa Branca foi como arrancar o curativo e futucar a cicatriz.

Para a classe política de Washington, tanto republicanos e democratas como independentes, a eleição de Trump foi tão chocante que teria levado um velho comediante de cinema mudo a segurar firme o chapéu com as duas mãos, enterrá-lo na cabeça, saltar e cair de costas. Os EUA já tiveram presidentes imperfeitos antes; na verdade, é só o que sempre tivemos. Mas nunca havíamos tido uma autoridade máxima no Executivo, na era moderna, cujas declarações e atos entrassem em tamanho choque com os ideais democráticos.

Desde os estágios iniciais de sua campanha, e em seus primeiros passos no Salão Oval, Donald Trump reservou duras palavras às instituições e aos princípios que formam os pilares de um governo transparente. Nesse processo, aviltou sistematicamente o raciocínio político nos Estados Unidos, exibiu um desprezo impressionante pelos fatos, caluniou predecessores, ameaçou "encarcerar" rivais políticos, referiu-se aos jornalistas da grande mídia como "inimigos do povo americano", espalhou mentiras sobre a integridade do processo eleitoral do país, promoveu de forma impensada uma política comercial e econômica nacionalista, vilanizou imigrantes e os países de onde vieram e alimentou uma intolerância paranoica direcionada aos seguidores de uma das principais religiões do mundo.

Para autoridades estrangeiras com tendências autocráticas, rompantes assim vêm bem a calhar. Ao invés de confrontar forças antidemocráticas, Trump as justifica – é um fornecedor de desculpas. Em minhas viagens, ouço o tempo todo as mesmas perguntas: se o presidente dos Estados Unidos diz que a mídia sempre mente, como condenar Vladimir Putin por fazer a mesma alegação? Se Trump insiste que juízes são tendenciosos e chama a justiça criminal americana de "uma piada", quem vai impedir um líder autocrata como Duterte, das Filipinas, de desacreditar seu próprio Judiciário? Se Trump acusa políticos da oposição de traição meramente por não aplaudirem suas palavras, que moral terão os EUA para protestar contra a detenção de prisioneiros políticos em outros lugares? Se o líder do país mais poderoso do mundo enxerga a vida como um salve-se quem puder em que um país só ganha em detrimento de outros, quem vai carregar a bandeira da cooperação internacional visto que os problemas mais complicados não podem ser resolvidos de qualquer outra forma?

Líderes nacionais têm o compromisso de servir aos interesses de seus países; isto é um truísmo. Quando Donald Trump fala em "pôr a América em primeiro lugar", só está afirmando o óbvio. Nenhum político sério proporia que a América ficasse em segundo lugar. A meta não é a questão. O que diferencia Trump de qualquer presidente desde o triste trio Harding, Coolidge e Hoover é a sua concepção de como melhor levar adiante os interesses do país. Ele entende o mundo como um campo de batalha onde cada país está decidido a dominar todos os outros; onde nações competem como empreendedores imobiliários no intuito de arruinar rivais e espremer cada centavo de lucro de cada acordo.

Levando-se em conta sua experiência de vida, pode-se entender por que Trump pensa assim, e obviamente existem casos na diplomacia e no comércio internacionais em que é evidente a clara separação entre vencedor e perdedor. Contudo, desde pelo menos o fim da Segunda Guerra Mundial, os EUA têm promovido a visão de que as vitórias são prontamente obtidas e sustentadas com mais facilidade por meio de cooperação, e não por atos solitários das nações.

A geração de Franklin Roosevelt e Harry Truman propunha que Estados fariam bem em promover a segurança, a prosperidade e a liberdade conjuntas. O Plano Marshall de 1947, por exemplo, era ancorado no reconhecimento de que a economia americana ficaria estagnada sem mercados europeus capazes de comprar o que os fazendeiros e as fábricas americanas tinham para vender. Isso significava que a maneira de pôr a América em primeiro lugar era ajudar nossos parceiros europeus (e asiáticos) a reconstruir e desenvolver as suas próprias economias dinâmicas. O mesmo pensamento levou ao Programa Ponto IV de Truman, que disponibilizava assistência técnica dos Estados Unidos à América Latina, à África e ao Oriente Médio. Uma abordagem comparável trouxe bons frutos no âmbito da segurança. De Roosevelt a Obama, presidentes procuraram ajudar aliados a se proteger e se dedicar à defesa coletiva contra os perigos comuns. Não o fizemos por caridade, mas por termos aprendido da maneira mais dura que problemas no exterior, quando não observados, em algum momento representariam perigo para nós.

A função de liderança internacional não é o tipo de tarefa que se dê por terminada. Velhos perigos raramente somem por completo, e há novos a surgir com a regularidade do nascer de um novo dia. Lidar com eles de forma eficaz nunca foi só questão de dinheiro e poder. Países e pessoas precisam unir forças, e isso não ocorre de forma natural. Ainda que os EUA tenham cometido muitos erros em sua atribulada história, mantiveram sempre a habilidade de mobilizar outros países graças a seu compromisso de conduzi-los na direção que a maioria deseja – rumo à liberdade, à justiça e à paz. A questão que se apresenta agora é se o país pode continuar a mostrar esse tipo de liderança sob o comando de um presidente que não aparenta dar muito peso à cooperação internacional nem aos valores democráticos.

A resposta interessa porque, se a natureza abomina o vácuo, o fascismo o acolhe.

Há pouco tempo, quando disse a um amigo que estava trabalhando em um novo livro, ele perguntou "Sobre o que é?". "Fascismo", respondi. Ele pareceu confuso. "Moda?"[1], perguntou. Meu amigo estava menos enganado do que pode parecer, visto que o fascismo de fato voltou à moda, imiscuindo-se no debate político e social como uma trepadeira errante. Discorda de alguém? Chame-o de fascista e dispense a necessidade de sustentar sua afirmação com fatos. Em 2016, "fascismo" gerou mais buscas no site do dicionário Merriam-Webster que qualquer outra palavra da língua inglesa à exceção de "surreal", pela qual a eleição presidencial de novembro fez o interesse aumentar repentinamente.

Quem usa o termo "fascista" se revela. Para a extrema esquerda, praticamente qualquer figurão do meio corporativo nele se encaixa. Alguns que trafegam pela não tão extrema direita acham Barack Obama fascista – além de socialista e muçulmano enrustido. Para um adolescente rebelde, fascismo se aplicaria a qualquer restrição de uso do celular imposta pelos pais. No ritmo das frustrações diárias despejadas pelas pessoas, a palavra escapole por milhões de bocas:

---

1. *"Fashion"*, "moda" em inglês, se assemelha foneticamente a *"fascism"* ("fascismo"). (N.T.)

professores são chamados de fascistas e, como eles, feministas, chauvinistas, instrutores de ioga, a polícia, pessoas de dieta, burocratas, blogueiros, ciclistas, copidesques, gente que acabou de largar o cigarro e fabricantes de embalagens à prova de crianças. Se continuarmos a alimentar esse reflexo, logo nos sentiremos no direito de chamar de fascista todo e qualquer um que nos irrite – minando a gravidade de um termo que deveria ser poderoso.

O que é, então, o fascismo de verdade, e como se reconhece um adepto dele? Levantei a questão no curso de pós-graduação que ministro em Georgetown – com vinte alunos sentados em círculo na minha sala e equilibrando no colo pratos de papel que deixavam escapar a gordura da lasanha. As perguntas foram mais difíceis de responder do que se poderia esperar, pois não há definições de consenso ou suficientemente completas, ainda que acadêmicos tenham gasto oceanos de tinta no assunto. Parece que basta um entendido gritar "Eureca!" e anunciar ter identificado um consenso para colegas indignados discordarem.

Apesar da complexidade, meus alunos se dispuseram a tentar. Partiram da base, nomeando as características que tinham, em suas mentes, mais estreitamente associadas a essa palavra. "Uma mentalidade de 'nós contra eles'", sugeriu um. Outro assinalou "nacionalista, autoritário, antidemocrático". Um terceiro enfatizou o aspecto violento. Um quarto conjeturou o porquê de o fascismo ser quase sempre visto como sinônimo de direita. "Stálin era tão fascista quanto Hitler", argumentou.

Outra aluna observou como o fascismo costuma ser vinculado a pessoas que fazem parte de um grupo étnico ou racial específico, passam por dificuldades econômicas e sentem que compensações a que teriam direito lhes são negadas. "Não é tanto o que as pessoas têm", disse ela, "mas o que acham que *deveriam* ter – e o que temem". O medo é a razão de o alcance emocional do fascismo se estender a todos os níveis da sociedade. Não existe movimento político que floresça sem apoio popular, mas o fascismo depende tanto dos ricos e poderosos como do homem ou da mulher da esquina – dos que têm muito a perder e dos que não têm nada.

Essa colocação nos fez pensar que talvez o fascismo deva ser visto menos como ideologia política e mais como forma de se tomar e controlar o poder. Na Itália dos anos 1920, por exemplo, havia autodeclarados fascistas de esquerda (que advogavam uma ditadura dos despossuídos), de direita (que defendiam um Estado corporativista autoritário) e de centro (que lutavam pelo retorno a uma monarquia absolutista). Na origem da formação do Partido Nacional-Socialista Alemão (Nazista) há uma lista de reivindicações com apelo a antissemitas, anti-imigrantes e anticapitalistas, mas que defendia também pensões mais altas aos idosos, mais oportunidades educacionais aos pobres, fim do trabalho infantil e melhorias no sistema de saúde para as mães. Os nazistas eram racistas e, na cabeça deles, ao mesmo tempo reformistas.

Se o fascismo envolve menos políticas específicas e mais a descoberta de um caminho para o poder, o que dizer de suas táticas de liderança? Meus alunos observaram como os caciques fascistas de que mais nos recordamos eram carismáticos. Por um método ou outro, cada um estabelecia uma ligação emocional com a massa e, como a figura central de um culto, fazia emergir sentimentos arraigados e muitas vezes repulsivos. É assim que os tentáculos do fascismo se espalham por dentro de uma democracia. Enquanto uma monarquia ou uma ditadura militar são impostas à sociedade de cima para baixo, a energia do fascismo é alimentada por homens e mulheres abalados por uma guerra perdida, um emprego perdido, uma lembrança de humilhação ou a sensação de que seu país vai de mal a pior. Quanto mais dolorosa for a origem da mágoa, mais fácil é para um líder fascista ganhar seguidores ao oferecer a expectativa de renovação ou prometer restituir-lhes o que perderam.

Assim como fazem os mobilizadores de movimentos mais benignos, esses evangelistas seculares exploram o desejo humano quase universal de fazer parte de uma busca significativa. Os mais talentosos têm aptidão para o espetáculo – orquestram encontros de massa com música solene, retórica incendiária, aplausos ruidosos e saudações com braços levantados. A quem lhes é leal, oferecem como prêmio a condição de membros de um clube do qual os outros, frequentemente ridicularizados, são deixados de fora. Para alimentar o fervor, fascistas tendem a ser agressivos, militaristas e, quando as circunstâncias permitem, expansionistas. Para assegurar o futuro, transformam escolas em seminários para os verdadeiros fiéis, empenhando-se na produção de "novos homens" e "novas mulheres" que obedecerão sem questionar ou pestanejar. E, como observou um dos meus alunos, "um fascista cujo início de carreira se dá pelo voto direto poderá alegar uma legitimidade que a outros não será possível".

Depois de ascender a um posto de poder, qual é o próximo passo? Como um fascista consolida sua autoridade? Neste ponto vários alunos se animaram a opinar. "Por meio do controle da informação." Outro acrescentou: "Essa é uma das razões para termos tanto com que nos preocupar hoje". A maioria de nós sempre encarou a revolução tecnológica primordialmente como uma forma de conectar pessoas de vidas muito distintas, fazê-las trocar ideias e entender de forma mais precisa como os homens e as mulheres agem – em outras palavras, aguçar nossa percepção da verdade. Ainda pensamos assim, mas hoje já não temos tanta certeza. Há um perturbador elemento de "Big Brother" em função da montanha de dados pessoais no ar nas redes sociais. Se um anunciante pode utilizar essas informações para se aproximar de um consumidor com base em seus interesses pessoais, o que impede um governo fascista de fazer o mesmo? "Digamos que eu vá a uma manifestação como a Marcha das Mulheres", disse uma aluna, "e poste uma foto numa rede social. Meu nome passa a fazer parte de uma lista e sei lá onde essa lista irá parar. Como nos protegemos contra esse tipo de coisa?".

Ainda mais perturbadora é a habilidade com que regimes inescrupulosos e seus agentes espalham mentiras por websites fajutos e pelo Facebook. Pior, a tecnologia possibilitou que organizações extremistas erguessem câmaras de eco em apoio a teorias de conspiração, falsas narrativas e visões ignorantes sobre religião e raça. Eis a regra número um da fraude: praticamente qualquer história, afirmação ou calúnia começa a soar plausível quando repetida frequentemente. A internet deveria ser uma aliada da liberdade e uma porta de entrada para o conhecimento; há momentos em que não é nenhuma das duas.

O historiador Robert Paxton começa um de seus livros com a afirmação: "O fascismo foi a principal inovação política do século XX, e a fonte de grande parte de suas dores". Ao longo dos anos, ele e outros historiadores elaboraram listas das muitas peças que constituem a estrutura do fascismo. Ao final de nossa discussão, minha turma se propôs a organizar uma lista semelhante.

O fascismo, concordou a maioria dos alunos, é uma forma extrema de regime autoritário. Exige-se dos cidadãos que façam exatamente o que dizem seus líderes, nada mais, nada menos. A doutrina é vinculada a um nacionalismo fanático. Uma outra característica é a reversão do contrato social. Em vez de cidadãos darem poder ao Estado em troca da proteção de seus direitos, o poder emana do líder e as pessoas não têm direitos. Sob o fascismo, a missão dos cidadãos é servir; o trabalho dos governantes, ditar as regras.

Quando se discute esse assunto, é frequente haver confusão quanto à diferença entre fascismo e conceitos semelhantes, como totalitarismo, ditadura, despotismo, tirania, autocracia. Na condição de acadêmica, poderia me sentir tentada a me embrenhar por esse espinheiro, mas como ex-diplomata, minha preocupação maior é com ações e não rótulos. A meu ver, um fascista é alguém com profunda identificação com um determinado grupo ou nação em cujo nome se predispõe a falar, que não dá a mínima para os direitos de outros e está disposto a usar os meios que forem necessários – inclusive a violência – para atingir suas metas. A se julgar por esse prisma, um fascista provavelmente será um tirano, mas um tirano não necessariamente será um fascista.

É comum que a diferença seja observada a quem se confia as armas. Na Europa do século XVII, quando houve confrontos entre aristocratas católicos e protestantes quanto às Escrituras, os dois lados concordaram em não distribuir armas a seus camponeses, considerando mais seguro conduzir a guerra por meio de exércitos mercenários. Ditadores modernos também tendem à cautela com seus cidadãos; por isso criam guardas reais e outras unidades de elite para garantir sua segurança pessoal. Um fascista, contudo, espera o apoio do povo. Enquanto reis tentam acalmar seu povo, fascistas o instigam a ter suas tropas de infantaria dispostas a atacar primeiro e com poder de fogo assim que a luta começa.

O fascismo ganhou vida no início do século XX, um tempo de vivacidade intelectual e nacionalismo ressurgente aos quais se somava a ampla decepção com o fracasso da democracia representativa em manter-se no compasso de uma Revolução Industrial impulsionada pela tecnologia. Acadêmicos como Thomas Malthus, Herbert Spencer, Charles Darwin e seu primo Francis Galton haviam propagado nas décadas anteriores a ideia de que a vida era uma luta constante por adaptação, com pouco espaço para emoções e garantia alguma de progresso. De Nietzsche a Freud, pensadores influentes ponderaram sobre as implicações de um mundo que aparentemente se libertara de suas amarras tradicionais. As sufragistas apresentaram a noção revolucionária de as mulheres também terem direitos. Na política e nas artes, formadores de opiniões falavam abertamente sobre a possibilidade de se aperfeiçoar a espécie humana por meio de reprodução selecionada.

Enquanto isso, invenções espantosas como a eletricidade, o telefone, o automóvel e o navio a vapor aproximavam o mundo, mas essas inovações deixavam milhões de fazendeiros e trabalhadores manuais sem emprego. Por toda parte, pessoas estavam em movimento. Famílias de trabalhadores rurais se amontoavam nas cidades e milhões de europeus levantavam acampamento e cruzavam o oceano.

Para muitos dos que ficavam, as promessas inerentes ao iluminismo e às Revoluções Francesa e Americana haviam se esvaziado. Quantidades enormes de pessoas não conseguiam achar trabalho; quem conseguia era explorado ou mais tarde sacrificado no sangrento jogo de xadrez disputado nos campos de batalha da Primeira Guerra Mundial. Sobre aquela tragédia, escreveu Winston Churchill: "Fissuras foram abertas na estrutura da sociedade que um século não será capaz de apagar". Mas com a aristocracia desacreditada, a religião sob escrutínio e velhas estruturas políticas como os Impérios Otomano e Austro-Húngaro se partindo, a busca por respostas não poderia esperar.

O idealismo democrático fomentado pelo presidente Woodrow Wilson foi o primeiro a capturar a imaginação do público. Antes mesmo de os EUA entrarem na guerra, ele proclamou o princípio de que "todos têm o direito de escolher sob qual soberania querem viver". Essa doutrina de autodeterminação ajudou a assegurar no pós-guerra a independência de um punhado de países europeus, geralmente pequenos, e seu plano de uma organização mundial deu frutos na forma da Liga das Nações. Mas Wilson era politicamente ingênuo e fisicamente frágil; a visão global dos Estados Unidos não sobreviveria à sua presidência. O país rejeitou a Liga e, sob o comando dos sucessores de Wilson, lavou as mãos quanto a assuntos europeus numa época em que o processo de recuperação do conflito no continente não corria bem.

Muitos governos que começaram liberais após a guerra se viram às voltas com explosivas tensões sociais que pareciam exigir políticas mais repressoras. Da Polônia à Áustria, da Romênia à Grécia, democracias incipientes alçaram voo e então voltaram a estagnar. No Leste, ferozes ideólogos soviéticos se arvoravam a falar pelos trabalhadores de todo o mundo, tirando o sono de banqueiros britânicos, ministros franceses e padres espanhóis. No centro da Europa, uma amargurada Alemanha tinha dificuldades de se recolocar em pé. E na Itália uma fera indomada, cujo momento finalmente chegava, punha-se em marcha pela primeira vez.

2

O MAIOR ESPETÁCULO DA TERRA

Thomas Edison o aclamou "gênio da era moderna"; Gandhi chamou-o de "super-homem". Winston Churchill jurou apoiá-lo em sua "luta contra o apetite bestial do leninismo". Jornais de Roma, a casa do Vaticano, se referiam a ele como "a encarnação de Deus". Ao final de tudo, gente que um dia venerou cada um de seus movimentos, pendurou seu cadáver de cabeça para baixo, ao lado do corpo de sua amante, perto de um posto de gasolina em Milão.

Benito Mussolini foi introduzido a este mundo em Predappio, uma pequena cidade agrícola, 64 quilômetros a nordeste de Florença, em 1883. Seu pai era um ferreiro socialista, sua mãe uma professora devota. Foi criado numa casinha de dois quartos conjugada à escola de um cômodo em que sua mãe lecionava. Sua família não era pobre, mas não podia arcar com os custos de ensino integral no colégio interno gerido por padres onde começou a estudar aos 9 anos de idade. Lá, durante as refeições, os alunos mais ricos tinham uma mesa, e Benito e seus colegas outra – afronta que atiçaria em Mussolini pelo resto da vida a fúria contra injustiças (cometidas contra ele). O menino era encrenqueiro, vivia roubando frutas de fazendeiros e se metendo em brigas. Aos 11 anos, foi expulso por apunhalar a mão de um colega. Aos 15, suspenso por dar uma facada no traseiro de outro.

Apesar das maldades, Benito tinha uma qualidade: era um bom leitor. Adorava sentar-se sozinho com os jornais do dia e as mais de mil páginas de *Os miseráveis*. Do pai, herdou o gosto pela ação arrojada; a mãe o ensinou a ter paciência – a influência do pai pesou mais. Na faculdade, quando outros alunos resmungavam uns com os outros quanto ao pão amanhecido que teriam de comer, Mussolini confrontava o reitor. Seus colegas vibravam, o reitor cedia e o pão passava a ser servido quente.

Passado o tempo de escola, Mussolini obteve uma licença para lecionar, mas faltava-lhe disciplina na sala de aula e logo foi dispensado. Aos 19 anos, foi para a Suíça, onde fez trabalhos braçais, dormiu em engradados de madeira e foi preso – a primeira de muitas vezes – por vadiagem. Ao sair da cadeia, foi trabalhar como pedreiro e logo tornou-se ativo no sindicato local. Na época, a política trabalhista na Europa tinha uma orientação acentuadamente de esquerda e agitadores socialistas pregavam a raiva contra o governo, o desprezo pela Igreja e a militância em prol dos direitos dos trabalhadores. Mussolini não era um pensador inato, mas era um ator talentoso e sabia interpretar um papel. Embora se vestisse bem na vida privada, não fazia a barba nem penteava o cabelo ao aparecer em público. Antes de um discurso, ensaiava com afinco para parecer espontâneo. Conhecia o valor do toque popular e costumava se sair bem em extrair urros de aprovação de seu público. Não demorou para considerar a si um predestinado – o próximo Napoleão, talvez, ou o novo imperador Augusto.

Mas as autoridades suíças não se encantaram pelo imperador em flor. Consideraram-no um elemento inflamatório e o expulsaram do país. Inabalado, ele voltou à Itália, onde escreveu um popular folhetim de revista sobre um cardeal lascivo[1], editou jornais

---

1. Anos mais tarde, quando foi publicada uma tradução em inglês do folhetim de Mussolini, *A amante do cardeal*, Dorothy Parker escreveu: "Este não é um livro que se deva deixar de lado impunemente; deve ser atirado longe, com força". Uma amostra de diálogo: "Vou construir para você um altar secreto nos recônditos de minha consciência. Você será a Nossa Senhora do templo dentro de mim. Serei seu escravo. Ataque-me, desdenhe-me, espanque-me, exponha minhas veias com uma adaga penetrante, mas conceda a mim vossa revelação".

socialistas e começou a ter seguidores. Ao discursar em salões enfumaçados, Mussolini alertava os trabalhadores de que as elites jamais renunciariam a seus privilégios sem luta e parlamento algum tomaria o partido deles contra a burguesia. Velhas respostas, fornecidas pela religião ou imbuídas de um senso de dever patriótico, haviam sido desmascaradas e deveriam ser abandonadas. A justiça, dizia ele, só poderia ser obtida por meio de confrontos violentos. Uma revolução era essencial.

De repente deixou de ser. No verão de 1914, com a Europa na iminência de uma guerra, a lagarta socialista Mussolini transformou-se sem aviso em uma borboleta patriótica. Em vez de juntar-se a seus camaradas esquerdistas, que não queriam nem saber de uma calamidade produzida por imbecis de classe alta, ele fundou um jornal independente, *Il Popolo d'Italia*, e conclamou o país a entrar na guerra. A guinada pode até ter ocorrido devido a uma sincera mudança de opinião, posto que o engajamento ideológico de Mussolini jamais havia sido profundo e o pacifismo era contra sua natureza, mas existem outras possibilidades. Empresários franceses pediram que ele os ajudasse a empurrar a Itália para o conflito contra a Alemanha e a Áustria-Hungria e prometeram recompensá-lo caso conseguisse. Além disso, administrar um jornal custava caro; fabricantes de armas financiavam generosamente *Il Popolo d'Italia*.

Em 24 de maio de 1915, a Itália entrou na guerra ao lado de Inglaterra e França. Mussolini foi convocado pelo exército e prestou serviço honrosamente por um ano e cinco meses, ao longo dos quais escreveu relatos semanais para seu jornal. Foi promovido a cabo e quase morreu quando um morteiro explodiu durante um treinamento e os estilhaços lhe abriram vários buracos nas entranhas. Estava se recuperando quando as forças italianas sofreram sua derrota mais humilhante, em outubro de 1917. Na Batalha de Caporetto, 10 mil soldados morreram, 30 mil ficaram feridos e, face à artilharia inimiga, mais de 250 mil se renderam.

Ainda que os italianos fossem parte da aliança que acabaria vencendo, os frutos dessa vitória logo azedaram. As perdas humanas significativas foram difíceis de processar, mas a dor piorou muito mais quando os parceiros do país em Paris e Londres não cumpriram as concessões territoriais prometidas em segredo. Sequer convidaram o chefe de estado italiano, o rei Vítor Emanuel III, para a conferência de paz. Esse menosprezo fortaleceu a posição dos antigos colegas esquerdistas de Mussolini, persuasivos no argumento de que haviam tido razão em se opor à guerra. As fileiras do Partido Socialista se inflaram e, na eleição parlamentar de 1919, a agremiação obteve mais votos que qualquer outra.

Sustentados pelo resultado, mas ainda excluídos da coalizão governista, os socialistas não se davam por satisfeitos em sentarem-se calados e votarem leis. A democracia havia instigado nas fileiras trabalhistas uma consciência mais profunda de seus direitos do que existira no passado. O avanço da tecnologia havia unido os operários das grandes fábricas, facilitando a obtenção de apoios por parte dos organizadores e a insuflação da raiva por parte dos agitadores. A pressão aumentou e os socialistas, inspirados pela Revolução Bolchevique na Rússia, iniciaram a luta armada para dar força ao proletariado e exterminar a burguesia. O partido contratou pistoleiros para intimidar fura-greves, assumiu o controle de uma série de governos municipais e içou a bandeira vermelha em fábricas de Milão, Nápoles, Turim e Gênova. No campo, lavradores socialistas reivindicavam as terras que aravam havia tanto tempo, por vezes assassinando donos de propriedades para espalhar o terror e acertar contas pessoais.

Para o sistema industrial e agrícola, os protestos eram profundamente inquietantes. Uma coisa era os lavradores exigirem mais alguns centavos por hora ou menos horas trabalhadas em troca de igual pagamento semanal; outra era se acharem no direito de dar cabo de patrões, tomar e operar fábricas, confiscar e redistribuir terras. O grau extremado de tensão, o alto risco envolvido e o sangue já derramado representavam obstáculos aos que tentavam identificar uma via de conciliação. Políticos que procurassem acalmar os dois lados não tinham a confiança nem de um nem de outro.

A onda de greves e a contenda pelas terras jogaram a economia italiana no caos, fazendo os preços dispararem e provocando cada vez mais escassez de comida, interrupção de serviços públicos básicos e atrasos de horas, às vezes dias ou semanas, nas ferrovias obstruídas por conflitos trabalhistas. Enquanto isso, dezenas de milhares de veteranos de guerra obtinham baixa, voltavam para casa e se viam hostilizados em vez de homenageados, e também alijados de empregos que os sindicatos já haviam tomado para si.

A Itália se encontrava à beira do colapso. O parlamento era visto até por seus próprios membros como um bazar de corrupção onde se distribuíam favores a quem tivesse conexões políticas ou sociais. E Vítor Emanuel era indeciso, tímido e franzino. Em 22 anos como monarca, nada menos que vinte primeiros-ministros haviam se revezado no cargo. Os grandes líderes políticos viviam às turras uns com os outros, mas quase não faziam esforço para se comunicar com o público em geral. O momento era perfeito para um líder de verdade, um *duce*, capaz de reconstruir a Itália e torná-la mais uma vez o centro do mundo.

Em Milão, numa manhã chuvosa de domingo, 23 de março de 1919, algumas dezenas de homens furiosos aglomeraram-se numa abafada sala de reuniões da Aliança Industrial e Comercial, na Piazza San Sepolcro. Depois de horas de falatório, levantaram-se, apertaram-se as mãos e assumiram o pronto compromisso de "matar ou morrer" na defesa da Itália contra todos os inimigos. Para trazer carga dramática à união, escolheram como emblema o *fasces*, um feixe de varas de bétula com um machado acoplado que, em tempos imemoriais, representara o poder dos cônsules romanos. O manifesto que assinaram trazia apenas 44 nomes e sua incursão pelas urnas naquele outono mal se fez notar, mas dali a apenas dois anos o movimento fascista teria mais de 2 mil divisões territoriais e Benito Mussolini seria seu líder.

O fascismo cresceu porque milhões de italianos odiavam o que viam em seu país e tinham medo do que o mundo testemunhava na Rússia bolchevique. De discurso em discurso, Mussolini oferecia alternativas. Instigava compatriotas a rejeitar os capitalistas que queriam explorá-los, os socialistas determinados a causar transtornos em suas vidas e os políticos desonestos e covardes que só falavam e falavam enquanto sua amada terra natal mergulhava cada vez mais no abismo. Em vez de jogar uma classe contra a outra, propunha a união dos italianos – trabalhadores, estudantes, soldados e empresários – na formação de uma frente unida contra o mundo. Pedia a seus apoiadores que imaginassem um futuro no qual todos os que pertencessem ao movimento cuidariam sempre uns dos outros, enquanto os parasitas que vinham atravancando a vida do país – os estrangeiros, os fracos, os politicamente não confiáveis – seriam largados à própria sorte. Conclamava seus seguidores a acreditar numa Itália que seria próspera por ser autossuficiente e respeitada por ser temida. Assim teve início o fascismo do século XX: com um líder sedutor que explorava a insatisfação generalizada fazendo todo tipo de promessas.

Ao raiar da nova década, os socialistas ainda detinham a maioria do parlamento e presença substancial país afora. Para enfrentá-los, os fascistas se fizeram valer do vasto acúmulo de veteranos desempregados e formaram seus esquadrões armados, as Ligas de Combate (*Fasci di Combattimento*), para atacar líderes trabalhistas a tiros, vandalizar redações de jornais e espancar trabalhadores e camponeses. As gangues se espalhavam por contar com a simpatia de muitos policiais, que fingiam não perceber o massacre que infligiam a seus inimigos esquerdistas. Em poucos meses, os fascistas já escorraçavam os socialistas de cidades grandes e pequenas, em especial nas províncias do norte da Itália. Para promover sua identidade, usavam uniformes improvisados: camisas pretas, calças verde-acinzentadas e na cabeça uma espécie de barrete com um pendão. Os socialistas eram em maior número, mas os fascistas vinham ganhando terreno rapidamente e eram ainda mais implacáveis no uso da força.

Mussolini não tinha cartilha alguma para nortear sua nascente insurreição. Era líder incontestado de um movimento cuja direção ainda não estava definida. Os fascistas haviam desenvolvido longas listas de metas, mas não tinham um manifesto ou bíblia. Alguns dos entusiastas do partido incipiente o viam como uma forma de resgatar o capitalismo e o catolicismo das hordas leninistas; para outros, seu significado era a defesa da tradição e da monarquia. Para muitos, era a chance de restituir a glória à Itália; e para um número razoável, significava um ganha-pão e um sinal verde para espancamentos.

A trajetória do próprio Mussolini era marcada por idas e voltas. Aceitava dinheiro de grandes corporações e bancos, mas falava a língua dos veteranos e dos trabalhadores. Tentou diversas vezes reatar relações com os socialistas, mas descobriu que os antigos colegas não confiavam nele e que os fascistas mais extremados ficaram furiosos com a tentativa. Como o clima político continuava a piorar, teve de tornar-se cada vez mais militante só para manter-se em compasso com as forças que alegava comandar. A um repórter que lhe pediu para resumir seu programa, Mussolini respondeu: "É quebrar os ossos dos democratas... e quanto mais cedo, melhor". Em outubro de 1922, decidiu desafiar o governo diretamente ao mobilizar os fascistas país afora. "Ou nos permitem governar", declarou à convenção do partido, "ou tomamos o poder marchando sobre Roma".

Dado que os políticos centristas estavam paralisados de tão divididos, caía sobre os ombros estreitos do rei Vítor Emanuel a responsabilidade de se contrapor à arrojada manobra de Mussolini. Tinha de fazer uma escolha entre os socialistas dispostos a destruir a monarquia e os fascistas desordeiros que, esperava, talvez ainda se provassem maleáveis; o meio-termo não era mais possível. O exército e o primeiro-ministro aconselharam o rei a impedir a marcha anunciada pelos fascistas, prender Mussolini e lidar com ele depois à parte. O rei se recusou a princípio, mas mudou de ideia quando os fascistas começaram a ocupar jornais e prédios governamentais. Às 2 da madrugada de 28 de outubro, ordenou um basta aos atos dos fascistas. Sete horas depois, mudou de ideia de novo, aparentemente por acreditar que os fascistas poderiam derrotar o exército, o que àquela altura quase certamente não era verdade.

Com os militares sob ordens de baixar a guarda e dezenas de milhares de camisas-pretas reunindo-se nos limites da capital, Vítor Emanuel escolheu o caminho que julgou mais seguro. Mandou um telegrama para Mussolini, que esperava cautelosamente em Milão, pedindo-lhe para ir a Roma substituir o primeiro-ministro, que havia perdido sua maioria e atuava na condição de governante provisório.

A aposta de Mussolini dera certo. No espaço de um fim de semana, ascendera ao topo da hierarquia política, atingindo sua meta sem vencer uma eleição nem violar a Constituição.

Em 31 de outubro, ocorreu a Marcha sobre Roma, com cinco horas de duração, e características mais de parada comemorativa que do golpe que significara. O público atraído pela ocasião era variado e desafiava quaisquer estereótipos rígidos quanto à aparência ou à definição de um fascista. Entre os participantes da marcha havia pescadores de Nápoles andando a passos largos ao lado de balconistas e gerentes de lojas vestidos com camisas escuras e bonés de piloto. Fazendeiros da Toscana usavam casacos de caça. Giovanni Ruzzini, um colegial de 16 anos, sem dinheiro para comprar uma camisa nova, tingiu uma velha de preto; resgatou ainda um capacete militar do depósito de lixo local. Uma boa quantidade de gente estava descalça por não ter dinheiro para comprar sapatos. Um homem levava a tiracolo cinquenta broches com a foice e o martelo que jurava terem sido colhidos dos corpos de comunistas mortos. À frente do contingente de Grosseto estava um homem cego de 80 anos que, meio século antes, cerrara fileiras com o maior general da Itália, Garibaldi. Em meio à multidão barulhenta havia gente com mosquetes antigos, pistolas, velhas armas de safári, tacos de golfe, foices, pernas de mesa, adagas; um homem carregava uma queixada de boi, e outros arrastavam nacos potencialmente letais de bacalhau salgado seco. A maioria estava a pé, mas um rapaz rico de Ascoli Piceno dirigia um Fiat com uma metralhadora acoplada. De Foggia, apareceram cinquenta cavaleiros empoleirados em cavalos de arado. Entre os que deram boas-vindas ao fascismo naquele dia aos gritos de "Viva Mussolini" havia 200 judeus.

Apesar do espetáculo impressionante, a posição política do partido ainda não era sólida. A rápida ascensão de Mussolini o deixara vulnerável a uma queda igualmente súbita. O parlamento era dominado por socialistas e liberais, e os conservadores viam o líder fascista como alguém que poderiam se esconder atrás, manipulando-o e, quando fosse conveniente, substituindo-o. Mas Mussolini, que logo se tornaria conhecido como Il Duce, tinha talento para a encenação e pouco respeito pela coragem de seus adversários. Duas semanas depois de assumir o posto, fez seu primeiro discurso ao Legislativo. Antes de tudo, marchou para dentro do salão e ergueu o braço numa saudação romana[2]. Em silêncio, examinou os cantos do salão, onde seguranças musculosos de seu partido sentavam-se enfileirados nos bancos, com as mãos em adagas. Com as mãos nos quadris, declarou: "Podia ter transformado este salão acinzentado e monótono em acampamento para meus camisas-pretas e fechado o parlamento. Tinha as condições para fazê-lo, mas não era a minha vontade – ao menos não ainda".

Com esse aviso, Mussolini exigia e lhe era concedida a autoridade para fazer o que bem entendesse; contudo e, surpreendentemente, sua prioridade inicial foi governar bem. Sabia que os cidadãos estavam cansados de uma burocracia que a cada ano parecia aumentar e tornar-se menos eficiente, por isso insistia em fazer inspeções diárias em gabinetes de ministros e dar broncas em empregados que chegassem tarde ao trabalho ou demorassem demais no almoço. Iniciou uma campanha para *drenare la palude* ("drenar o pântano") por intermédio da demissão de mais de 35 mil servidores públicos. Reaproveitou as gangues fascistas na segurança dos trens de carga. Alocou verbas para construir pontes, estradas, centrais telefônicas e enormes aquedutos que levaram água a regiões áridas. Instituiu na Itália a jornada de trabalho de oito horas e pensões para idosos e deficientes, fundou clínicas de saúde pré-natal, estabeleceu 1.700 acampamentos de verão para crianças e deu um duro golpe na máfia ao suspender o sistema de júri e provocar um curto-circuito no devido processo legal. Sem jurados a ameaçar e com juízes que respondiam diretamente ao Estado, as cortes tornaram-se tão incorruptíveis quanto dóceis. Ao

---

2. Há registros da saudação com o braço estendido e a palma da mão para baixo desde o século XVIII e ela foi atribuída à Roma clássica por artistas europeus, mas não há provas de que fosse usada pelos antigos romanos. Os fascistas de Mussolini a adotaram formalmente em 1923. Trinta anos antes, um gesto idêntico havia se tornado comum entre crianças americanas em idade escolar ao recitarem o juramento à bandeira. Após o início da Segunda Guerra Mundial, essa forma de saudação saiu de moda e passou-se a ensinar as pessoas a colocarem a mão direita sobre o coração.

contrário do que reza a lenda, o ditador não conseguiu de fato fazer os trens cumprirem os horários, mas recebeu elogios por tentar.

De saída, Mussolini sentia prazer em governar. Nunca trabalhou tão duro quanto a propaganda fazia crer, mas também não era um diletante. À parte a libertinagem em nível épico, o amor pela natação e o gosto pela espada, não era um homem de muitos interesses. Sua meta era governar bem, mas para isso achava necessário deter o poder absoluto. Tinha total confiança no próprio discernimento, e sua fome pelo poder era insaciável.

Em 1924, Mussolini forçou a aprovação de uma lei eleitoral que entregava aos fascistas o controle do parlamento. Quando o líder socialista apresentou provas de que a votação fora fraudada, foi raptado por bandidos e assassinado. Ao final de 1926, Il Duce já havia abolido todos os partidos políticos concorrentes, acabado com a liberdade de imprensa, neutralizado o movimento trabalhista e reservado a si mesmo o direito de nomear autoridades municipais. Para impor seus decretos, assumiu o controle da polícia nacional, expandiu-a e multiplicou sua capacidade de conduzir a fiscalização interna. Para sufocar a monarquia, reivindicou o poder de aprovar o sucessor do rei. Para apaziguar o Vaticano, mandou fechar os bordéis e aumentar os ganhos dos padres, mas em troca ficou com o direito de aprovação dos bispos. Pensando no futuro, transformou escolas em fábricas de fascistas onde meninos de camisas pretas marchavam segurando mosquetes, celebravam a possibilidade de uma morte heroica e gritavam o credo fascista: "Crer! Obedecer! Lutar!".

Mussolini disse à amante: "Quero deixar uma marca na minha época... como um alienígena com sua garra". Em nome dessa dúbia meta, exortava os italianos a abandonarem conceitos românticos de igualdade entre os homens e abraçar aquilo a que se referia como "o século da autoridade, um século voltado para o 'correto', um século fascista". "Nunca antes", dizia, "o povo esteve tão sedento por autoridade, direção, ordem, como agora. Se cada era tem a sua doutrina, então... a doutrina da nossa era é o fascismo".

Mesmo um povo inflamado não permanecerá para sempre em estado de mobilização se não tiver a sensação de as coisas estarem caminhando. Era isso que Mussolini supria com sua retórica grandiosa, evocando a imagem de uma Itália dominante, renascida com mais *spazio vitale* ("espaço vital", na verdade expansão do território italiano) e a exercer grande influência sobre o Mediterrâneo. A estrada para esse paraíso era a guerra, que Mussolini incitava os italianos a apoiar, renunciando a todos os confortos. "Vivam perigosamente", apelava. Para sustentar seu discurso, lançou-se a uma política externa agressiva que reduziu a Albânia a um protetorado, e então invadiu uma Etiópia praticamente indefesa, o último reino independente na África. Para financiar essa brutal empreitada, as mulheres italianas, com a rainha Elena à frente, doaram suas alianças para que o ouro fosse derretido ou convertido em dinheiro vivo; mulheres italianas no exterior eram encorajadas a fazer o mesmo, e muitas obedeceram. Mussolini descrevia a campanha na Etiópia como "a maior guerra colonial de toda a história". Quando aquele país foi forçado a se render pelas metralhadoras e pelo gás venenoso, ele conclamou seu povo a "erguer as bandeiras, esticar os braços, levantar o coração e cantar pelo império que parece formar-se nas fatídicas colinas de Roma após quinze séculos".

Mussolini não era muito bom em julgar pessoas, mas tinha certeza de saber o que a massa desejava: espetáculo. Comparava-a a mulheres que (na sua fantasia) mostravam-se indefesas perante homens fortes. Posava para fotos em jornais controlados pelo governo ao volante de um carro esporte, sem camisa num trigal, cavalgando FruFru, seu cavalo branco, e de uniforme militar com direito a botas lustrosas e peito enfeitado com medalhas. Aceitava convites para qualquer casamento, inauguração de fábrica e evento patriótico que conseguisse encaixar na agenda.

Ao fazer discursos, subia numa pequena plataforma (como eu faço) para parecer mais alto. Às vezes dizia (como eu *não* faço) que fora por sua causa que o sol rompera as nuvens imediatamente antes do início do discurso. Além dos inevitáveis camisas pretas, seu público habitual incluía soldados em uniformes cáqui, camponesas com vestidos de mangas brancas e membros dos *squadristi*, os veteranos fascistas de primeira hora, de cinturões vermelhos e amarelos. Poderia haver num canto um pequeno grupo de repórteres estrangeiros a quem os primeiros a discursar apontariam fazendo troça e a plateia reservaria vaias e insultos. Por fim, nas palavras de uma testemunha da época, "quando o *signor* Mussolini aparecia, o público parecia se elevar, pois baionetas, adagas, bonés e lenços eram erguidos e agitados em meio a gritos ensurdecedores".

No auge de seu domínio, sua imagem imponente era exibida em produtos que iam de tônico capilar a comida de bebê, passando por lingerie e macarrão. Quando levou um tiro no nariz numa provável tentativa de assassinato, tascou um curativo e seguiu em frente, discursando no mesmo dia numa convenção de cirurgiões e dizendo que ia entregar-se às mãos deles. Encomendou faixas de rua com a declaração estampada: "Se eu avançar, siga-me! Se recuar, mate-me! Se morrer, vingue-me!". Colocou fundições para trabalhar numa estátua de bronze de quase 80 metros, jamais terminada, que olharia para baixo a contemplar a cúpula da Basílica de São Pedro, seu corpo o de um Hércules seminu, seu rosto igualzinho ao do Duce.

Ao final dos anos 1930, a veneração por ele chegara ao nível da paródia. Esperava-se de quem visitasse seu gabinete que corresse cerca de 20 metros entre a porta e a mesa de Mussolini, parasse e erguesse o braço na saudação fascista. E o mesmo ao sair, na ordem inversa.

Com todo o seu êxito como político, não se sentia à vontade na pele de diplomata. Naquela época, a política externa na Europa Ocidental ainda era basicamente um território de aristocratas orgulhosos de seus ternos bem cortados, maneiras refinadas e capacidade de falar sobre banalidades por horas a fio. Antes de tornar-se primeiro-ministro, Mussolini jamais havia usado roupas formais. Nunca havia aprendido qual colher ou garfo utilizar num jantar social. Não achava higiênico lavar as mãos, não fumava e não apreciava a boa bebida, nem mesmo um bom vinho italiano. Era mau ouvinte, não gostava de escutar os outros falarem. Era avesso a dormir longe da própria cama, e o tempo que reservava às refeições – a sós ou com a família – era em média de três minutos.

Mussolini prometeu tornar a Itália incomensuravelmente rica, mas a economia foi a segunda arena em que fracassou. Achava que um grande país exigia uma moeda robusta e assim equiparou a lira ao dólar, levando ao aumento abrupto da dívida pública, problema agravado por sua incapacidade de entender como operavam as taxas de juros. Promoveu a ideia da autossuficiência nacional sem jamais captar quão irreal aquela ambição havia se tornado. Procurou unir trabalhadores e gestores, mas só conseguiu criar um Estado corporativo ineficiente e de organização precária. Priorizou a produção de trigo quando os preços estavam baixos, negligenciando outras safras que teriam dado mais retorno. Tais erros poderiam ter sido evitados se tivesse nomeado bons conselheiros e ouvido a eles com atenção. Mas desencorajava seu gabinete a propor quaisquer ideias que o levassem a duvidar de seu instinto, acreditando estar sempre certo. Disse numa reunião de intelectuais: "Só uma pessoa na Itália é infalível". E falou para um repórter: "Muitas vezes eu gostaria de estar errado, mas até hoje nunca aconteceu".

Com a década de 1930 se aproximando do fim, o novo império romano, o império fascista, começava a se desgastar. Mussolini ainda era um mestre de picadeiro sem paralelo, mas faltavam à Itália os recursos – e a ele a habilidade estratégica – para transformar o mapa político da Europa. Tudo o que não faltava a Adolf Hitler.

3

"QUEREMOS SER BÁRBAROS"

Heidelberg, Alemanha: Naquela noite na hospedaria, reparei num rapaz de cabelos finos na mesa ao lado, que me encarava com olhar frio... Ele se levantou de súbito, num tropeço, chegou perto e disse: "E então? *Ein Engländer?*" ["Inglês?"], com um sorriso sarcástico. "*Wunderbar!*" ["Maravilhoso!"] E seu rosto então virou uma máscara de ódio. Por que havíamos roubado as colônias da Alemanha? Por que a Alemanha não poderia ter uma frota e um exército de verdade? Eu achava que a Alemanha iria receber ordens de um país governado por judeus? E seguiu-se um inventário de acusações, em tom de voz nem tão alto, mas claro e intensamente articulado. Seu rosto, quase colado ao meu, me atingia com longas rajadas de bafo de aguardente. "Adolf Hitler vai mudar tudo isso", terminou ele. "Já ouviu falar desse nome?"

Memórias de uma viajante inglesa,
Dezembro de 1933

Na manhã de 23 de março de 1933, uma faixa enorme se estendia por toda a parede frontal da Kroll Opera House, em Berlim. Ao centro, uma gigantesca suástica, o símbolo nazista[1]. O local era sede temporária do Reichstag, o parlamento alemão, cujo prédio fora devastado quatro semanas antes por um incêndio criminoso. Aproximava-se do atril o novo chanceler do país, nascido na Áustria, conduzido ao poder em 30 de janeiro não por aclamação popular, mas por comandar as gangues mais violentas e ter os comunistas como inimigos. O prédio em que iria discursar era vigiado do lado de fora pela polícia secreta de Heinrich Himmler e de dentro pelas Sturmabteilung (SA) de camisas marrons, a força paramilitar nazista, já então maior que o exército alemão.

Adolf Hitler discursou em tom discreto e tranquilizador. Aos 43 anos, fez um apelo aos parlamentares por confiança, na esperança de que não pensariam muito a fundo antes de votarem o próprio epitáfio. Sua meta era assegurar a aprovação de uma lei que o autorizasse a ignorar a Constituição, passar por cima do Reichstag e governar por decreto. Garantia a seus ouvintes que não tinham nada com que se preocupar; seu partido não tinha a intenção de minar as instituições alemãs. Se a lei fosse aprovada, o parlamento continuaria intacto, a liberdade de expressão inalterada, bem como os direitos da Igreja, e os valores cristãos, como sempre, seriam tidos em alta conta. Os poderes solicitados sob a "Lei para Reparar a Aflição do Povo e do Reich" seriam usados somente para escudar o país de seus adversários. Não havia por que ficarem inquietos: o Legislativo poderia contar com a boa-fé dos nazistas.

O chanceler sentou-se e os líderes de outros partidos expuseram suas opiniões. Um a um, católicos, conservadores e centristas entraram na linha, comprando a história de Hitler. Só o porta-voz dos social-democratas resistiu. Disse que indefeso e desprovido de honra não eram sinônimos. Hitler lançou-se à tribuna, nem sombra do tom conciliador de antes. "Não quero os votos de vocês", gritou para os socialistas. "A estrela da Alemanha está em ascensão e a de vocês está para desaparecer, sua sentença de morte já foi declarada."

---

1. Em 1920, os nazistas haviam adotado a suástica ou *Hakenkreuz* ("cruz em ganchos" ou "cruz gamada"), como símbolo do movimento. A origem da suástica está na cultura ancestral indo-europeia porque era considerada um talismã de boa sorte.

Os parlamentares trataram de votar e a Lei Habilitante foi aprovada por ampla margem. Poucas semanas depois, os partidos políticos que colaboraram haviam sido abolidos, e os socialistas, presos. O Terceiro Reich havia começado.

Adolf Hitler nasceu em 20 de abril de 1889, na zona rural de Braunau, na Áustria, perto da fronteira com a Bavária. Filho de um funcionário público de baixo escalão e de uma mãe complacente, foi aluno medíocre, "impertinente, teimoso, arrogante e... preguiçoso", na descrição de um professor. Aos 16 anos, largou a escola e embarcou numa carreira que não parecia muito promissora, enchendo cadernos com desenhos arquitetônicos, apaixonando-se pela ópera de Wagner e solicitando vaga sem sucesso em prestigiosas escolas de arte. Aos vinte e poucos, dormia numa pensão para homens em Viena, vivia de bicos, vendia pequenos quadros por somas modestas e era leitor prolífico. A quem olhasse de fora, parecia um rapaz sem graça, malnutrido, que morava mal, subempregado e sem amigos próximos; mas aos seus próprios olhos, Hitler era um ser superior, um dos eleitos. Conhecidos o achavam cheio de ideias irreais, apaixonado por política, e quase sempre furioso com a insensatez dos outros. Tinha desdém pela classe operária por engolir as lorotas de socialistas e padres. Vilanizava o Reichstag por não fazer nada face as terríveis ameaças à nação e encampava teorias – na época em plena circulação – quanto à maldade e às monstruosas conspirações dos judeus.

Hitler, aos 25 anos, festejou o início da Primeira Guerra Mundial. Alistou-se ao exército bávaro, combateu bem no início e depois serviu por quatro anos como mensageiro entre o quartel-general do regimento e a frente de batalha. Ao contrário de muitos soldados, não reclamava da guerra, uma oportunidade, a seu ver, para o povo alemão mostrar sua fibra. Em outubro de 1916, sofreu um ferimento na perna, mas voltou à ação na primavera, promovido a anspeçada[2]. No verão de 1918, um ataque a gás o deixou temporariamente cego.

---

2. Posto militar existente em diversos países, entre as patentes de soldado raso e cabo. O termo vem do italiano *lancia spezzata*, que significa literalmente "lança quebrada", metáfora para um soldado com experiência suficiente para já ter tido sua lança partida em combate. (N.T.)

A visão lhe foi restaurada em novembro, mas com ela veio o choque pela derrota da Alemanha. Até aquele fim de outono, o governo em Berlim só falava em vitória e na riqueza de vantagens que o fim do conflito traria. Em vez disso, com o silenciar das armas viera a desonra da rendição, além da exigência dos vitoriosos de indenizações financeiras, da perda de territórios e da dissolução do regime imperial. Para Hitler e tantos outros soldados, tal desfecho surpreendente e humilhante não era algo aceitável. A guerra reduzira em paralisantes 35% o número de homens alemães entre 19 e 22 anos de idade. O combate e as privações econômicas destruíram o país. Na cabeça de sobreviventes irados, a causa da desgraça nada tinha a ver com o que ocorrera nos campos de batalha: a Alemanha fora traída, diziam uns aos outros, por uma conspiração pérfida de burocratas gananciosos, bolcheviques, banqueiros e judeus.

A abdicação do kaiser Guilherme II levou à instalação de uma democracia pluripartidária em um momento nefasto. A nova República de Weimar tinha de lidar com o rancor da Europa, a indiferença dos Estados Unidos e os traumas de seus cidadãos. Na condição de governo, não podia evadir-se à responsabilidade pelos duros termos do Tratado de Versalhes, que impunham à Alemanha a aceitação da culpa pela guerra, o desarmamento, a entrega de territórios e o pagamento de compensações. Os líderes da república foram responsabilizados ainda pela hiperinflação que logo se seguiu, pulverizando as economias de muita gente da classe média. Como na Itália, o fim do conflito incitou os sindicatos à agitação com muitas greves e protestos, enquanto milhões de soldados voltavam do front marcados no corpo e na alma, e mendigando empregos inexistentes. A sensação de alienação era amplificada pela impressão que os alemães haviam desenvolvido de si mesmos ao longo do século XIX de guardiões de uma nação à parte, com uma missão divina e uma herança cultural particular. Vencedores, não era isso o que eram? Mas agora sentiam-se perdidos.

No outono de 1919, Hitler filiou-se ao Partido dos Trabalhadores Alemães, uma agremiação de nacionalistas incendiários com base na Baváriae pequena o bastante para que ele entrasse direto num cargo de liderança. Embora fosse na realidade o 55º filiado, foi designado "camarada nº 555", para dar a impressão de haver mais gente no partido. Encarregado da propaganda, Hitler começou a organizar reuniões públicas e a tentar atrair novos membros com uma plataforma que exigia a revogação do Tratado de Versalhes, a unificação de todos os falantes de alemão num só país, a negação da cidadania aos judeus e a imposição de medidas de distribuição de renda aos ricos. Para seduzir a esquerda, o movimento mudou o nome para "Partido Nacional-Socialista dos Trabalhadores Alemães" – ou Nazista.

De saída, Hitler forjou uma aliança com o capitão do exército Ernst Röhm, que começou a conduzir veteranos para o novo partido. Röhm organizou seus recrutas numa milícia, a Sturmabteilung, com a missão de espancar comunistas. Também roubava dinheiro do exército para financiar um jornal. O grande ativo do partido, contudo, era o homem a quem seus membros se referiam como "o baterista", sua voz pública.

Agora já entrado nos trinta, Hitler era um orador indisciplinado, mas cativante. A Cruz de Ferro obtida no exército fortalecera sua audácia e a experiência nas ruas lhe valera a intuição do que encantava as pessoas – e não eram teorias abstratas ou argumentos objetivos. Suas palavras eram simples, e ele não hesitava em narrar o que definiria depois como "inverdades colossais". Procurava incitar o ódio aos que considerava traidores – "criminosos de novembro", cuja deslealdade custara à Alemanha a guerra – e repisava todos os dias o que Nietzsche nomeara a ideologia "de quem se sente enganado": o antissemitismo.

Discursando em praças, cervejarias e tendas circenses, Hitler se utilizava repetidamente dos mesmos verbos de ação – *esmagar, destruir, aniquilar, matar*. Sua rotina era gritar até espumar de fúria, vociferando em meio ao agitar de braços contra os inimigos da nação, e, então, subitamente acalmar-se ao começar a descrever cuidadosamente como seria a nova era de supremacia alemã. Aos poucos, o partido ganhava mais adeptos, e sua performance, aspectos de show business. Os nazistas adotaram uma saudação com braços retesados e – em outro aceno a Mussolini – começaram a se vestir de marrom.

Organizavam comícios cuja atmosfera era ameaçadora, com as brigadas cada vez maiores de valentões arregimentados por Röhm. Hitler concebeu uma bandeira com as cores da velha República Alemã. "Nós, nacional-socialistas", escreveu, "enxergamos a bandeira como a representação do programa do nosso partido. O vermelho expressa a filosofia social que é a base do movimento. O branco, a filosofia nacional. E a suástica significa a missão que nos foi confiada: lutar pela vitória da humanidade ariana". O esforço dava resultados: o Partido Nazista estabelecia uma presença, mas poucos prestavam atenção em meio ao caos do início dos anos 1920.

Em novembro de 1923, deixando a impaciência se sobrepor à capacidade de discernimento, Hitler tentou reproduzir a já lendária Marcha sobre Roma de Mussolini. Foi um ato muito mal pensado. Os nazistas esperavam assumir o controle da Bavária e acender o estopim de um golpe de proporções nacionais, mas para que desse certo precisavam do apoio do exército, e não o tinham. Os idealizadores foram presos e não houve golpe algum. Entre os conspiradores, só Hitler foi descarado o bastante para admitir que planejava derrubar o governo. Em sua primeira aparição de repercussão nacional, defendeu um levante voltado a purificar toda a Alemanha e disse ao tribunal que não tinha escolha a não ser cumprir com o seu dever de "homem nascido para ser ditador". Foi condenado a cinco anos de prisão, mas posto em liberdade condicional após um ano e um mês, e fez bom uso desse tempo. O manuscrito que trazia dobrado sob um dos braços ao sair da prisão tinha como título *Quatro anos e meio de luta contra as mentiras, a estupidez e a covardia*, posteriormente encurtado pelo editor para o volume 1 de *Minha luta* – ou *Mein Kampf*.

O golpe fracassado redobrou a disposição de Hitler mas tornou-o também mais cauteloso: decidiu perseguir o poder através do que chamava de "uma política de legalidade". Tal abordagem não excluía o uso de violência, mas exigia algo mais: uma organização política em escala nacional. Os nazistas puseram mãos à obra para ampliar sua base. Em 1929, já contavam com jornais diários e semanais e clubes especiais para jovens, mulheres, professores, advogados e médicos. Para insuflá-los, Hitler continuava a criticar o pagamento por parte do governo de compensações de guerra, ato que, para ele, implicava uma covarde admissão de culpa. Acusava ingleses e franceses de tramarem para empobrecer e enfraquecer a Alemanha. Malhava os políticos tradicionais por ignorarem as necessidades das pessoas comuns. Acima de tudo, destilava seu escárnio pelos comunistas, estratégia que lhe valeu amigos na comunidade financeira e cobertura favorável em alguns dos maiores veículos de imprensa do país.

Ainda assim, aos trancos e barrancos, os anos 1920 chegavam ao seu fim tumultuado e o Partido Nazista continuava pequeno e à mercê do noticiário. Para eles, boas notícias eram más notícias. A economia começava a se endireitar. A inflação era domada. Os compatriotas de Hitler sentiam mais fé no futuro e, por consequência, menos interesse na suposta cura generalizada oferecida por ele.

Foi quando, repentinamente, a Grande Depressão bloqueou o caminho da recuperação e a Alemanha entrou em parafuso. Como as reservas de capital estavam comprometidas com as compensações de guerra, os investimentos do país eram todos bancados por empréstimos. Havia agora a necessidade de quitar dívidas, mas já não havia mais crédito disponível. Os mercados globais encolhiam e com eles a demanda por exportações. A produção declinava, o desemprego quadruplicava, empresas fechavam as portas e casas de penhor abriam as suas. Os líderes dos partidos políticos tradicionais pouco faziam a não ser bater boca, criando um impasse no Reichstag, seguido por uma série de eleições sem proveito algum. Homem raivoso para uma era de raiva, o futuro Führer enfim encontrara seu público. A Alemanha estava de joelhos novamente, e Hitler se apresentava como megafone de sua desgraça. Malhou novamente os criminosos de novembro, argumentando que chegara a hora de uma nova geração de alemães destemidos, guiados por um partido cumpridor do destino da nação, erguer o moral do povo e esmagar seus inimigos.

Em setembro de 1930, votantes insatisfeitos marcharam até as urnas com protestos em mente. A votação dos nazistas aumentou, e o status do partido no Reichstag também, movido a conquistas consistentes de Hitler entre mulheres, donos de pequenos negócios, camponeses e jovens. Da noite para o dia, o partido que era só o nono do país virou o segundo, atrás apenas dos social-democratas. Os comunistas também se saíram bem, assim como políticos extremos atacando os bastiões da democracia por todos os lados e reduzindo o centro a uma ilha cujos únicos habitantes eram aristocratas religiosos e liberais desnorteados.

Paul von Hindenburg, alto e honrado presidente alemão, era reverenciado como o herói de guerra que foi, mas nem de longe era um rosto novo. O idoso general havia lutado por sua nação em 1866, numa guerra esquecida fazia tempo contra a Áustria. No apogeu, representara a epítome da classe de oficiais prussianos devotados ao kaiser e à bandeira, para quem nenhum chamado importava mais que o do dever e nada metia mais medo do que mudanças. Como figura política da era moderna, parecia um viajante no tempo, sem habilidades relevantes e incapaz de decifrar o sentido dos eventos contemporâneos. Os assessores do envelhecido presidente não o ajudavam em nada, agarrados às suas ambições como salva-vidas, tentando passar a perna uns nos outros na disputa por assentos de primeira classe num barco à deriva.

Dois anos depois, em julho de 1932, o velho presidente seria persuadido a tentar a reeleição. Derrotou Hitler, mas a Depressão ainda embotava o país e mais uma vez a votação dos nazistas cresceu, valendo ao partido cem assentos a mais que qualquer dos oponentes no Reichstag. Abalado, Hindenburg convidou Hitler a integrar um governo de coalizão, mas o atrevido novato exigiu amplos poderes executivos, corajosamente recusados pelo presidente. Isso levaria a uma nova rodada de eleições. Em novembro, o ímpeto nazista esmoreceu, mas o partido conquistou suficientes cadeiras para ter influência no processo. Trazer os comunistas para uma coalizão era impensável, e as escolhas de Hindenburg, aparentemente, se resumiam a aceitar Hitler como líder ou continuar a realizar eleições sem muita esperança de um resultado decisivo. Seus conselheiros se dividiam quanto ao que fazer, mas seu filho, Oskar, simpatizante dos nazistas e também corrupto, intercedeu em favor do intempestivo austríaco. No dia 30 de janeiro de 1933, Hindenburg capitulou. Como Mussolini dez anos antes, Hitler recebia as chaves do poder das mãos de um líder idoso que sentia não ter opção melhor – e, como Il Duce, atingia o mais alto cargo da nação sem nunca ter vencido uma eleição majoritária, mas ainda assim por meios constitucionais. O novo chanceler alemão chamou a histórica transferência de poder de "revolução legal".

O establishment político do país – grandes empresários, militares e Igreja – descartara inicialmente os nazistas como um bando de brutos gritalhões que jamais atrairiam o apoio das massas. Com o tempo, passaram a enxergar valor no partido como bastião anticomunista, mas nada além. Não tinham metade do medo de Hitler que deveriam ter. Subestimavam-no em razão da falta de estudo e se deixavam levar por suas tentativas de cativá-los. Ele sorria se fosse preciso e certificava-se de responder-lhes às perguntas com mentiras tranquilizadoras. Para a velha guarda, era claramente um amador com uma ideia exagerada de si, improvável de manter-se popular por muito tempo. Estavam equivocados na leitura de Hitler, mas o jovem chanceler os entendia muito bem. "As forças reacionárias acham que me têm na coleira", confidenciou a um colega em fevereiro de 1933. "Sei que esperam que eu meta os pés pelas mãos e cave minha própria sepultura... Nossa grande oportunidade estará em agir antes deles. Não temos escrúpulos, hesitações burguesas... Eles me acham um bárbaro sem modos. Sim, somos bárbaros. Queremos ser bárbaros. É um título honrado."

Fortalecido pela Lei Habilitante, Hitler lançou uma *blitzkrieg* política, destruindo o que ainda existia da democracia alemã. Começou pela abolição das assembleias locais e pela substituição dos governadores das províncias por nazistas. Enviou valentões da SA para brutalizar adversários políticos e, quando necessário, despachá-los para os recém-abertos campos de concentração. Deu cabo dos sindicatos ao declarar o 1º de maio de 1933 feriado nacional sem desconto em folha e então ocupar as sedes dos sindicatos país afora no dia 2. Expurgou o serviço público de elementos desleais e emitiu um decreto banindo judeus de profissões. Pôs a produção teatral, musical e cinematográfica sob o controle de Joseph Goebbels e impediu jornalistas não simpatizantes de trabalhar. Para garantir a ordem, consolidou numa nova organização, a Gestapo, funções policiais, políticas e de inteligência.

A revolução nazista seguia em velocidade de mercúrio, mas alguns membros do partido não achavam que estivessem revolvendo o terreno o bastante. Centenas de milhares haviam engrossado suas fileiras na expectativa de recompensas imediatas. Nas cidades, queriam empregos; no campo, terras. A inchada SA, a Sturmabteilung, tinha ímpeto de substituir formalmente o exército. Mas Hitler não obedecia a seus seguidores. Sua meta era reerguer as fundações do poder nacional alemão e, para isso, precisaria da habilidade e da experiência de gente de fora do partido. Não tinha nenhuma intenção de desmantelar os grandes complexos agrícolas, perturbar o núcleo industrial do país ou arrumar briga com os militares. Preferiu lançar mão da diplomacia pessoal que lhe era possível, e do medo que engendrara, para impor disciplina dentro do partido. Em geral, saiu-se bem – com uma notória exceção.

Os nazistas haviam recrutado as SA na condição de braços armados, cuja razão de ser era derrubar obstáculos no caminho do poder. Agora que a linha de chegada fora cruzada, a força encontrava-se sem função e líderes partidários faziam planos de enxugá-la. Em vez de aquiescer com essa medida, seu chefe do estado-maior, Ernst Röhm, se rebelou, argumentando haver muitos outros alvos tentadores a atacar, entre eles corporações, latifúndios e qualquer propriedade que as SA pudessem pilhar. Na visão de Röhm, um movimento revolucionário precisava de um exército revolucionário e este teria de devorar tudo em seu caminho. Hitler tentou chamar o velho amigo à razão, mas Röhm era intransigente e chegou a aumentar o poder de fogo de unidades lotadas na capital – um gesto de ameaça.

Em 4 de junho de 1934, Hitler e Röhm voltaram a se encontrar. Bajulador ao máximo, o chanceler propôs um período de trégua; as SA entrariam de licença por um mês e quaisquer decisões definitivas sobre seu destino seriam tomadas só depois da volta à ativa. Röhm – que deveria ter desconfiado – saudou a proposta e baixou a guarda. Em 30 de junho, foi preso por conspiração pela Gestapo, que deteve centenas de outras pessoas sob a mesma acusação. Ao receber um revólver com uma única bala e o prazo de dez minutos para se suicidar, Röhm respondeu, desafiador: "Se serei morto, que seja o próprio Adolf a fazê-lo". Quando os dez minutos se esgotaram, dois assessores de Hitler atiraram nele, que teria morrido arfando *"Mein Führer, mein Führer"*.

A Operação Colibri, também conhecida como "Noite das Facas Longas", deu cabo das SA por representarem uma ameaça ao exército. Assim, Hitler estabeleceu laços com o establishment militar e abriu caminho para suceder Hindenburg após a morte do velho presidente, que não demorou a ocorrer. Hitler emergiu da crise chefe de Estado e de governo e comandante em chefe das forças armadas. E, dali em diante, exigia-se do exército que jurasse fidelidade não apenas ao país ou à Constituição, mas ao Führer em pessoa.

Hitler se diferenciava dos demais não pela qualidade de suas ideias, mas pela extraordinária disposição de transformar conceitos distorcidos em realidade. Onde outros hesitavam, contidos por escrúpulos morais, ele preferia agir. Tinha a rigidez emocional como essencial. Desde o início, fora genial em captar o espírito de uma multidão e modular sua mensagem em termos adequados. Em conversas com conselheiros, era franco quanto a isso. Dizia que a maioria das pessoas desejava acreditar sinceramente em algo e não era intelectualmente aparelhada para fazer críticas ao objeto de sua crença. Assim, Hitler achava perspicaz reduzir questões a termos fáceis de entender e levar o público a acreditar que um único adversário estava por trás de todos os seus problemas. "Só existem... duas possibilidades", explicava. "Ou a vitória ariana ou sua aniquilação com a vitória dos judeus."

Para Hitler, seus compatriotas buscavam um homem que falasse à raiva deles, entendesse seus medos e os instigasse a participar de uma causa premente e justa. Em vez de desanimá-lo, o ultraje causado no exterior por seus discursos o deliciava. Achava que seus seguidores queriam vê-lo questionado, pois ansiavam por ouvi-lo expressar desprezo por quem julgasse poder silenciá-lo. A imagem do bravo que confronta inimigos poderosos tem imenso apelo. Assim, Hitler poderia fazer até mesmo sua perseguição dos indefesos parecer autodefesa.

A altura mediana, o cabelo escuro e o corpo nada atlético, tão distantes do ideal ariano, talvez tenham acrescentado apelo ao chanceler. Referia-se a si mesmo como verdadeiro representante do povo, um trabalhador, um veterano, sem conta bancária, investimentos ou mansão. "Trabalhadores", dizia, "olhem para mim como seu avalista. Nasci filho do povo; dediquei toda a minha vida a lutar por vocês".

Cidadãos do Reich eram alimentados à base de uma dieta regular de doutrinação nos locais de trabalho, em comícios e pelo rádio, meio que evoluía a passos largos. O Führer foi o primeiro ditador capaz de atingir 80 milhões de pessoas num único instante com um chamamento à união. O rádio era a internet dos anos 1930, mas, como meio de comunicação de mão única, mais fácil de controlar. Jamais estivera disponível ferramenta tão eficiente para manipular a mente humana. Os grandes discursos de Hitler chegaram a ser eventos globais. Enquanto isso, nas escolas, *Mein Kampf* era texto sagrado. "Nós o estudávamos como se fosse a Bíblia. O ódio era o novo credo", lembrou um aluno.

Especialistas hoje falam da importância da autenticidade na política. Hitler mentia descaradamente sobre si e sobre seus inimigos. Convenceu milhões de homens e mulheres de que se importava profundamente com eles quando, na verdade, teria perfeitamente sacrificado a todos. Sua ambição assassina, seu racismo declarado, sua absoluta imoralidade não tinham praticamente disfarce algum, e, no entanto, milhões de alemães se viram atraídos por ele justamente por parecer autêntico. Gritavam "*Sieg Heil*" felizes da vida, por acharem estar criando um mundo melhor.

Não foram os únicos enganados. Winston Churchill observava em 1935:

> Aqueles que estiveram frente a frente com Herr Hitler em situações de trabalho ou sociais o consideraram um servidor público altamente competente, bem-apessoado e bem-informado, com bons modos, sorriso persuasivo e sutil encanto pessoal, a que pouca gente resiste. Tal impressão não se deve apenas ao deslumbre do poder. Ele a exercia sobre seus companheiros em cada

estágio de sua luta, mesmo quando a fortuna nem de perto lhe sorria. Pode-se desgostar do sistema de Hitler e no entanto admirar seus feitos patrióticos. Se nosso país fosse derrotado, quisera eu encontrar tão indômito defensor a restaurar nossa coragem e guiar-nos de volta ao nosso lugar entre as nações.

Hitler era esperto o suficiente para não tentar reinventar a economia. Em seus primeiros dois anos, a melancolia da Depressão começou a esvanecer e o desemprego foi reduzido à metade. O *boom* criou 3 milhões de novos postos de trabalho, a indústria armamentista à frente. Foi em cima da hora, pois as forças armadas corriam o risco de encolher. O país praticamente não tinha força aérea ou marinha, e seu exército carecia de equipamento moderno. Mas tinha um líder que entendia muito bem a necessidade de se preparar para a guerra, afinal estava decidido a iniciar tal conflito. Enquanto ingleses e franceses hesitavam em gastar dinheiro de antemão num conflito que esperavam evitar, a Alemanha mergulhou numa campanha maciça e semiclandestina de rearmamento. Hitler passou anos a insistir que tinha intenções pacíficas e só tentava compensar o tratamento injusto recebido por seu país. Quando dava um passo além, tal como a remilitarização da Renânia em 1936, reiterava não planejar seguir em frente, e insistia que aquela ação limitada satisfaria a demanda da Alemanha por justiça. Mas sempre havia um passo seguinte.

Hitler não pretendia parar. Incitava seus seguidores a despertar para que pudessem "erguer o Reich alemão sonhado pelos grandes poetas". Lera filosofia o bastante para apreciar o conceito de personagens históricos mundiais, agentes do destino, super-homens que poderiam transformar toda uma época através da força majestosa de sua vontade. Tinha certeza até a raiz de seu ser de que era tal personagem e, em toda a Europa, só enxergava um igual.

4

"NÃO TENHAM PIEDADE NO CORAÇÃO"

Em 1940, Charlie Chaplin lançou *O grande ditador*, seu primeiro filme falado. Nele, o incomparável ator interpretava o papel duplo de um barbeiro judeu e do fanfarrão Adenoid Hynkel, tirano de um país fictício no centro da Europa. Nascidos com apenas quatro dias de diferença, Chaplin e Hitler eram dois dos homens mais famosos do mundo, semelhantes na altura, na compleição e no bigode[1]. Durante o filme, Benzino Napaloni, um ditador vizinho, visita Hynkel e os dois debatem seus planos de guerra. A dupla cômica senta-se em uma barbearia, lado a lado, cada um ajustando febrilmente a altura da cadeira para poder observar o outro de cima.

Hitler e Mussolini encontraram-se mais de uma dúzia de vezes. Os dois enxergavam o próprio destino como majestoso e nutriam um ódio insaciável por um mundo que, na juventude, não lhes reconhecera o talento. Ressentiam-se de seus contemporâneos mais instruídos e socialmente corretos e eram, ambos, fascistas, ainda que apenas Hitler fosse nazista. Durante sua ascensão política, Hitler considerara o

---

1. Chaplin, cujo bigode era postiço, financiou pessoalmente *O grande ditador*, pois os estúdios americanos não queriam parecer políticos. As autoridades inglesas pretendiam proibir o filme por medo de que fosse ofender Hitler, mas quando o longa ficou pronto a guerra já havia começado.

colega mais velho um desbravador digno de ser imitado. Il Duce, a princípio, não prestou muita atenção a Hitler; ao conhecê-lo, passou a considerá-lo um maníaco que poderia ser-lhe útil.

Mussolini rejeitava as teorias raciais de Hitler e, na intimidade, chamava-as de "estúpidas, bárbaras e indignas de uma nação europeia". Italiano que era, não tinha motivo de enaltecer o mito de uma raça mestra nórdica. No início de sua trajetória, fora reconhecido pelos donos de jornais judeus como um dos maiores defensores cristãos de seu povo no mundo.

Nossas lembranças do século XX teriam sido muito diferentes, tivesse a Itália optado por aliar-se à França e à Grã-Bretanha na Segunda Guerra, como fizera na Primeira. Infelizmente, Mussolini guardara rancor da aliança anterior. Achava que as autoridades inglesas e francesas o haviam tratado com o desprezo reservado a um primo distante e grosseirão. O rompimento definitivo veio em 1935, quando a Liga das Nações imputou sanções econômicas à Itália por invadir a Etiópia. Mussolini considerou hipócrita da parte dos grandes poderes imperiais da Europa punir sua terra por querer construir um império próprio.

Mussolini chamou atenção de Hitler por ambos serem adeptos da mesma retórica machista centrada em ousadia, nacionalismo, anticomunismo e guerra. Em *Mein Kampf*, o alemão saudava "o grande homem ao sul dos Alpes que, tomado de amor ardente por seu povo, não fazia pactos com os inimigos da Itália". Muitas das táticas empregadas por Hitler para tomar e consolidar o poder já haviam sido adotadas antes por Mussolini: o apoio de gangues violentas, a intimidação do parlamento, o fortalecimento e subsequente abuso de autoridade, a subjugação dos servidores públicos, a afinidade pelo espetáculo e a insistência na infalibilidade do líder, fosse Der Führer fosse Il Duce.

Hitler e Mussolini tiveram seus momentos de genuína colegialidade, e a admiração do primeiro pelos triunfos iniciais do ditador italiano nunca se apagou. Mas a sátira de Chaplin tinha um espelho na vida real. Os dois líderes e os países que representavam não se encaixavam muito bem. A primeira visita do chanceler à Itália, em junho de 1934, mais pareceu algo roteirizado por um diplomata de espírito provocador. Os problemas já começaram no aeroporto, quando Hitler saiu do avião usando uma capa de chuva cáqui sem graça e deu de cara com Mussolini devidamente paramentado de uniforme militar. Durante a reunião, Mussolini dispensou o intérprete e acabou não entendendo grande parte do que Hitler dizia. Na manhã seguinte, Mussolini chegou à parada com trinta minutos de atraso e fez um discurso na Piazza San Marco em que mal mencionava a presença de Hitler. No almoço, um *chef* malicioso botou sal no café do Führer. O líder alemão decidiu discutir a inferioridade racial dos povos mediterrâneos durante um passeio de barco à tarde. Naquela noite, Mussolini foi embora no meio da recepção e mais tarde deixou vazar para a imprensa uma comparação de seu convidado com Gêngis Khan. Hitler chamou Vítor, o monarca italiano, de "rei Quebra-Nozes".

Com o tempo, a dinâmica pessoal dos dois evoluiu, mas nem tanto. Hitler achava a Itália uma aliada frustrante e Mussolini ficava exasperado com o colega alemão em reuniões de Estado a matraquear estatísticas feito uma metralhadora, sem jamais calar a boca. O enteado de Il Duce observou à época: "Hitler fala, e fala, e fala. Mussolini sofre – ele, que também tem o hábito de falar, é forçado a permanecer em silêncio". Certa vez, após uma reunião, tiveram de ir a Berlim no avião do Führer. Assim que atingiram a velocidade de cruzeiro, Mussolini se vingou, insistindo, para o pânico de Hitler, em pilotar a aeronave.

As manifestações mais brutais do fascismo italiano ocorreram antes da chegada ao poder, quando seus esquadrões armados mataram cerca de 2 mil rivais esquerdistas, e também na Etiópia, onde as forças de ocupação designadas por Roma agiram com uma crueldade sem rédeas. No dia a dia do poder, porém, Mussolini não se sentia impelido a cometer expurgos domésticos como os de Hitler, e, apesar de toda a dureza de suas palavras, ainda era possível chocá-lo. Em 1934, quando Hitler ordenou o assassinato de uma centena de seus próprios correligionários, Mussolini ficou atônito com tamanha crueldade contra quem um dia ele chamara de amigo. Pouco tempo depois, um esquadrão da morte nazista atirou na garganta do chanceler austríaco e permaneceu por três horas no local enquanto ele sangrava até a morte num sofá. Na época, a esposa e dois filhos pequenos do chanceler eram hóspedes do Duce, numa *villa* próxima à dele ao largo da costa do Adriático. Mussolini foi até a *villa* e, em alemão trôpego, deu ele mesmo à viúva a trágica notícia do assassinato do marido.

O ego de Mussolini elevou-o aos píncaros do poder e então o traiu. Tinha tanta fé nos próprios instintos, acreditava tão piamente nas palavras saídas da própria boca que não buscava nem ouvia conselhos. Por grande parte de seu governo, ocupou ele mesmo os principais postos do gabinete, em dado momento seis deles simultaneamente. Ao contrário de Hitler, que deixava para os outros o grosso do trabalho duro, Mussolini se orgulhava da arte de governar. Só não era tão bom assim nesse ofício.

 Seu fracasso mais sintomático foi em preparar a Itália para os dias que viriam. Nada lhe causava mais ânsia do que a expectativa de ver seu país se provar num conflito. "A guerra é para um homem o que a maternidade é para uma mulher", costumava dizer. Erguendo os punhos a título de ênfase, implorava aos compatriotas para fazer o que romanos valorosos fariam: odiar os seus inimigos, preparar-se para a batalha, oferecer suas vidas pela nação.

 Metido a César, considerava a conquista da Etiópia um auspicioso ponto de partida, e, em março de 1938, ordenou à sua força aérea que atacasse Barcelona em nome do general Francisco Franco e dos militares de direita que combatiam na Guerra Civil Espanhola. Ao longo de dois aterrorizantes dias, as ruas indefesas da cidade foram crivadas de bombas de ar líquido que explodiram bondes e ônibus, arrasaram prédios residenciais, quebraram janelas e legaram às equipes de resgate a tarefa de colher com cestos os fragmentos de corpos encontrados nas ruas manchadas de sangue. Mussolini exultou que era chegada a hora de os italianos "horrorizarem o mundo com sua agressividade... em vez de seduzi-lo com seus violões". Esperava ainda impressionar os alemães que, segundo ele, "amam a guerra total e impiedosa". Se a meta era causar horror, foi bem-sucedida. O papa exigiu que o bombardeio parasse. Quando o número de mortos passou de 1.300, Franco também. Até Hitler.

Arrasar alvos fracos era fácil, mas uma década e meia de regime fascista não havia capacitado a Itália a travar uma guerra moderna contra um inimigo qualificado. Não havia homens suficientes, aviões, navios, armas, nem mesmo uniformes. Ao contrário da Alemanha e da Tchecoslováquia, a Itália jamais havia investido a sério numa indústria doméstica de armamentos. Mussolini prometera a seu povo a autossuficiência econômica, mas seu país continuava dependente de carvão e fertilizante importados e carecia de poderio militar marinho para a defesa de seus navios e portos. O Ministério da Produção de Guerra estimava que a Itália estaria pronta para o combate... em 1949. Mussolini sabia disso tudo, mas preferia sua própria verdade. Vangloriara-se tão prontamente do número de divisões armadas a seu dispor que reduziu o tamanho de cada uma à metade, e depois se esqueceu de tê-lo feito. Apesar de a população do país ter aumentado 20% desde então, menos tropas seriam mobilizadas para a Segunda Guerra Mundial do que para a Primeira.

Em 1939, quando Alemanha e Itália assinaram o Tratado de Defesa Mútua, Mussolini insistiu com Hitler por um adiamento de vários anos até o início de um conflito. Mas a intenção do Führer era outra. Em 22 de agosto, conclamou seus comandantes: "Não tenham piedade no coração. Ajam brutalmente. Oitenta milhões de pessoas têm de obter o que lhes é de direito. Sua existência deve ser assegurada... Comprometo-me a dar uma razão propagandística para iniciar a guerra, não interessa se plausível ou não. Ninguém vai perguntar depois ao vitorioso se estava falando a verdade".

Na manhã de 1º de setembro, 56 divisões alemãs, com o apoio de 1.500 aeronaves, avançaram a oeste da Polônia adentro, deixando a metade leste para ser devorada pela União Soviética. No inverno e na primavera de 1940, foi a vez de a Wehrmacht invadir a Noruega, a Bélgica, Luxemburgo e a Holanda. Hitler convidou Mussolini a juntar-se a ele no passo seguinte, a invasão da França. Il Duce hesitou.

Só declarou guerra quando os nazistas já haviam transformado a Linha Maginot em peneira e entrado em Paris. Como de costume, tomou uma decisão sem consultar seu staff militar – um erro que lhe custaria caro. Seu país tinha uma grande frota de marinha mercante, um terço da qual seria forçada pelos ingleses a se render sem disparar um único tiro.

A esperança de Mussolini era uma guerra de curta duração e um assento do lado vencedor da mesa quando a paz fosse reinstaurada e o butim, dividido. Disse a seus conselheiros que ao menos mil soldados italianos deveriam morrer em combate para validar sua reivindicação por dinheiro e terras, e que para isso o país teria de lutar. Poderia ter tomado a frente contra os ingleses no norte da África, mas seu exército relutara em atacar. Foi então ludibriado pelo Führer, que garantiu para a Alemanha o acesso aos poços de petróleo da Romênia, também cobiçados pela Itália. "Hitler sempre me traz um fato consumado", reclamou a parentes. "Desta vez vou pagar a ele na mesma moeda. Ele vai saber pelos jornais que ocupei a Grécia. Assim o equilíbrio será restabelecido."

Era aquela a ideia brilhante de Mussolini: invadir a Grécia. E de fato o fez, em outubro de 1940, ignorando conselhos de seus próprios generais e sem aviso prévio aos aliados alemães. Sua fantasia era fazer uma marcha triunfante sobre Atenas para deixar a marca da Itália nos Bálcãs e se equiparar às entradas triunfais de Hitler em Viena, Praga e Paris. Aos conselheiros que lhe apontavam perigos em potencial, disse para não se preocuparem pois estava a par de um segredo: os comandantes do exército grego haviam sido subornados e não haveria luta. Estava mal-informado. As tropas de defesa fizeram pó dos mal-equipados italianos, cujos tanques ficaram atolados na lama, cujos aviões não conseguiram sair do chão devido à neblina e cujos navios não puderam agir a contento devido a ventos fortes e mar agitado. Em vez de entrar em Atenas, os italianos tiveram de recuar quase 50 quilômetros até a Albânia. Em poucas semanas, um acabrunhado Mussolini teve de pedir ajuda a Hitler. A operação de resgate alemã forçou Hitler a adiar os planos de invadir a União Soviética até junho de 1941, encolhendo para quatro meses a janela das tropas nazistas para chegar a Moscou antes de a Rússia lançar mão de sua arma mais letal – o inverno.

Enquanto a guerra que iniciara espalhava-se Europa afora, Hitler achava que seria um bom plano reforçar seu lado com a Espanha de Franco; Mussolini concordava. Ambos viam o general espanhol como um autocrata como eles, que poderia ajudá-los a controlar o Mediterrâneo e fornecer tropas acostumadas ao combate para expedições futuras.

Em 1931, o rei da Espanha, Alfonso XIII, havia sido forçado a abdicar e o país fora proclamado uma república democrática. Isto ocorreu durante a Grande Depressão e, como na Itália e na Alemanha, o eleitorado espanhol encontrava-se fortemente dividido entre esquerda e direita. Sucediam-se governos fracos, que tentavam impor sua autoridade em meio à greves paralisantes e a um surto de assassinatos com motivação política. Em 1936, uma coalizão socialista tendo à frente Francisco Largo Caballero, primeiro-ministro apagado mas dogmático, teve a chance de pôr a Espanha novamente em marcha. Líderes do exército, com o apoio de algumas das famílias mais ricas do país, decidiram que bastava de democracia e principalmente de socialismo, e deram partida à rebelião que Franco foi escolhido para liderar.

O general espanhol não tinha nem a aparência nem a voz imponente de um líder militar arrojado. Era baixo, atarracado e careca, tinha semblante caído, era dado a chorar e – quando dava ordens – tendia a guinchar. Companheiros se referiam a ele pelas costas como "Miss Ilhas Canárias", em referência ao seu comportamento e ao território remoto onde estava estacionado quando foram disparados os primeiros tiros; mas Franco era um líder do tipo capaz de achar o caminho certo em meio a um campo minado sem jamais pisar em falso. Ao contrário de muitos, esperava uma guerra civil longa, suja e disputada. Em sua preparação, solicitou e recebeu ajuda de Hitler e de Mussolini.

Franco, para irritação de ambos os ditadores, resistia à pressão para assumir gestos arrojados que, em sua análise, implicariam riscos excessivos. Fazia guerra como quem arromba um cofre, um movimento de cada vez. Lançava mão de bombardeios aéreos para amortecer a oposição antes de atacar por terra. Dava muita atenção à logística e não desperdiçava munição, equipamento ou homens. Transferiu seu quartel-general para perto do front e insistia para que cada operação de retomada de territórios perdidos fosse liderada por um marechal de campo. Tudo sempre ciente de sua posição no cenário global, posto que a Guerra Civil Espanhola (1936-1939) não era de interesse só da Espanha.

Para os liberais do Ocidente, o confronto entre a República Espanhola e os rebeldes nacionalistas de Franco parecia a primeira oportunidade real de frear o assustador avanço do fascismo. Voluntários de 44 países, entre os quais 3 mil americanos, formaram brigadas internacionais em apoio à causa. Desesperado por ajuda, o governo de Largo Caballero recorreu a Stálin, que ofereceu homens e equipamento em troca de uma remessa clandestina de todo o suprimento de ouro do país. Fotógrafos, poetas e escritores célebres – entre eles Ernest Hemingway – apressaram-se a fazer a crônica e, por vezes, a louvação da disputa entre as forças iluministas, como as enxergavam, e as obscurantistas.

O conflito, porém, de romântico não teve nada. Durou quatro anos e matou mais de meio milhão de pessoas. Houve longos intervalos, mas o combate foi selvagem. Ambos os lados executaram prisioneiros e lançaram uma ampla rede de captura de simpatizantes do inimigo. Para Franco, extirpar sistematicamente adversários em potencial não passava de uma boa estratégia. Um subordinado seu disse a prefeitos aliados: "É necessário espalhar uma atmosfera de terror. Temos de criar a impressão de comando. Qualquer apoiador da Frente Popular, declarado ou secreto, deve ser abatido".

Dividida por questões de ideologia e classe, a Espanha tinha ainda a religião a rachá-la. Alguns padres se opunham aos nacionalistas, mas a hierarquia católica identificava-se claramente com Franco. Suas lideranças estavam entre os defensores mais declarados de medidas duras e alguns deleitavam-se em abater pessoalmente a tiros os "vermelhos". A esquerda, enquanto isso, era hostil à Igreja no geral e faminta por tomar-lhe as terras. Estima-se que 10 mil bispos, padres, freiras e monges tenham sido assassinados pelas forças republicanas. Tais atrocidades ajudavam a dar o tom à cobertura da imprensa estrangeira e levavam a maioria dos grandes jornais americanos a apoiar Franco. Quando Eleanor Roosevelt instigou o marido a mandar armas para o governo republicano espanhol, ele disse que, se o fizesse, nenhum católico votaria nele de novo.

Em termos militares, nenhum dos dois lados tinha muita força, mas Franco se beneficiava da desunião das facções republicanas. A esquerda espanhola era um campo de batalha político onde havia comunistas leais ao partido, operários simpatizantes do teórico bolchevique exilado Leon Trótski (um rival implacável de Stálin), internacionalistas bem-intencionados mas sem habilidades militares, anarquistas que detestavam a todos, inclusive uns aos outros, e um governo socialista que procurava apresentar ao mundo uma face atraente. Franco agia com calma, e enquanto isso facções oposicionistas se engalfinhavam umas com as outras, batiam boca por causa de suprimentos e punham alguns de seus guerrilheiros mais engajados na cadeia. George Orwell, que foi à Espanha lutar contra o fascismo, acabou por tomar um tiro de um pistoleiro comunista e saiu do país com a polícia socialista em seus calcanhares.

Aspectos da Guerra Civil Espanhola continuam relevantes hoje em dia. O banho de sangue gerou polêmica nos países vizinhos, especialmente na França, quanto a aceitar ou mandar de volta as dezenas de milhares de refugiados que procuravam fugir do conflito. As tropas e os tanques russos enviados à Espanha não traziam identificação ou insígnias, exatamente como fariam suas sucessoras na crise de Berlim de 1961 e, mais de cinquenta anos depois, na Ucrânia[2]. O bombardeio de Guernica pelos alemães, imortalizado por Picasso, foi o estopim do clamor por uma investigação internacional de crimes

---

2. Durante o confronto em Berlim, os tanques russos tiveram suas marcas de identificação borradas e os soldados usavam uniformes pretos sem insígnia. O correspondente da rádio CBS, Daniel Schorr, chamava-os de "não tanques" e especulava: "Talvez um dia venham a nos contar que não passavam de voluntários que falavam russo, compraram alguns tanques sobressalentes e vieram por conta própria".

de guerra, que não viria a ocorrer jamais. Os agressores inicialmente negaram que quaisquer bombas tivessem sido jogadas, depois puseram a culpa da carnificina nas vítimas.

Franco era o mais jovem general da Espanha e possivelmente o mais cruel. Ordenou em pessoa a execução de milhares de supostos combatentes e simpatizantes inimigos, sem o menor sinal de remorso. Era deliberativo, mas ambicioso. Antes mesmo da vitória final, já havia sido designado o futuro chefe de Estado, com plenos poderes ditatoriais. Onde quer que fosse, seguiam-no os pôsteres nacionalistas com a proclamação *Un estado, un país, un jefe* ("Um Estado, um país, um líder"), que ecoava o slogan nazista *"Ein Volk, ein Reich, ein Führer"*.

As últimas forças republicanas renderam-se a Franco em 1º de abril de 1939. O general jurou jamais empunhar sua espada novamente, a não ser para defender seu país de invasores. Quando Hitler insistiu para que a Espanha aderisse à aliança de guerra do Eixo, recusou por questão de princípios, e inquiriu quanto a Alemanha estava disposta a pagar. Estabeleceu seus termos: ajuda econômica e militar generosas, além do Marrocos, protetorado da França de Vichy. Os alemães consideraram o preço extorsivo e sabiam que entregar o Marrocos à Espanha seria ultrajante para o regime de Vichy a ponto de este não mais cooperar.

Para dar fim ao impasse, Hitler foi de Berlim à cidade fronteiriça espanhola de Hendaye, onde, em 23 de outubro de 1940, encontrou-se com Franco. Estava seguro de que sua disposição em viajar 1.770 quilômetros para visitar o espanhol em seu próprio país produziria um avanço. Afinal, não era ele o mestre da Europa? Mas, ao longo de um encontro de nove horas, Franco saiu pela tangente em cada solicitação. Hitler o pressionava por comprometimento e ele rebatia com perguntas. Pedia-lhe que moderasse suas exigências e ele as repetia. Quando o Führer previu vitória iminente sobre a Inglaterra, sugerindo que, se a Espanha quisesse compartilhar do triunfo, a hora era aquela, Franco pôs em dúvida o desfecho e acrescentou que, ainda que os alemães tomassem Londres, os ingleses continuariam a lutar a partir do Canadá.

Mal contendo sua fúria, Hitler não teve outra alternativa a não ser fazer a longa viagem de volta para casa de mãos vazias. Em fevereiro, faria uma última tentativa, em carta a Franco: "Nós três, o Duce, você e eu, encontramo-nos unidos por esta severa contingência da história... Em tempos tão difíceis... um coração ousado pode salvar nações". A bajulação não funcionava com Franco, que educadamente recusou a oportunidade de unir seu destino ao dos nazistas. Em nova carta, agora a Mussolini, Hitler previu que Franco – que morreria em sua cama aos 82 anos de idade – estava "cometendo o maior erro de sua vida".

5

A VITÓRIA DOS CÉSARES

Quando a Primeira Guerra Mundial acabou, o Império Austro-Húngaro foi desmantelado. Dois terços da Hungria foram amputados e os pedaços, divididos entre Estados vizinhos. Os bolcheviques tentaram aproveitar a ocasião e, por um breve momento, tomaram o poder em Budapeste, mas foram logo despachados pelo que restara das esgotadas forças armadas húngaras. Ao longo do período entreguerras, a maioria do país foi condenada à pobreza, ao passo que muitos da antiga classe alta almejavam a restituição da influência e da riqueza de que gozavam antes. Tanto os ricos como os pobres sentiam-se compelidos a reaver as terras preciosas que sua nação havia perdido.

Em meio à insatisfação, surgiram várias organizações fascistas, sendo a mais proeminente o Partido da Cruz Flechada, um grupo que pregava o que se convencionou chamar de "Hungarismo". Tratava-se de uma doutrina eclética: prometia empregos, vingança, libertar o povo da dominação estrangeira e a salvação eterna e reaver os territórios perdidos. Um cardápio evidentemente atraente, pois, por volta de 1939, a Cruz Flechada já era o maior partido de direita do país. Seus membros, no entanto, eram tão insolentes – e outras autoridades húngaras tão prontas a cooperar – que, quando a Segunda

Guerra começou, Hitler não teve necessidade alguma de recorrer aos fascistas.

O governo húngaro aderiu ao Eixo na esperança de beneficiar-se de um rápido triunfo, mas quando as chances de êxito diminuíram o mesmo governo recorreu aos aliados ocidentais para negociar a paz em separado. Indispostos a tolerar tal traição, os nazistas deram completa autonomia à Cruz Flechada, cujos líderes rapidamente lançaram gangues de adolescentes armados às ruas para aterrorizar a população. Nos últimos meses de guerra, desenrolou-se uma lamentável e violenta tragédia na qual dezenas de milhares de judeus húngaros morreram submetidos a trabalhos forçados no próprio país ou foram deportados de trem ou a pé para campos de concentração dos quais poucos retornariam. Os membros da Cruz Flechada não hesitaram em matar judeus no gueto de Budapeste, até mesmo aqueles com documentação que comprovava estarem sob proteção internacional.

Os anos 1920, 1930 e o início dos 1940 foram um período de ascensão do nacionalismo, somado ao medo causado pelo avanço da tecnologia e à repulsa a governos que pareciam ao mesmo tempo corruptos e restos mortais de outra época. Os questionamentos e o titubear da fé eram generalizados, e levaram candidatos a líderes fascistas a botar as mangas de fora, além de dar impulso a movimentos e tendências de todos os tipos, do misticismo e da crença em fadas às provas de resistência em mastros de bandeira[1], e a um flerte de várias vertentes do cenário político com a eugenia e as teorias raciais que a acompanhavam.

O êxito inicial de Mussolini instigou os que tinham o bolchevismo como principal temor, ou o que julgavam ser o bolchevismo: reivindicações exaltadas por salários mais altos, por exemplo, ou campanhas por reforma agrária. Quase todos os países tinham veteranos

---

1. Essa moda, cujo auge ocorreu na segunda metade dos anos 1920 e chegou a ter os seus astros e recordistas, consistia em permanecer sentado pelo máximo de tempo que se aguentasse em pequenas plataformas depositadas no alto de mastros de bandeiras. O criador da ideia, o dublê Alvin "Shipwreck" Kelly, chegou a ficar 49 dias em seu posto, em 1929. Bill Penfield, o recordista daquele período, permaneceu 51 dias na plataforma e só desceu quando começou uma tempestade. (N.T.)

desdenhosos de políticos civis, independentemente de qual fosse o lado pelo qual haviam lutado durante a guerra. O antissemitismo, fortuito ou visceral, vicejava na política, no mercado de trabalho, nos ambientes acadêmico e artístico. O ímpeto globalizante atordoava a muitos e os levava a buscar refúgio na toada familiar das noções de nação, cultura e fé; e, por toda parte, pessoas pareciam em busca de líderes que trouxessem respostas simples e satisfatórias às perguntas complicadas da modernidade. Oswald Spengler, filósofo alemão que iniciara sua trajetória como professor de escola, dizia que a história se desenvolvia em ciclos. Em 1918, escreveu:

> O século passado foi o inverno do Ocidente, o triunfo do materialismo, do ceticismo, do socialismo, do parlamentarismo e do dinheiro. Neste século, o sangue e o instinto recuperarão seus direitos... A era do individualismo, do liberalismo e da democracia, do humanismo e da liberdade, está chegando ao fim. As massas aceitarão resignadas a vitória dos césares, os fortes, e a eles se curvarão.

Sir Oswald Mosley, um intrépido inglês com um bigode escovinha de fazer inveja a Hitler, libido comparável à do Duce e o que uma colega definia como "arrogância esmagadora e convicção inabalável de ter nascido para reinar", era alguém que se via em tal papel. Bem-nascido, esgrimista contumaz (apesar do pé torto), Mosley passou a Primeira Guerra recuperando-se de fraturas nos dois tornozelos, a primeira devido a uma briga de bêbados, a segunda ao cair de avião quando fazia *loopings* para impressionar a mãe. Em 1918, ingressou no parlamento, primeiramente como conservador, depois como independente, e, a seguir, filiou-se ao Partido Trabalhista, do qual se desligou ao ter rejeitado pela liderança seu pleito por um substancial programa de infraestrutura. Mosley não se deixou abalar e fundou o Novo Partido, que lançou candidatos ao parlamento na eleição de 1931, com êxito zero. Ainda disposto, Mosley foi à Itália observar de perto os esforços de Mussolini para criar uma nova Roma. Aos olhos de um político frustrado que nutria sonhos mirabolantes, o exemplo italiano, com suas pontes, aquedutos, salões grandiosos e amplas avenidas recém-erguidas, mesmo com contas ainda a quitar, vinha bem a calhar.

De volta a Londres, Mosley fundou a União Britânica de Fascistas (BUF, na sigla em inglês), com uma plataforma que abarcava o característico programa de obras públicas, anticomunismo, protecionismo e libertação da Grã-Bretanha de estrangeiros, "sejam hebreus ou qualquer outro tipo de forasteiro". À imagem e semelhança do Duce, recrutou uma força de segurança de aparência ameaçadora, ensinou-os a fazer a saudação romana e distribuiu-lhes camisas pretas inspiradas no modelo de seus uniformes de esgrima. Em 1934, os comícios de Mosley atraíam multidões de trabalhadores, comerciantes, empresários, aristocratas, membros descontentes do Partido Conservador e um punhado de repórteres, soldados e policiais de folga. O partido chegou a ter 40 mil filiados. Na ânsia de expandir o alcance, o BUF organizava encontros etílicos e montava times de futebol. Sua tentativa de realizar um concurso de beleza, porém, foi frustrada por falta de candidatas. A essa altura, a evolução pessoal de Mosley de patriota inglês a lacaio dos alemães estava completa. Em 1920, George V havia comparecido a seu primeiro casamento; em 1936, Joseph Goebbels foi o anfitrião do segundo, e entre a meia dúzia de convidados estava Adolf Hitler.

O fascismo britânico não teve morte rápida, mas acabou por esvanecer-se. Em parte, isso se deveu à postura conciliadora adotada pelo governo, que ofereceu aos simpatizantes do nazismo um abrigo mais socialmente respeitável. Mas o que de fato arrefeceu o entusiasmo pelos camisas pretas de Mosley foi o espetáculo dos camisas marrons de Hitler a marchar rumo a Renânia, Áustria, Sudetos, Praga e Polônia – movimento que finalmente desencadeou a guerra. De uma hora para outra, os riscos haviam aumentado e ser fascista já não era tão aceitável. William Joyce, o oficial de propaganda do BUF, fugiu para Berlim, onde iniciou uma segunda carreira como o infame radialista e traidor Lord Haw-Haw. Mosley foi preso no primeiro ano da guerra, mas, bem à maneira inglesa, Churchill concedeu ao prisioneiro de sangue azul e a sua esposa a cortesia de uma pequena casa com horta e o direito de contratar outros prisioneiros como servos.

Nenhum dos europeus que, a exemplo de Mosley, procuraram seguir os passos de Mussolini e Hitler alcançou o topo da cadeia de poder de seus países. Na Espanha, Franco convidou a Falange Española de las JONS a integrar sua coalizão para então engoli-la. António de Oliveira Salazar, o ditador de Portugal, adotou os aspectos autoritários do fascismo, mas rejeitou qualquer rebelião contra a Igreja ou suas doutrinas. Na França, o Solidarité Française, com suas camisas azuis, foi um dos vários grupos de direita a digladiar com a esquerda: assumidamente pró-nazista, fez campanha com o slogan "A França para os franceses" e foi banido pelo governo socialista em 1936. Os membros do Partido Nacionalista da Islândia usavam camisas cinza e braçadeiras vermelhas com a suástica, juravam proteger a identidade étnica dos islandeses, acreditavam na supremacia ariana e nunca receberam mais que 1% dos votos. Na Romênia, o exército oscilava entre reprimir e colaborar com o grupo carismático Legião de São Miguel Arcanjo, cuja base de apoio de trabalhadores rurais empobrecidos se via atraída por sua mistura de religião evangélica, política revolucionária e violência contra judeus.

Nesses e em outros casos, o fascismo mais se diluiu do que foi derrotado. Militantes dedicados ajudaram a instigar paixões nacionalistas em vários países, mas os elementos insurretos dos movimentos foram contidos antes que pudessem ameaçar os poderosos. Na Itália e na Alemanha, quem dava as cartas eram ex-cabos; em todo o restante do continente, generais e suas contrapartes civis de alta classe mantinham o poder firmemente em mãos.

A Tchecoslováquia, que se equilibrava tensamente à sombra do Terceiro Reich, era um caso à parte. Lá, Konrad Henlein, um astuto, barrigudo e míope ex-instrutor de ginástica, atrelou-se à locomotiva nazista e permitiu que ela o puxasse. Sob instruções de Hitler e com dinheiro de Berlim, Henlein tornou-se o mais importante porta-voz de elementos fascistas dentro da comunidade alemã politicamente variada da Tchecoslováquia. Contava às autoridades estrangeiras e à imprensa uma história atrás da outra sobre como seu povo era maltratado nas mãos da brutal Praga. Suas invenções, passadas adiante pelos nazistas, surtiram efeito. Muitos europeus acabaram por simpatizar com as declarações ultrajadas de Hitler e por considerar razoável seu desejo de intervir em nome dos irmãos de sangue de seus cidadãos.

À medida que se aproximava o dia do acerto de contas, Henlein deixou de lado os pudores e adotou o nazismo em todos os seus aspectos, saudação incluída. Seus discípulos difeririam dos de Hitler somente na cor das camisas (brancas) e na identidade visual das faixas (escarlate, com escudos brancos e sem a suástica). Em setembro de 1938, chegou ao limite o confronto entre as mentiras nazistas e o estado de direito, e as mentiras saíram vencedoras. Sob o Pacto de Munique de 1938, a França e a Grã-Bretanha consideraram legítimo da parte da Alemanha abocanhar 30% do território da Tchecoslováquia, um terço de sua população e mais da metade de suas reservas estratégicas de minério. Menos de seis meses depois, Hitler retornaria para tomar o restante.

A polêmica quanto à ascensão, à direção e ao destino do fascismo foi além das fronteiras da Europa. Ainda que a palavra "ariano" tenda a trazer à mente figuras louras nórdicas de olhos azuis, suas origens, segundo alguns teóricos raciais pró-nazistas, remontam a "povos oriundos dos planaltos da Ásia Central que, há muitos milênios, estabeleceram-se nos vales do Indo e do Ganges e mantiveram-se puros observando leis rígidas de casta... Estas pessoas se autodenominavam arianas... nobres".

Muitos na Índia endossavam tal descrição. A raiva dos suseranos ingleses e a preocupação com a invasão muçulmana levava líderes nacionalistas hindus a admirar a tentativa de Mussolini de transformar os relaxados italianos em povo guerreiro; ansiavam por uma transformação semelhante entre os seus próprios seguidores. Em março de 1939, dez dias após a invasão da Tchecoslováquia pela Wehrmacht, porta-vozes do Partido Hindu saudaram a Alemanha por sua "restauração da cultura ariana... seu apoio ao aprendizado da cultura védica e sua defesa fervorosa da tradição da civilização indo-germânica". Na Segunda Guerra Mundial, milhares de combatentes hindus foram dar com os costados na Alemanha, onde os nazistas organizaram-nos como uma legião para resistir às forças inglesas no subcontinente.

As forças que alimentaram o fascismo em outros lugares – dificuldades econômicas, ambição e preconceito – também estavam presentes nos Estados Unidos. O escritor autodidata William Pelley fundou a Silver Legion of America em janeiro de 1933, poucas horas após Hitler ascender ao posto de chanceler da Alemanha. Sediada em Asheville, na Carolina do Norte, atraiu cerca de 15 mil filiados. Seus seguidores usavam calças azuis e camisas prateadas com um "L" escarlate acima do coração, que significava *Love, Loyalty and Liberty* (Amor, Lealdade e Liberdade). Os camisas prateadas militavam pelo antissemitismo e buscavam reproduzir o modelo nazista de vigilantismo. Investigadores infiltrados do Corpo de Fuzileiros Navais testemunharam que os subordinados de Pelley ofereceram-lhes dinheiro em troca de acesso a armas dos arsenais militares da Califórnia, mas o inquérito não levou a nenhuma prisão. Em 1936, Pelley foi candidato à presidência com o slogan "Fora, vermelhos, fora, judeus", mas seu nome só esteve na cédula do estado de Washington e recebeu menos de 2 mil votos.

Os camisas prateadas não tardaram a desaparecer, mas os preconceitos que disseminaram encontraram eco em organizações como a Ku Klux Klan e nas transmissões em rede nacional do padre Charles Coughlin, polêmico radialista isolacionista de Detroit. Os intolerantes não eram todos iguais uns aos outros, porém. Embora muitos dos que tendiam ao fascismo fossem contra os imigrantes, outros não estavam havia tanto tempo nos Estados Unidos.

Quase um quarto da população dos Estados Unidos tinha ascendência alemã em algum grau e a maioria esperava que uma segunda guerra entre seus países natal e de adoção não fosse necessária. Nesse grupo havia alguns – uma pequena fração – que declaravam apoio a Hitler. Fritz Kuhn era um deles. Engenheiro químico, havia chegado ao país em 1928 e oito anos depois criou o German American Bund (GAB). Os integrantes do grupo usavam camisas marrons e botas pretas, e exibiam a suástica em comícios ao lado de um retrato de George Washington, que saudavam como o "primeiro fascista" do país, em função de seu suposto desprezo pela democracia. "Assim como Cristo desejava que viessem a ele as criancinhas, Hitler quer que as crianças alemãs o venerem" – era a mensagem transmitida nas escolas do Bund que surgiam país afora, em especial no Meio-Oeste.

O Bund tinha ampla expectativa pela vitória nacional-socialista na Europa e via uma oportunidade de copiar tal triunfo anunciado em terras americanas. Para aproximar-se dessa meta, o GAB exigia total obediência de seus membros e conclamava os Estados Unidos a permanecerem neutros em qualquer conflito entre a Alemanha e as Forças Aliadas. Apesar de terem raízes no estrangeiro, os entusiastas do Bund apresentavam-se como os americanos mais verdadeiros e puros, defensores do país contra os perigos do comunismo, da miscigenação e do jazz. O movimento atingiu seu turbulento clímax no Madison Square Garden, em fevereiro de 1939, quando Kuhn falou para uma exaltada plateia de 20 mil, que gritava "*Sieg Heil*" enquanto ele ironizava alegremente o presidente Frank D. "Rosenfeld" e seu "Jew Deal"[2].

O GAB encontrou forte oposição das organizações germano-americanas mais convencionais, dos sindicatos, de ativistas judeus e de pelo menos alguns gângsteres. "O palco era decorado com uma suástica e uma foto de Adolf Hitler", é a lembrança do notório mafioso Meyer Lansky de um comício fascista. "Os oradores começaram com suas diatribes. Nós só éramos quinze, mas partimos para a ação. Atiramos alguns pelas janelas. A maior parte dos nazistas entrou em pânico e fugiu. Nós os perseguimos e espancamos. Foi para mostrar a eles que judeus nem sempre ficarão passivos, aceitando insultos." Levando-se em consideração a conexão com o submundo, parece apropriado que a trajetória de Fritz Kuhn tenha terminado não num ato de violência, mas – como Al Capone – numa sentença de prisão

---

2. Literalmente, "Plano Judeu", ironia fonética com "*New Deal*" (ou "Novo Plano"), o programa econômico instituído por Roosevelt (e não "Rosenfeld", jocosa adaptação do sobrenome do presidente para um de matriz judaica) como reação à Grande Depressão. (N.T.)

por sonegação de impostos e, também no caso de Kuhn, em outra condenação por apropriar-se de fundos do GAB para sustentar uma amante.

Olhando para trás, é tentador descartar cada fascista dessa época como alguém completamente mau ou louco, mas seria fácil demais e, por induzir à complacência, perigoso. O fascismo não é a ausência de humanidade, mas sim parte dela. Até pessoas que se envolveram com tais movimentos por ambição, cobiça ou ódio provavelmente não tinham noção dos reais motivos ou negavam-nos para si mesmas.

Relatos orais do período atestam a esperança e o entusiasmo gerados pelo fascismo. Homens e mulheres descrentes de mudanças políticas de repente sentiam-se ligados às respostas que buscavam. Dispunham-se a viajar longas distâncias para estar presentes em comícios fascistas, nos quais descobriam almas afins, ávidas por restaurar a grandeza da nação, os valores tradicionais da comunidade e o otimismo em relação ao futuro. Naquela cruzada, ouviam explicações que faziam sentido para elas quanto às correntes poderosas em ação no mundo. Ali encontravam as oportunidades que vinham buscando de participar de grupos de jovens, organizações atléticas, instituições de caridade e treinamentos profissionais. Ali estavam os contatos de que precisavam para dar a partida a um novo negócio ou contrair um empréstimo. Muitas famílias que não haviam passado de dois filhos por acharem-se incapazes de sustentar mais que esse número agora tinham confiança para ter quatro, cinco ou seis. Na agradável companhia de colegas fascistas, compartilhavam uma identidade que lhes parecia justa e engajavam-se numa causa à qual cada um poderia servir com alegria e franqueza de alma. Por tais recompensas, acreditavam, valia a pena marchar e até mesmo abrir mão de liberdades democráticas – desde que os seus líderes cumprissem com o prometido e tornassem reais suas fantasias.

Por longo tempo, pareceu que aqueles líderes podiam fazer exatamente o que prometiam. Por toda a década de 1920, Mussolini parecera um vencedor e, depois de 1933, Hitler também. Neles – mais que em qualquer outro estadista europeu – tinha-se confiança de que cumpririam o que os políticos convencionais não conseguiam. Eram os desbravadores, os visionários firmemente conectados ao perturbador mas empolgante *zeitgeist*, o espírito da época.

Em *Cabaret*, há um momento eletrizante num *biergarten* em que um jovem nazista se ergue e, acompanhado por muitos mas não todos os presentes, entoa um hino de promessas e horror: "Tomorrow Belongs to Me", de John Kander e Fred Ebb.[3]

O fascismo ganhou força pois muita gente na Europa e em outros lugares via esse movimento político como uma onda poderosa a transformar a história, que a eles pertencia e não poderia ser contida.

---

3. "Tomorrow Belongs to Me", de John Kander e Fred Ebb, faz parte da peça *Cabaret*, dirigida por Bob Fosse (Nova York: Allied Artists Pictures, 1972).

6

A QUEDA

Podebrady, janeiro de 1942. As pessoas por aqui estão tristes, e todos encaram a guerra com dificuldade. Isto inclui arianos e não arianos, para usar a tão peculiar nomenclatura pela qual ora se divide a criação de Deus. Ostentamos estrelas, como sabem, alguns com orgulho, outros as escondem ainda que não nos seja permitido fazê-lo... Vivemos tempos estranhos e somos vistos por alguns como membros de uma raça de menor valor. Negros, é claro, são também subestimados, e o mundo, no entanto, se cala a esse respeito, até mesmo os judeus. Será melhor quando Deus iluminar nossos cérebros e entendermos que somos todos iguais perante Ele.

As frases acima pertencem ao diário de Ruzena Spieglova, uma viúva que vivia sozinha, de luto pela morte recente da filha, e fazia suas observações em meio aos grilhões que, naquele inverno severo de 1942, se apertavam em torno dos judeus na Tchecoslováquia ocupada pelos nazistas.

Suas palavras ilustram a capacidade de uma pessoa comum, vivendo sob extraordinária tensão, sentir empatia por homens e mulheres que não conhecia e buscar consolo na convicção de que todos os seres humanos têm igual valor. Tal generosidade de espírito –

importar-se com os outros e com a proposição de que todos nascemos iguais – é, em si, o antídoto mais efetivo ao torpor moral autocentrado que alimenta o crescimento do fascismo. A maioria das pessoas tem essa capacidade, mas ela nem sempre é estimulada e às vezes, por algum tempo, é brutalmente esmagada.

> Podebrady, abril de 1942. Fomos direcionados ao embarque e divididos por condição de trabalho. Havia quatro gradações de saúde. Puseram-me na segunda, o que significa que minha saúde é bastante boa. Agora estão dizendo que em breve sairemos de Podebrady e é essa a razão de todos os judeus irem de trem a Colônia para serem registrados... É possível que, às atribulações que nos esperam, eu sobreviva. Talvez ainda nos vejamos, meus queridos, ora em terras distantes. Deus lhes dê saúde. Quando retornar (assim espero, nunca se sabe), escreverei como foi em Colônia. [Fim do diário]

Em 9 de junho de 1942, Ruzena Spieglova integrou um grupo de judeus tchecoslovacos enviados de trem ao campo de concentração nazista de Terezín. Em 12 de junho, foram levados mais a leste, a um destino que não se sabe ao certo, provavelmente uma área florestal na Polônia ocupada. Dessa viagem não houve sobreviventes. Minha avó materna tinha 54 anos quando foi assassinada.

No verão de 1940, passado menos de um ano da declaração de guerra, o Terceiro Reich controlava a Áustria, cada pedaço de uma Tchecoslováquia partida, metade da Polônia, a Noruega, a Bélgica, a Holanda e grande parte da França. Entre abril e junho, havia tomado mais de 1 milhão de quilômetros quadrados da Europa, assumido o controle de bases aéreas do mar do Norte a Marselha, assegurado o acesso a petróleo e outras valiosas reservas minerais estratégicas e, ao menos no continente, dizimado os únicos exércitos resistentes significativos. Nada na Terra parecia comparável ao colosso nazista, mas, contra todas as expectativas, inclusive as dele próprio, aquele seria o ponto máximo a ser atingido por Hitler.

O declínio teve início em julho, quando a oferta do Führer de um acordo de paz foi bruscamente rejeitada por Winston Churchill. Para dar uma lição aos ingleses, Hitler ordenou à Luftwaffe a destruição da Força Aérea Real, que possibilitaria uma invasão por terra via canal da Mancha. Por cinco meses, bombardeiros Stuka e caças Messerschmitt combateram canhões antiaéreos, Hurricanes e Spitfires ingleses. Ataques aéreos alemães dispararam sirenes em regiões costeiras e industriais e no coração da própria Londres, causando milhares de incêndios, destruindo fábricas, docas, estações ferroviárias, prédios de apartamentos, pubs – até o Palácio de Buckingham sofreu danos.

Esses eventos fazem parte de minhas memórias mais antigas. Depois de nos despedirmos da família e dos amigos, meus pais e eu deixamos Praga logo após a invasão de março de 1939 e, de trem, cruzamos a Eslováquia, a Hungria, a Iugoslávia e a Grécia. De lá, embarcamos num pequeno navio que nos levou à Inglaterra, inicialmente para uma pensão lúgubre de que não me lembro, pois era muito pequena, e depois para um modesto apartamento de que nunca me esquecerei. Com cozinha e banheiro mínimos, ficava no terceiro andar de um prédio de tijolos vermelhos em Notting Hill. Entre os vizinhos havia mais refugiados, alguns da Tchecoslováquia, outros da Polônia, da Alemanha e da Espanha.

Nossa rotina durante os ataques aéreos era descer correndo a apertada escadaria de concreto cinzento até o porão, dividido em vários quartos pequenos e um maior. Em cada um desses bombardeios, éramos pelo menos uns 25, às vezes mais, caso prédios próximos precisassem ser evacuados. Tomávamos chá ou café preparados por guardas voluntários, compartilhávamos pedaços de pão e biscoitos. Dormíamos – quando dava – em camas dobráveis e colchões no quarto maior. Ainda que o edifício fosse novo e estruturalmente sólido, os canos de gás e água quente do porão pairavam suspensos do teto; aqueciam os quartos, mas, se uma bomba tivesse caído perto, teríamos sido escaldados ou asfixiados. Era nova demais para considerar tais possibilidades e, portanto, aproveitava cada momento de camaradagem excessivamente rígida.

Notting Hill não tinha valor estratégico e, por isso, não era alvo primordial, mas ainda assim bombas caíram sobre mais de uma dúzia de locais próximos, matando dezenas. Uma de nossas vizinhas foi resgatada dos escombros de um pub local, o Freemasons Arms, pela brigada de incêndio. Achou que seu fim havia chegado, mas se provaria resistente como couro cru e viveria o bastante para celebrar seu aniversário de 103 anos. Em outra ocasião, uma bomba caiu e não explodiu, e todos os prédios da área foram evacuados e um esquadrão de emergência chegou. Após investigarem, seus membros nos disseram que não nos preocupássemos: os explosivos haviam sido preparados por operários na Tchecoslováquia ocupada e cuidadosamente manipulados para não explodirem.

O trabalho de meu pai era transmitir notícias à nossa terra natal em nome do governo tchecoslovaco exilado em Londres, para contrapor-se à torrente de mentiras disparada diariamente pelos ocupantes alemães. Certa manhã, pouco antes do início da blitz, meu pai, Josef Körbel, precisava terminar um roteiro de rádio e decidiu ignorar as sirenes e continuar a trabalhar em nosso apartamento. Um amigo que estava com ele lembraria depois:

> O zumbido de uma bomba que passou voando era tão alto que nós dois nos jogamos ao chão e o doutor Körbel rapidamente pulou para baixo da mesa. O ataque aéreo era ensurdecedor, e nossa casa balançava tanto que me lembrava um navio em alto-mar. Jamais teria acreditado que um prédio tão grande de concreto e ferro poderia vibrar de forma tão dramática sem vir abaixo. Quando nos vimos fora de perigo, não resistimos e demos uma gargalhada de alívio.

De 7 de setembro de 1940 ao final de outubro, por mais de 57 dias consecutivos, uma média de duzentos bombardeiros despejou suas cargas mortais sobre Londres. Não havia refúgio seguro. Fossem em jardins de casas fossem em parques públicos, os abrigos só ofereciam proteção contra danos colaterais e detritos. Muitas famílias que se recolheram a porões foram esmagadas ou sufocadas pela queda de seus prédios. Nas primeiras seis semanas, 16 mil casas foram destruídas e outras 60 mil seriamente danificadas; mais de 300 mil pessoas ficaram desabrigadas.

Os londrinos, contudo, são uma espécie adaptável. Cientes de poderem ficar ilhados por dias no caminho de volta para casa, funcionários de escritórios chegavam a suas mesas munidos de artigos de higiene pessoal, travesseiros, cobertores e roupas sobressalentes. Ao cair da noite, tinha início o desfile de colchões rumo aos porões, abrigos e ao metrô. Os dados meteorológicos eram confidenciais e as pessoas faziam suas próprias previsões – céu claro significava um dia maravilhoso para Hitler; noites claras em certas épocas do mês exibiam uma lua de bombardeiro. As divisões sociais que definem a cultura britânica dissiparam-se momentaneamente, e gente de todo tipo desejava tudo de bom uns aos outros. Comerciantes exibiam cartazes desafiadores: *despedaçado mas não fechado* ou *derrubado mas não trancado*. Bancos e correio garantiam abrir normalmente, e prostitutas caminhavam pelas ruas como em dias normais.

Apesar dos duros golpes e de muitos na esfera política acharem que não havia alternativa a não ser se render, os ingleses se recusaram a capitular. Hitler esperava dar cabo da Inglaterra antes de voltar a atenção para a União Soviética, mas a realização desse plano agressivo lhe foi negada. Os esforços frustrados para persuadir Franco a levar a Espanha à guerra e a irritação causada pela repentina decisão de Mussolini de invadir a Grécia também o prejudicaram. Enquanto isso, no norte da África, forças inglesas e indianas resistiam com êxito aos ataques alemães e italianos, e, em março de 1941, corajosos patriotas sérvios derrubaram o governo pró-nazista, forçando Hitler a intervir por lá. Os alemães eram tremendamente poderosos, mas, como o chanceler começava a se dar conta, também o é – se devidamente despertada – a determinação de resistir.

Dez dias antes de a guerra começar, Alemanha e União Soviética haviam anunciado sua intenção de permanecer neutras em quaisquer guerras que envolvessem uma ou outra nação. O acordo foi chocante em função das divergências ideológicas entre os dois governos, ainda que compreensível porque eram igualmente cínicos. Como combinado, os dois invadiram a Polônia por flancos opostos e dividiram o país entre si. Para Stálin, o pacto veio em boa hora. Havia passado a segunda metade dos anos 1930 conduzindo julgamentos de fachada de autoridades supostamente desleais e executando centenas de milhares. Esse exercício de paranoia havia deixado a Rússia despreparada para um confronto armado com os alemães.

Para Hitler, o acordo também vinha a calhar. Não queria ser forçado a combater em duas frentes – como havia ocorrido com os alemães na Grande Guerra. Fazia sentido, portanto, um adiamento. Mas Hitler via muito de si mesmo em Stálin, o suficiente para não confiar nele. Achava que o velho Joe tentaria passar-lhe a perna e atacar assim que o Exército Vermelho tivesse condições; melhor, supôs que a Alemanha daria o primeiro golpe. Guerra com a URSS sempre havia sido uma questão de quando e não se. A vastidão de terras a leste era a recompensa que o Führer mais cobiçava. Parte da razão era material – seu exército era um poço sem fundo de consumo de cereais, carne, petróleo e outros recursos –, mas ele tinha também um desejo louco de expansão do *Lebensraum* ("espaço vital") na única direção não bloqueada por algum oceano, canal ou mar. Após a guerra, na fantasia de seus estrategistas, toda a fértil vastidão entre os Urais e a fronteira da Polônia seria enfeitada por cidades cintilantes com população exclusivamente formada pelos puros de raça – com suprimentos providenciados por camponeses eslavos a labutar do lado de fora dos portões, cultivando o solo, criando gado, comendo migalhas e recebendo apenas a educação necessária para compreender e obedecer a ordens.

A decisão de Hitler de invadir a União Soviética em junho de 1941 foi tomada no entendimento, e claramente na esperança, de que fosse interromper o suprimento de comida da população local. Quatro semanas antes do ataque, Göring previra que "muitas dezenas de milhões de pessoas em áreas industriais virão a tornar-se excedentes e morrerão ou emigrarão para a Sibéria. Qualquer tentativa de salvar a população local de morrer de fome reduziria a capacidade de resistência alemã na guerra". O mesmo Göring que se vangloriara de "não ter consciência". Essa era, em poucas palavras, a moralidade nazista.

No primeiro dia do verão, aviões, tanques e soldados alemães avançaram leste adentro, pegando a União Soviética desprevenida e cobrindo mais de 300 quilômetros numa semana. Especialistas militares em Berlim e em outras capitais ocidentais estavam certos de que as tropas de assalto triunfariam rapidamente. Stálin temia que sua própria equipe o matasse por estupidez, mas isso não ocorreu. Os soviéticos haviam construído um sistema político e econômico integrado que lhes permitia mobilizar todos os seus recursos. Após absorver as grandes perdas iniciais, o Exército Vermelho se recompôs e conseguiu estabelecer fortes postos de defesa. As distâncias e o clima davam crucial vantagem estratégica à Rússia. A cada quilômetro avançado pelos alemães, mais longa tornava-se a linha de suprimentos, e cada semana que passava trazia dias mais curtos, ventos mais frios, mais chuva e, a partir de outubro, neve. A vantagem da surpresa havia se dissipado, e – pela primeira vez – os guerreiros do Terceiro Reich encontravam resistência de verdade.

O ímpeto alemão arrefecia e a ira de Hitler se elevava. Ele achava que os ucranianos e os povos bálticos receberiam suas tropas como libertadoras, e de fato alguns o fizeram, pois o sentimento antirrusso nessas regiões era alto. Mas os governadores nazistas e comandantes das SS tinham mão pesada e, em vez de tratar populações locais como aliadas, confiscavam comida e propriedades, escravizavam milhões de trabalhadores e espancavam cidadãos, e dessa forma empurraram todos para a oposição.

Hitler era um estudioso da história militar e entendia o valor da preparação e da surpresa. O que não conseguia compreender era a necessidade de adaptar sua estratégia para reagir a fatos inoportunos. Em sua sede por novas conquistas, subestimou a resiliência russa e a capacidade do Exército Vermelho de repor os homens mortos ou aprisionados. A confiança inabalável na própria opinião o levava a passar frequentemente por cima de seus generais, ordenando-lhes que conseguissem o impossível. Assim, seus soldados, muitos deles sem botas ou casacos apropriados para o inverno, foram deixados à própria sorte e obrigados a arrastarem-se, exaustos, por campos congelados a milhares de quilômetros de casa.

No início de dezembro, os alemães ulcerados pelo frio haviam chegado à floresta a oeste de Moscou, mas os soviéticos logo lançariam um contra-ataque que os faria recuar e retiraria a capital de seu alcance. Em 1942, Hitler tentaria de novo e mais uma vez exageraria. No segundo dia de fevereiro de 1943, em Stalingrado, cerca de 90 mil homens do 6º Exército de Hitler se renderam. O combate ainda se estenderia por meses, mas a expedição oriental do Führer já estava condenada.

Mussolini e Hitler foram as personificações do fascismo, mas nenhum dos dois conseguiu erguer um Estado inteiramente totalitário. Sempre havia algo a separar a teoria da realidade, as ordens vindas de cima de sua implementação prática. Seus governos jamais foram tão eficientes quanto aparentavam. Apesar dos incontáveis crimes hediondos que cometeu, a Gestapo tinha de trabalhar duro para convencer o cidadão comum de que o regime tinha agentes em cada esquina e ouvidos em cada edifício. Por trás da fachada intimidadora, o órgão tinha efetivo insuficiente e atolado em burocracia, além de politicamente pouco confiável – metade do quadro de funcionários nem nazista era. Muitos de seus informantes eram oportunistas que se compraziam em criar caso com vizinhos desagradáveis e pessoas a quem deviam dinheiro. E houve o caso da senhora de Saarbrücken que entregou o marido para abrir espaço – como disse ao filho pequeno – para um novo papai "muito melhor".

Ao tomar posse, Hitler quase que de imediato retirou mulheres de funções burocráticas, prometendo "emancipá-las da emancipação". Eram aconselhadas a cuidar da lareira, fazer remendos, costurar, cozinhar *apfelkuchen* [tortas de maçã] e dar à luz uma nova geração de super-homens arianos. Tal ambição se provaria tão difícil de levar a cabo quanto a conquista da União Soviética. Entre 1933 e 1939, o número de mulheres na força de trabalho aumentou de 4 milhões para 5 milhões, *frauen* [damas] e *fräuleins* [senhoritas] ajudando a economia a manter-se no ritmo por causa das exigências da guerra.

Na Itália, onde comunistas e socialistas eram considerados fora da lei por definição, muitos sobreviveram ao período fascista mantendo as cabeças baixas, fingindo-se apolíticos e – como o pai de Mussolini em outra época – escondendo a bandeira vermelha da família numa caixa enterrada no quintal. A prudência permitiu aos movimentos de esquerda ressurgirem com força considerável antes mesmo do fim da guerra. Na Alemanha, discordância assumida era coisa rara, mas havia bolsões de atividade antinazista nos sindicatos, no setor privado, na comunidade religiosa e no exército. O desgosto com Hitler veio à tona com mais ênfase em 20 de julho de 1944, quando Claus Philipp Schenk (o conde Von Stauffenberg) tentou mandar o Führer pelos ares ao esconder uma bomba-relógio em sua pasta. A explosão deixou seu alvo com queimaduras no couro cabeludo e numa perna, tímpanos comprometidos e a convicção – por ter escapado por pouco – de que ainda podia contar com a Providência Divina.

A bomba-relógio que aguardava Mussolini era menos ruidosa, mas, no fim das contas, mais letal e viria ainda mais de perto. Quem teria imaginado que o fundador do fascismo seria golpeado por membros de seu próprio partido?

O momento-chave ocorreu ao final de 1942, quando os Aliados derrotaram as forças do Eixo no norte da África, criando uma plataforma para libertar a Europa a partir do sul, através da Itália.

A deterioração da posição do país era um reflexo das mudanças sofridas por seu líder. Mussolini, o fanfarrão, o arrogante, já não existia mais. Ele, que um dia se vangloriara de tomar decisões de supetão e assim manter a correspondência em dia, agora deixava a papelada se acumular e se debruçava sobre recortes de jornal, assinalando frases-chave com lápis de cera. Tornara-se errático, mudava frequentemente de ideia, às vezes marcava os dois quadrados em um memorando que o confrontava com opções opostas. Tomava remédios para o estômago para aliviar as dores da úlcera, mas não havia receita que desse conta de seu dilema central: seus compatriotas, desapontados, queriam sair da guerra.

Nem o italiano médio nem as forças armadas ou o rei sitiado desejavam associação alguma com o Terceiro Reich. O paganismo claro de Hitler não caía bem junto aos católicos, e muitos resmungaram quando Mussolini consentiu, em 1938, nas mesmas leis antissemitas aprovadas anos antes na Alemanha. Nem mesmo os que amavam Il Duce – talvez estes em especial – gostavam de vê-lo numa posição subalterna perante um racista teutônico. Os militares manifestavam seu incômodo com o destacamento de dezenas de milhares de homens para o leste, onde haviam lutado ao lado dos alemães, alguns calçando sapatos de cartolina. Agora sua terra natal viraria uma nova frente de batalha, numa guerra que não parecia ter fim. O movimento fascista, que um dia trombeteara com tanta ânsia o retorno da Itália à glória, seria responsabilizado com toda a certeza por sua derrota.

Em 10 de julho de 1943, desembarcaram na Sicília os primeiros de 160 mil soldados aliados. Duas semanas depois, o Grande Conselho Fascista reuniu-se em Roma. Incertos do que esperar, muitos traziam facas ou granadas nos bolsos. Mas aquela não era a Alemanha de Hitler, ou a Rússia de Stálin. Em vez de rugir ameaças, Mussolini apresentava-se aborrecido. Recebeu os líderes de seu partido com uma arenga de duas horas em tom defensivo, salpicada por estatísticas irrelevantes e um balde de água fria nos que ainda procuravam uma saída para o dilema em que se encontravam. Enquanto ele falava, os delegados passavam de mão em mão uma resolução que propunha a completa restauração dos poderes constitucionais do rei e do parlamento. Seu principal autor era Dino Grandi, originalmente um dos colegas mais militantes de Mussolini, que agora se levantava e confrontava o antigo chefe:

> Você acredita ter a devoção do povo, mas a perdeu no dia em que atrelou a Itália à Alemanha. Você sufocou a personalidade de todos sob o manto de uma ditadura historicamente imoral. Permita-me dizer: a Itália se perdeu exatamente no dia em que você pôs um adorno dourado de marechal em seu quepe.

Posta à prova, a resolução de Grandi foi acatada por 19 a 8, e entre os que exigiam mudanças estava o enteado de Mussolini.

O ditador infalível já não contava com o apoio do partido que havia forjado na bigorna de sua própria vontade – e assim uma votação de vinte minutos fez baixar a cortina sobre vinte anos de fascismo. Numa última tentativa de salvação, Il Duce solicitou ao rei que renovasse sua declaração de solidariedade, sem sucesso. Por mais de duas décadas, Vítor Emanuel se dobrara à vontade de Mussolini por achar que não tinha escolha e por ser um covarde. Mas, e já não era sem tempo, as cartas haviam voltado à sua mão. "Hoje", disse ele a seu visitante, "você é o homem mais odiado da Itália". "Se isso for verdade", foi a resposta, "devo apresentar a minha renúncia". "E eu", disse o rei, "a aceito incondicionalmente".

As notícias da partida de Mussolini foram o estopim para celebrações Itália afora. Milhares de fotos emolduradas do ditador deposto foram retiradas de paredes e jogadas no lixo; de uma hora para outra, um fascista assumido virara a criatura mais rara de se encontrar. O novo governo aceitou um armistício com os Aliados, rezando pelo fim da guerra, mas as preces não foram atendidas. As tropas de Hitler tomaram a região norte do país e insistiram em colocar Mussolini à frente de um regime fantoche. Ele aceitou contrariado, praticamente prisioneiro dos alemães.

Em seus últimos meses, Mussolini pouco teve a fazer a não ser refletir sobre como seus sonhos audaciosos haviam virado pó. Especulava que talvez o desfecho tivesse sido outro caso tivesse encontrado em si a capacidade de igualar Hitler em crueldade. Culpava seus próprios cidadãos pela falta de apetite pela guerra e os nazistas pela escassez de interesse em qualquer outra coisa. Admitia aos poucos conselheiros que lhe haviam restado que fora por demais suscetível à bajulação, e que ditadores "perdem qualquer noção de equilíbrio ao perseguirem suas ambições obsessivas". Confessou-se, entre outros esforços esporádicos para obter a bênção da Igreja. Parou ainda de comparar-se a César, pensando em voz alta se Jesus Cristo não seria comparação mais adequada.

Nos últimos dias da guerra, tropas americanas e comunistas italianos convergiram sobre o mal protegido quartel-general de Mussolini. O ditador deposto fugiu, a princípio na expectativa de reunir-se a um grupo residual de seguidores que julgava ser substancial, preparando-se para marcar posição uma última vez. Não deu certo, e ele e seus companheiros uniram-se a alguns soldados alemães em fuga do país pela fronteira com a Áustria. Em 28 de abril de 1945, apesar de estar de sobretudo e capacete da Luftwaffe, foi reconhecido por membros de um destacamento comunista. Um pelotão de fuzilamento o executou e à sua amante de longa data, Claretta Petacci, bem como a outros de seu grupo, pôs os corpos num caminhão e despejou-os em Milão.

Na Alemanha, o inescapável martelar da propaganda de Goebbels havia criado o que o historiador Ian Kershaw rotulou de "mito de Hitler". Tratava-se da sensação de que, independentemente de quão chocantes fossem os reveses do país, o Führer logo daria um jeito. Um problema só se prolongava se não tivesse sido levado à atenção do chefe da nação. A culpa pela inépcia da burocracia, pelos tropeços das forças armadas ou pelos atos de brutalidade gratuita das SS era de outros, e tão somente de outros. Hitler era considerado a personificação da nação, o criador de um milagre econômico, o lúcido administrador da justiça, o protetor contra todos os inimigos e o gênio estratégico militar e de política externa que só poderia ser coroado com êxito – o céu se encarregaria disso.

Em 1943, o herói desse mito começou a sofrer de tremores na perna e no braço esquerdos que não respondiam a tratamentos. Ao caminhar, arrastava o pé. Tinha outros incômodos também, e passou a depender de um médico que lhe receitava um misto inútil de placebos, estimulantes, afrodisíacos e suaves venenos. Paralelamente ao desgaste do corpo de Hitler e à precipitação de seus níveis de energia, a máquina de guerra alemã apanhava de todos os lados. Depois do Dia D, a guerra em dois fronts que Hitler temia tornara-se realidade. A leste e a oeste, os Aliados fechavam o cerco, libertando países que os nazistas haviam jurado escravizar. Colegiais sem treinamento recebiam uniformes e a ordem de lutar para defender cada metro quadrado de terra exatamente como o Führer estava fazendo – assim lhes era dito. Àquela altura, já não se ouvia mais a voz famosa em comícios ou transmissões de rádio. Hitler nem botava mais o pé na rua. Em julho de 1944, os russos libertaram o campo de extermínio de Majdanek e, em janeiro do ano seguinte, Auschwitz. Em abril, os americanos escancararam os portões de Buchenwald e os ingleses fizeram o mesmo em Bergen-Belsen. O mundo já não podia negar aquilo em que não desejara acreditar.

Já impotente, Hitler passou seus últimos meses a perambular pelo bunker a 7,5 metros de profundidade no centro de Berlim. Todo o lado esquerdo de seu corpo se contraía e sacudia a cada movimento. Reclamava e devaneava sem parar, compartilhando os resquícios esfarrapados de suas fantasias com uma plateia de secretárias, que entediavam-se escutando-o – não tinham escolha – até de manhã em alguns casos. Ao contrário de Mussolini, não admitia erros nem se arrependia de decisões, e não se importava em ser odiado. Vomitava amargor por muita gente que julgava tê-lo traído, repetia que desertores alemães deviam ser fuzilados e agarrava-se à esperança de um último milagre que corroborasse o posto elevado que, aos seus olhos cegos, sempre merecera. Agarrou-se momentaneamente à notícia da morte de Franklin Roosevelt, em meados de abril, afirmando num comunicado que aquilo "varria da face da Terra o maior criminoso de guerra de todos os tempos". Em 30 de abril de 1945, dois dias após a queda de Mussolini, Hitler e Eva Braun, sua esposa havia 36 horas, se suicidaram, ela ao tomar cianeto, ele com um tiro de pistola.

Nas cenas finais de *O grande ditador*, uma complicada reviravolta leva o acanhado barbeiro judeu de Charlie Chaplin a ser confundido com o personagem à la Hitler, também interpretado por Chaplin. Paramentado com uniforme militar alemão, ele se vê frente a um microfone, na posição de discursar perante uma gigantesca convenção do partido. Em vez da torrente de impropérios esperada pela plateia, Chaplin profere uma homilia sobre a resiliência do espírito humano perante o mal. Pede aos soldados que não se entreguem a "homens que os desprezam, escravizam... tratam a vocês como gado e os usam como bucha de canhão... homens antinaturais – homens mecânicos com mentes e corações mecânicos. Vocês não são máquinas! Vocês não são gado! Vocês são homens! Têm o amor da humanidade em seus corações."

"Neste momento minha voz atinge milhões de pessoas mundo afora", diz à plateia o humilde barbeiro. "Milhões de homens, mulheres e crianças desesperados – vítimas de um sistema que leva homens a torturar e aprisionar gente inocente. Aos que podem me ouvir, digo: não se desesperem... O ódio dos homens vai passar, os ditadores perecerão e o poder que tomaram do povo retornará ao povo... A liberdade nunca perecerá."

As palavras de Chaplin são sentimentais, lacrimosas e ingênuas. E não consigo ouvi-las sem sentir vontade de aplaudi-lo.

7

A DITADURA DA DEMOCRACIA

Josef Stálin deleitava-se em reprovar a política reacionária dos fascistas italianos e alemães, mas, para um comunista, "fascista" era o mais versátil dos insultos. Em vez de reservá-lo para quem de direito, os soviéticos usavam esse epíteto para desacreditar capitalistas, nacionalistas, democratas, religiosos ou qualquer outra facção – trotskista, socialista ou liberal – que disputasse corações e mentes da esquerda com a URSS. No universo de Stálin, quem não estivesse com ele não era muito melhor que Hitler; não havia meio-termo. Assim, pode-se pensar que fascismo e comunismo eram opostos, mas o contraste é mais complicado.

Em 1932, Mussolini descrevera o fascismo como um universo fechado em que "o Estado a tudo abrange" e fora do qual "não pode haver valores humanos ou espirituais". Ao fazê-lo, dava conta de sua semelhança com o comunismo no desdém pela democracia e todas as suas amarras. Em público, o Duce atacava os bolcheviques, mas a portas fechadas confessava admirar quão efetivas eram as táticas brutais de Lênin. Fascismo e comunismo tinham aspirações utópicas e ambos ganharam força em meio à efervescência intelectual e social do fim do século XIX. Ambos se propunham a atingir um grau de sustentação emocional ausente nos sistemas políticos liberais.

Contudo, havia também diferenças acentuadas. Os nazistas dividiam os seres humanos com base em nacionalidade e raça; para os comunistas, o fator determinante era classe. Na Alemanha, perseguia-se judeus e ciganos; na União Soviética, os principais alvos eram os donos de terras, a burguesia e só então os judeus. Nazistas pervertiam a religião ao explorarem o impulso pela idolatria; comunistas, mesmo refratários à religião, tratavam certos textos seculares como sagrados. Nazistas assumiam o controle de instituições estatais; comunistas as desmantelavam para então reconstruí-las, substituindo a indolente burocracia czarista pela pesada e ineficiente contrapartida soviética. Cada sistema tinha as suas ironias. Os nazistas perseguiam o sonho de uma sociedade de raça pura por meio de ocupação e conquista, assegurando assim contato íntimo com gente de várias nacionalidades e raças não germânicas. Os comunistas insistiam na irrelevância de identidades nacionais, mas perseguiam obsessivamente homens e mulheres com base em quem eram: letões, poloneses, ucranianos, armênios, finlandeses, tchetchenos, coreanos e turcos.

Quanto aos dois protagonistas, Hitler, uma vez no poder, mostraria seu lado indolente ao começar seu dia geralmente por volta do meio-dia e deixar as filigranas de governo nas mãos de terceiros. Stálin acordava com as galinhas, fazia longas jornadas de trabalho e exigia estar a par de cada desdobramento econômico, político ou militar. Hitler era abstêmio e vegetariano; Stálin bebia à beça e comia de tudo – seus *chefs*, um deles avô de Vladimir Putin, preparavam a cozinha da Geórgia natal do líder: *kebabs*, ensopados, salada, bolinhos, nozes a granel e pão que dava para afundar as mãos dentro. Hitler preferia ser inteirado dos assuntos por via oral; Stálin lia – e editava – relatórios detalhados.

Com todas as suas diferenças, os dois falavam uma mesma língua: a da violência. Ambos desprezavam os ideais jeffersonianos de governo do povo, discussões racionais, liberdade de expressão, judiciário independente e retidão no processo eleitoral. Ambos atacavam sem remorso os inimigos dentro e fora de seus partidos. Na década de 1920, quando os nazistas ainda lutavam para se firmar, os soviéticos implementaram sua revolução por meio da reorganização forçada da atividade industrial, do exílio de milhões de "inimigos de classe" na Sibéria, e da coletivização da agricultura, que desencadeou uma fome horrenda. Em 1937, Stálin ordenou as execuções de 680 mil pessoas de cuja orientação política desconfiava, um número incrível que incluía oficiais do exército e do partido e membros do Politburo. Os comunistas, quase tanto como os nazistas, sabiam transformar o Estado numa temível máquina de matar.

Também como os nazistas, os comunistas procuravam moldar as mentes dos cidadãos ao bombardear os sentidos com doutrinação aos borbotões. A cada dia, homens e mulheres da URSS eram chamados a sacrificarem-se pela revolução, unirem-se em nome de um amanhã melhor e trabalharem mais duro pelo bem coletivo. A coação era constante, e vinha de outdoors, rádios, jornais e líderes partidários; seu propósito era formar conformistas que fariam o que o governo exigisse, pois não conseguiam mais conceber alternativas. Sua missão, e a única escolha segura era aceitá-la, era seguir ordens – tornarem-se robôs humanos para quem a obediência era uma virtude.

Comunistas e nazistas julgavam igualmente ter como vocação moldar um "novo homem", uma criatura da modernidade, acima das metas individuais pautadas por dinheiro, propriedade e prazer, que jogariam trabalhadores uns contra os outros e, na visão deles, faziam da democracia uma latrina moral. Em 1932, num encontro organizado pelo escritor realista socialista Maksim Górki, Stálin cobrou da elite literária de seu país que fossem "engenheiros de almas humanas". Cineastas soviéticos, por sua vez, despejavam milhares de variações de uma mesma história: o protagonista é forçado por capitalistas gananciosos a escolher entre seu interesse próprio e o bem-estar da comunidade. Invariavelmente, a escolha errada levava à tragédia, e a correta, ao êxtase da camaradagem.

Era fácil perceber como tal enredo era atraente. Os bolcheviques, palavra cuja tradução é "a maioria", conseguiram converter milhões de pessoas, em parte devido à desigualdade pronunciada que continua a existir em sociedades capitalistas. A noção de permitir a todos um assento no mesmo barco tem apelo e parece justa. Contudo, há uma razão para os comunistas terem adotado mão tão pesada na hora de pôr suas teorias em prática. Fossem suas ideias adequadas para a vida real, a campanha de doutrinação não teria sido tão árdua e os gulags teriam sido desnecessários. Independentemente de argumentos teóricos, os melhores fazendeiros não gostam da agricultura coletiva, pois ela só resulta em mais trabalho e menos lucro para eles. Nas fábricas, os trabalhadores mais produtivos não irão manter o alto nível se seus esforços não forem recompensados – e não é um distintivo ocasional de "empregado do mês" que fará diferença. Em qualquer sociedade, homens e mulheres com imaginação se rebelarão contra quem lhes diz o que fazer, no que acreditar e não pensar.

Uma ditadura pode ter o nome que for, mas ainda será uma ditadura, não importando se seu símbolo é a águia czarista de duas cabeças ou a foice e o martelo. Durante a Segunda Guerra Mundial, o Exército Vermelho recrutou à força milhões de soldados que odiavam seu comandante em chefe, mas lutaram ainda assim para defender a Mãe Rússia dos fascistas alemães. Mais tarde, os deturpadores soviéticos alegariam que suas tropas lançaram-se ao combate proclamando lealdade a Stálin, mas isso era conversa-fiada. O comunismo não funciona.

Em julho de 1945, aos 8 anos de idade, embarquei num bombardeiro inglês, acomodei-me num assento improvisado em sua barriga e voamos para a minha Tchecoslováquia natal. Meu pai, que havia voltado seis semanas antes, nos recebeu no aeroporto. Havia tido início a era do pós-guerra. Nos três anos seguintes, nosso país se equilibraria precariamente entre o fascismo ao estilo soviético e o tipo de república democrática robusta a que havíamos dado tanto valor nos anos 1920 e 30.

A ocupação alemã chegava ao fim e escancarava-se a divisão entre os dois principais componentes da aliança anti-Eixo, a União Soviética e o Ocidente. Durante a guerra, a maioria dos exilados tchecoslovacos encontrou refúgio em Londres, mas milhares de outros foram para Moscou, em zeloso preparo para o que viria depois. Entre as valentes almas que resistiram aos nazistas dentro do país havia gente leal aos dois lados. A pergunta ainda por responder era se os tchecoslovacos, que haviam unido forças em tempo de guerra, cooperariam em tempos de paz – ou se lhes seria permitido fazê-lo.

Nosso presidente, Edvard Benes, desejava preservar laços sólidos com Leste e Oeste – tática sensata e, com a Guerra Fria ainda em estado embrionário, aparentemente possível. Enquanto eu me encontrava em trânsito entre Londres e Praga, Stálin conversava cordialmente em Potsdam com Truman e Churchill, que seria substituído em breve. Em público, ainda estávamos todos do mesmo lado. A portas fechadas, contudo, um confronto épico tivera início.

Maio de 1946 trouxe à Tchecoslováquia suas primeiras eleições do pós-guerra. Antes do conflito, a fração dos votos obtida pelos comunistas havia sido ínfima. Esperavam sair-se melhor daquela vez, mas ninguém previu que teriam 38%, uma votação bem à frente da de qualquer outro partido. Benes manteve-se na presidência e o líder comunista linha-dura, Klement Gottwald, ex-fabricante de ferramentas dado a usar quepes em vez de chapéus, ascendeu ao cargo de primeiro-ministro. O gabinete dividia-se por igual entre moderados e a extrema esquerda. A contagem dos votos deu aos comunistas a esperança de poderem fazer o mesmo que Mussolini e Hitler haviam feito – chegar ao poder por meios democráticos e então dar cabo da democracia.

A segunda rodada de eleições foi marcada para maio de 1948. A meta dos comunistas era a maioria absoluta; os democratas estavam determinados a impedi-la e ganhar ímpeto próprio. Os cálculos de ambos os lados tiveram de ser ajustados em maio de 1947, quando o secretário de Estado americano George Marshall propôs um generoso programa de empréstimos para a reconstrução da Europa. Todos os países da região que haviam sido atingidos pela guerra foram chamados a participar, inclusive a URSS. À Tchecoslováquia, o Plano Marshall oferecia um caminho para trazer a economia à tona até as condições agrícolas melhorarem e as fábricas retomarem seu ritmo normal. Em 4 de julho, o gabinete decidiu aderir por unanimidade.

Sete dias depois, aquela luz verde resplandecente tornou-se vermelha em todos os sentidos. Autoridades de Praga foram a Moscou, onde Stálin lhes disse que a proposta americana era um ardil, uma armadilha preparada para isolar a Rússia e enfraquecê-la. Para reforçar a tese, declarou ser a única proteção de que a Tchecoslováquia dispunha contra o ressurgimento do poderio alemão. Se o governo escolhesse desafiá-lo, a proteção seria retirada. Mais do que isso, consideraria tal decisão a quebra dos termos do Tratado pelo lado tchecoslovaco.

Foi assim que a Guerra Fria realmente começou. Não apenas o meu país, mas toda a constelação de satélites soviéticos – Polônia, Hungria, Romênia, Bulgária, Albânia e Iugoslávia – teve de rejeitar o Plano Marshall, pois o Exército Vermelho estava perto e os Aliados ocidentais haviam baixado suas armas. O plano poderia ter unificado o continente. Em vez disso, a insegurança russa – uma característica que voltaria a se manifestar no século XXI – levou à instalação de arame farpado pelo coração da Europa.

Enquanto isso, na Tchecoslováquia, forças democratas e comunistas conduziam manobras febris em preparação para a eleição marcada. A vantagem estava com os comunistas, em função da organização superior, do controle da maioria dos ministérios importantes, do apoio da União Soviética e da habilidade de reunir um grande número de pessoas na rua em curto prazo. Eram também mais agressivos. Democratas faziam apelos aos compatriotas para que fossem capazes de reconhecer a hipocrisia comunista – os mesmos partidários que se vangloriavam pela oposição ao fascismo agora imitavam suas táticas. Só o que os comunistas faziam era substituir fotos de Hitler por retratos de Stálin, e, como os camisas pretas de Mussolini, atacavam a imprensa, manchavam a reputação de políticos rivais, exigiam lealdade total aos membros do partido e ameaçavam todos que se colocassem em seu caminho.

A tudo isso minha família assistiu das proximidades, em Belgrado, onde meu pai era embaixador tchecoslovaco. Sob o comando do homem forte Josip Broz (mais conhecido pelo pseudônimo Tito), a Iugoslávia emergira da guerra com um governo totalmente engajado no comunismo. Através de seus contatos com autoridades locais, meu pai percebia os abutres a cercar nossa terra natal. Um oficial do exército iugoslavo lhe disse: "Não concordo com a política de seu governo... vocês têm partidos demais". Em seu país, dizia ele, os comunistas "têm controle do parlamento, do exército, da administração pública, das fazendas coletivas, da indústria – de tudo. Agem em nome da nação... é uma ditadura da democracia". Também esse conceito peculiar derivava diretamente do plano de jogo fascista: um único partido, falando numa só voz, com controle de todas as instituições do Estado, alegando representar a todos e vendendo toda a fraude como se fosse o triunfo da vontade popular.

Profundamente preocupado, meu pai foi a Praga em janeiro de 1948 para consultar o presidente Benes. Testemunha das inclinações ferozes dos líderes comunistas iugoslavos, esperava encontrar um líder totalmente a par do perigo que as forças democráticas corriam e de posse de uma estratégia clara de contra-ataque. No entanto, ao ser conduzido à presença de Benes, meu pai foi recebido por um homem obviamente doente, cujo cabelo grisalho rareava, com profundas bolsas embaixo dos olhos e um caminhar lento.

Por três décadas, a energia de Benes fora quase lendária no cenário político mundial, mas ele sofrera um derrame e estava claramente desgastado tentando manter o país em pé. Meu pai, disposto a aproveitar aquela oportunidade ao máximo, alertou o presidente quanto às incursões feitas pelos comunistas nas forças armadas, na polícia, nos sindicatos, na mídia e na diplomacia. Insistiu que o tempo era curto. A resposta apaziguadora do velho, que disse não estar alarmado, não poderia tê-lo assustado mais. Benes descartava a possibilidade de um golpe e se dizia certo de que os democratas prevaleceriam nas próximas eleições. Persuadiu meu pai a parar de se preocupar, retornar ao seu trabalho em Belgrado e a seguir em frente.

Um quarto de século antes, Mussolini havia tomado as rédeas do poder de um rei indeciso. Em 1933, Hitler fizera o mesmo com um presidente doente e envelhecido. Benes não era passivo como Vítor Emanuel e nem velho como Hindenburg, mas, como eles, mostrou-se inábil na arregimentação das forças democráticas em momento crítico. O confronto apresentou-se em fevereiro de 1948, quando os comunistas foram flagrados tentando subverter a polícia e distribuir rifles a seus apoiadores em Praga. As revelações coincidiram com um grande comício de centrais trabalhistas agendado para 22 de fevereiro na capital, no que pareceu uma versão orquestrada por Moscou da Marcha sobre Roma, de Mussolini.

Em vez de manter a coragem, os membros democratas do gabinete renunciaram, na vã esperança de forçar a realização imediata de eleições. O caos resultante criou uma oportunidade que Gottwald, o líder comunista, não hesitou em aproveitar. Ele exigiu de Benes que substituísse os ministros que haviam renunciado por uma lista de homens que julgava "mais confiáveis". Seus aliados na mídia ecoaram a reivindicação e dezenas de milhares de ativistas trabalhistas a saudaram. E então, em 25 de fevereiro, a liberdade foi assaltada à sombra dos coruchéus de Praga. Líderes democratas a caminho do trabalho foram impedidos de entrar em suas salas; alguns tiveram suas casas revistadas ou foram algemados e postos na cadeia. Os últimos jornais e estações de rádio independentes foram tomados e vandalizados. As centrais sindicais comunistas decretaram greve nacional; trabalhadores que se recusassem a aderir seriam demitidos. Gottwald foi a Benes e o ameaçou: *Nomeie um novo gabinete ou mais sangue será derramado*. Relutantemente, o presidente cedeu.

Um importante líder democrata a não renunciar foi o ministro das Relações Exteriores Jan Masaryk, bom amigo de meu pai e de nossa família. O homem que conheci como "tio Jan" preferia mil vezes tocar piano a bancar o diplomata; seus olhos brilhavam mesmo na tristeza e tinha o hábito inabalável de dizer a verdade. Na manhã de 10 de março, seu corpo destroçado foi achado no pátio interno do ministério, abaixo de uma janela de banheiro aberta. O novo governo, encabeçado por Gottwald, insistiu tratar-se de suicídio, mas os indícios apontavam para assassinato.

A história de como o comunismo assumiu o controle da Tchecoslováquia traz lições que ainda precisamos absorver. Os mocinhos nem sempre vencem, em especial se estão divididos e são menos determinados que seus adversários. O desejo de liberdade pode estar arraigado em cada peito humano, e também a propensão à complacência, à confusão e à covardia. E paga-se um preço pela derrota. Depois de 1948, já não restava espaço para democratas na

Tchecoslováquia. Naquele ambiente kafkiano, tchecos que haviam dedicado cada hora da Segunda Guerra Mundial a combater Hitler a partir de Londres foram acusados de passar seus dias tramando para escravizar a classe operária. Assim, pela segunda vez na vida, fui arrancada da terra onde nasci. Meu pai foi convidado a encabeçar uma comissão das Nações Unidas que investigava a disputa entre Índia e Paquistão pela Cachemira. Quando a tarefa terminou, pediu asilo político nos Estados Unidos para si e sua família, uma petição que seria aceita em junho de 1949.

Ao contemplarem a devastação causada pela Primeira Guerra Mundial, os líderes da comunidade internacional mostraram o que haviam aprendido: não muita coisa. Os vitoriosos europeus nada desejavam além de tomar posse de territórios e se vingar. Os perdedores encontravam-se empobrecidos e sedentos para ir à forra. Os Estados Unidos chegaram à conferência de paz em Paris com atitude arrogante e pouca atenção diante do que exigia a importância do evento, e acabaram por rejeitar sua própria proposta de criação da Liga das Nações e se retirar presunçosamente para o seu lado do oceano. A falta generalizada de efetiva ação conjunta, logo na sequência de uma experiência horrível que deixara 20 milhões de mortos e 21 milhões de feridos, permitiu a ascensão do fascismo e levou o mundo à beira do abismo de uma segunda guerra, ainda mais catastrófica.

Após o Dia da Vitória na Europa, o presidente Truman e seus colegas do outro lado do Atlântico estavam determinados a não seguir o exemplo de seus predecessores e trabalhar juntos. Esperavam conseguir estender a aliança dos tempos de guerra com a URSS, mas o golpe comunista na Tchecoslováquia, somado ao assassinato de Masaryk, destruíram essa ilusão. Stálin não tinha a intenção de manter suas promessas da época da guerra: seu plano era dominar o leste e o centro da Europa.

O Ocidente contra-atacou por meio da criação de uma aliança militar (a OTAN) e da ajuda à Grécia e à Turquia para afastarem a ameaça comunista. Em vez de recolherem-se de novo a seu casulo do outro lado do oceano, os EUA patrocinaram uma série de organizações multilaterais, entre elas a ONU, o Fundo Monetário Internacional e o Banco Mundial. Em 1949, Truman revelou o Ponto IV, uma iniciativa de apoio técnico destinada a ajudar pessoas em cantos distantes do planeta a aumentarem seu padrão de vida. Cada um desses passos foi produto de um iluminado empenho internacional, e cada qual foi implementado nos Estados Unidos com forte apoio bipartidário. Essas conquistas e a diligente diplomacia que as tornou realidade não podem ser diminuídas ou esquecidas.

A União Soviética exibiu durante esse período muitos dos sintomas clássicos do fascismo. Quando o colunista liberal I. F. Stone visitou Moscou em maio de 1956, encontrou um funcionário do Partido Comunista disposto a dizer-lhe o que pensava, mas, quando Stone o estimulou a fazê-lo, o moscovita pensou melhor e murmurou em alemão *"Ili Schweigen ili Gefängnis"* – "É o silêncio ou a prisão".

Aquela escolha sombria era para valer, pois governos comunistas exibiam uma tendência a dizimar os seus cidadãos. Vários líderes comunistas do pós-guerra na Tchecoslováquia e em outros países da região foram posteriormente aprisionados ou enforcados, alguns por ordens diretas de Stálin, outros – é quase certo – por serem judeus. Um vocabulário específico foi desenvolvido para justificar as prisões. Aqueles condenados por tribunais de fachada eram chamados de traidores da classe, inimigos do povo, carneirinhos, porcos burgueses, espiões imperialistas – e, naturalmente, quando o Muro de Berlim foi erguido, a desculpa foi a da proteção contra os fascistas.

No Ocidente, inventamos nossa própria lista de rótulos depreciativos: vermelho, avermelhado, inocente útil, comuna. Preocupados com o perigo da espionagem soviética e determinados a não repetir a política conciliadora que facilitara o caminho de Hitler, políticos americanos tentavam superar uns aos outros na aparência de vigilância. Comitês do Congresso exigiam saber "Quem perdeu a China?"[1] e propunham-se a erradicar traidores da mídia, das artes, do movimento trabalhista e de todas as esferas do governo. Os tempos exigiam um líder sábio e forte que pudesse proteger o país

---

1. Referência à inesperada chegada ao poder do Partido Comunista no país, antes sob controle de nacionalistas simpáticos aos EUA. (N.T.)

da subversão sem se deixar levar pelas armadilhas da paranoia e do medo irracional. Tal era a necessidade, mas não foi isso que bateu à nossa porta.

O senador Joseph McCarthy – colérico, com cara de buldogue e eternamente indignado – tinha o espírito de um Mussolini, mas sem seu estofo intelectual. Como o Duce, era um *showman* que amava a política e almejava o poder. E ao contrário do Duce, quando iniciou a vida pública era praticamente um ignorante sobre política. Seu temperamento era o de um valentão fascista, mas a princípio não tinha certeza de para onde direcionar sua fúria. Em seus primeiros anos de Senado, McCarthy tentava arquitetar uma perspectiva que gerasse notícias sensacionalistas a partir de tarifas sobre peles, habitações sociais, cotas de importação de açúcar e gastos armamentistas do Pentágono. Tarefa indigesta, difícil. No início de 1950, com a campanha pela reeleição no horizonte, jogou-se com mais afinco em sua busca por uma ideia geradora de manchetes.

A resposta, de acordo com relatos da época, veio durante um jantar com três outros colegas católicos num restaurante de Washington: um advogado, um professor universitário e um famoso padre jesuíta. O advogado recomendou a McCarthy que fizesse uma ampla campanha em apoio ao Canal do São Lourenço – um ambicioso projeto de construção. Aborrecido demais, foi a conclusão do grupo. O professor universitário propôs um plano para conceder a cada idoso americano 100 dólares por mês. Caro demais, concordaram. O padre, enfim, falou: "E o comunismo e sua ameaça à segurança nacional? Que tal explorar esse tema? Perfeito."[2]

Assim foi concebido um fenômeno que dividiria o país de um flanco a outro e levantaria questões sinistras – do tipo que ainda nos aflige hoje em dia – sobre a possibilidade de cidadãos de uma democracia serem convencidos a trair seus próprios valores.

---

2. O prestativo amigo jesuíta de McCarthy, o padre Edmund Walsh, era reitor da Faculdade de Relações Exteriores de Georgetown, que mais tarde ganharia seu nome. Sou professora da Walsh, onde leciono há mais de vinte anos. O corpo docente não fala muito a respeito do jantar do padre Walsh com McCarthy.

Joe McCarthy tinha tórax em formato de barril, olhos azuis emoldurados por sobrancelhas desgrenhadas, energia e inquietude abundantes e experiência como criador de galinhas. Seu jeito despretensioso de falar agradava a muitos votantes, bem como sua reputação de proferir aos gritos ideias que os políticos convencionais não teriam coragem de sussurrar. Mas não tinha casca grossa e não parecia se importar muito com a veracidade de suas chocantes revelações.

Passado não mais que um mês daquele fatídico jantar em Washington, McCarthy disse a um clube de senhoras em Wheeling, Virgínia Ocidental: "Tenho em mãos uma lista de 205 nomes que foram levados ao conhecimento do secretário de Estado como membros do Partido Comunista e, apesar disso, continuam a trabalhar no Departamento de Estado e a influenciar suas políticas".

Seguiram-se três anos de espetáculo durante os quais McCarthy capturou a atenção da mídia em larga escala através de profecias quanto à ruína iminente dos EUA e falsas acusações que depois negava ter feito, apenas para inventar outras, novas. Alegava ter identificado subversivos no Departamento de Estado, no exército, em grupos de pensadores e nas universidades, nos sindicatos, na imprensa e em Hollywood. Questionava o patriotismo de todos que o criticassem, incluindo outros senadores. McCarthy era profundamente irresponsável quanto às suas fontes de informação e excessivamente simplista ao ligar pontos que não tinham conexão lógica. Na visão dele, você era culpado se fosse ou um dia tivesse sido comunista, se tivesse comparecido a uma reunião à qual estivesse presente um suposto simpatizante comunista, se tivesse lido um livro de autoria de alguém condescendente com o comunismo ou se tivesse feito assinatura de uma revista de ideias liberais. McCarthy, cujo apelido era Joe Artilheiro de Cauda (Tailgunner Joe), embora jamais tivesse exercido esse posto numa aeronave, era fã de superlativos. Em meados de 1951, alertava o Senado sobre "uma conspiração tão imensa e uma ignomínia tão negra a ponto de apequenar quaisquer outras iniciativas semelhantes em toda a história da humanidade".

McCarthy jamais teria se tornado uma sensação e arruinado a carreira de tanta gente inocente se não tivesse sido apoiado por alguns dos principais jornais do país e bancado por direitistas de cofres recheados. Teria sido desmascarado bem mais cedo se suas acusações desvairadas não tivessem sido recebidas em silêncio por tantos líderes políticos convencionais de ambos os partidos, que se sentiam pouco à vontade com suas táticas de intimidação, mas não tinham coragem de denunciar o embuste. Quando se autodestruiu, uma pequena quantidade de gente que trabalhava para o governo havia sido identificada como risco à segurança, mas não por causa das investigações atabalhoadas do senador de Wisconsin.

McCarthy só ludibriou tantos porque muita gente compartilhava de suas ansiedades, gostava de seu estilo injurioso e divertia-se com o sofrimento dos poderosos. Se suas alegações eram recebidas com resignação ou indignação não importava tanto como o fato de que eram noticiadas e repetidas. Quanto mais explosiva a acusação, mais cobertura recebia. Até os céticos endossavam a ideia de que, ainda que McCarthy pudesse exagerar, onde havia fumaça haveria fogo. É essa a artimanha dos demagogos, a manobra dos fascistas, tão escandalosamente exemplificada pelos espúrios e antissemitas Protocolos dos Sábios de Sião. Repita uma mentira o bastante e ela começará a soar como se fosse – ou ao menos pudesse ser – verdade. "A inverdade voa", observou Jonathan Swift, "e a verdade a persegue claudicante". A carreira de McCarthy é um exemplo do grau de histeria que um mentiroso habilidoso e desavergonhado pode suscitar, em especial quando alega estar lutando por uma causa justa. Se o comunismo era o mal supremo, afinal, valeria colocar em risco muita coisa – a objetividade e a moralidade convencional entre elas – para se opor a ele.

Durante grande parte da Guerra Fria, o império soviético foi um colosso excessivo, que se digladiava com suas contradições internas e era movido mais pela paranoia que por qualquer ambição de conquista global. Aquele império, contudo, era fortemente armado, cínico e cruel o bastante para exigir uma reação vigilante das sociedades livres. Felizmente havia líderes em todos os continentes preparados para advogar por representação democrática, defesa forte e respeito às normas liberais. Na Europa, tais princípios foram atrelados a um processo de integração regional que amenizou as fronteiras, eliminou as barreiras tarifárias e instituiu uma moeda comum. Nos EUA, governos de ambos os partidos fizeram contribuições importantes através de medidas como o programa Átomos para a Paz de Eisenhower, a Aliança para o Progresso de Kennedy, a abertura das portas para a China por Nixon, o engajamento de Carter na causa dos direitos humanos e o apoio de Reagan à democracia. Essas e outras iniciativas exibiam a diferença fundamental entre um sistema gerido pelo Estado que ignora direitos individuais e outro cujo poder deriva do povo.

A saga da Guerra Fria, no entanto, não foi tão preto no branco como sugere essa dualidade. Na Itália dos anos 1920 e na Alemanha dos anos 1930, o medo do comunismo impulsionou a ascensão do fascismo. Passada a Segunda Guerra Mundial, foi o mesmo medo que deu vida às acusações irresponsáveis de McCarthy e à disposição da parte de muitos líderes democráticos de fingir não ver a repressão quando era cometida por governos anticomunistas. No início dos anos 1970, o governo Nixon contabilizava entre seus parceiros do "mundo livre" as ditaduras de Coreia do Sul, Filipinas, Indonésia, Paquistão, Irã, Arábia Saudita, Egito, Zaire, Espanha, Portugal, Grécia, Argentina, Chile, Paraguai, Brasil e toda a América Central, exceto a Costa Rica – uma lista constrangedora.

Vem-me à mente um sonho que a tia de uma amiga tinha; seu nome era Cleo e cresceu no Kansas durante a Grande Depressão. No sonho, ela ascende aos Céus ainda na infância. Lá, é recebida por um anjo que diz: "Me dê a mão e eu lhe mostrarei a sua nova casa". O anjo e Cleo passeiam pelas ruas cintilantes do Céu, mais radiantes que qualquer coisa que a menina pequena e nervosa jamais tenha visto. Contudo, não param diante de nenhuma das adoráveis casas. Continuam a andar, e a andar um pouco mais. As luzes começam a diminuir, as casas tornam-se menores e as ruas, mais acidentadas. Finalmente, chegam a uma cabana minúscula nos limites de uma densa floresta onde a luz é apenas o suficiente para se conseguir enxergar. Cleo pergunta: "Essa é minha nova casa?". O anjo responde: "Sinto dizer que sim; você mal fez por merecê-la".

Durante a Guerra Fria, muitos governos consideraram suficiente definir aquilo que rejeitavam. Quando o Muro de Berlim caiu e a Cortina de Ferro se abriu, o puro e simples anticomunismo deixou de ser a referência que um dia foi. Para se fazer respeitar, governos teriam de adotar metas mais altas do que a expressão "mal fez por merecer". Esta, espera-se, seria uma notícia muito bem-vinda.

8

"HÁ MUITOS CORPOS LÁ EM CIMA"

Dez semanas após a morte de Franklin Roosevelt e menos de dois meses depois da rendição alemã, o presidente Harry Truman foi a São Francisco falar a representantes da recém-fundada ONU. A mensagem que transmitiu era de profundo otimismo e esperança, mas trazia uma nota de cautela. "O fascismo não morreu com Mussolini", disse ele. "Hitler está liquidado, mas as sementes espalhadas por sua mente doentia estão solidamente enraizadas em um número muito grande de cérebros fanáticos. É mais fácil depor tiranos e destruir campos de concentração do que matar as ideias geradas por eles."

A principal delas, a que Truman se referia, era a crença de que uma nação teria mais atributos e direitos que todas as outras. Ao menos em parte, a agressividade exibida pelo Japão militarista de Tojo, pela Nova Roma de Mussolini e pelo suposto Reich de mil anos de Hitler pode ser explicada pelo nacionalismo exacerbado de líderes e seguidores desses países. O preço que o mundo – leste e oeste – pagou para resistir à insensatez desencadeada por seus "cérebros fanáticos" foi inconcebível. Mas nem por isso, no momento em que de quente a guerra tornou-se fria, a União Soviética e seus adversários passariam a enxergar o nacionalismo sob uma mesma luz.

Na teologia comunista, a preocupação com identidade nacional é pecado mortal, uma obsessão planejada pelos ricos para distrair o proletariado e impedi-lo de fazer valer seus próprios interesses. De acordo com essa visão, alimentar noções de orgulho étnico é pouco mais que tática para dividir os trabalhadores e persuadi-los a envergar uniformes opostos e massacrar uns aos outros para o benefício de fabricantes de armas e bancos. Assim, os regimes comunistas, especialmente em sociedades diversas como a URSS e a Iugoslávia, proibiam a manifestação pública de sentimentos nacionalistas. No mundo não comunista, contudo, o nacionalismo é geralmente considerado um instinto humano básico que só se torna perigoso ao ser levado longe demais. Normalmente, se manifesta de forma benigna. Por exemplo, quando era criança eu observava o Dia Nacional da Tchecoslováquia usando um vestido tradicional e entregando flores em frente à embaixada onde ficava o escritório do meu pai; era o meu trabalho.

Adulta, jamais escondi meu orgulho de ser americana, até mesmo diante de conhecidos que consideram caipira esse tipo de chauvinismo. A identificação que sentimos com lugares onde vivemos ou nascemos pode nos dotar de um porto seguro num mundo caótico e fortalecer nossos laços com a família, a comunidade e as gerações que nos precederam e sucederão. Em sua melhor versão, tais sentimentos são a celebração de uma cultura e tudo que ela abarca, na forma de literatura, língua, música, comida, folclore e até mesmo os animais selvagens que associamos à nossa terra natal – a águia americana, por exemplo, ou, na República Tcheca, o que resta dos nossos leões, lobos e ursos.

Existe, porém, um ponto crítico a partir do qual a lealdade à própria tribo azeda e se transforma em mágoa, ódio e finalmente agressão a outras tribos. É quando entra em cena o fascismo, que traz no bojo uma série de desgraças, entre as quais o Holocausto e uma guerra global. Esse histórico levou estadistas do pós-guerra a estabelecer organizações para dificultar que nacionalistas iludidos atropelassem os direitos de seus vizinhos. Esses organismos incluem as Nações Unidas – e daí o discurso de Truman – e instituições regionais na Europa, na África, na Ásia e na América.

Quando a Guerra Fria terminou, o bloco soviético perdeu sua habilidade de sufocar a expressão de atitudes nacionalistas. Ao mesmo tempo, a muitos países foi dada a oportunidade de entrar para grupos dos quais antes haviam sido excluídos. Essa combinação uniu alguns povos e afastou outros. Na Europa Central e nos Bálcãs, cidadãos de Estados recém-libertados olhavam com avidez para o Ocidente em preparação para a entrada na OTAN e na União Europeia. Em outras partes do mundo, as forças reprimidas da raiva sectária se aproveitaram do degelo do terreno para sair de suas tocas como cobras venenosas.

Em 1993, comecei a servir na representação permanente dos EUA numa ONU tremendamente ativa, onde diplomatas lidavam com conflitos que haviam eclodido quase da noite para o dia em Angola, Geórgia, Armênia, Azerbaijão, Somália, Libéria, Moçambique, Sudão, Haiti, Camboja, Afeganistão e Tajiquistão. Até então, o foco do órgão sempre havia recaído sobre guerras entre estados. Agora éramos chamados frequentemente a reagir a distúrbios internos, o mais horripilante dos quais o genocídio perpetrado pelos militantes hutus em Ruanda. Outra região a lidar com combates prolongados e ferozes eram os Bálcãs.

Logo ao começar na ONU, tive de cruzar o Atlântico e meia Europa rumo a um depósito de lixo na extremidade de um campo arado a poucos quilômetros da cidade croata de Vukovar. Ao vasculhar os escombros com os olhos, não via muita coisa – só algumas geladeiras enferrujadas e restos de equipamentos de fazenda cercados por rolos de arame farpado. Mas abaixo de tudo, jaziam os corpos de mais de duzentos pacientes de hospitais croatas – homens, mulheres e crianças inocentes que, alguns meses antes, haviam sido arrancados de suas camas, levados para fora e assassinados pelos vizinhos sérvios. Quis entender a razão daquilo. Naquele mesmo dia, me encontrei com líderes sérvios locais. Não fizeram o mínimo esforço para negar que havia ocorrido um assassinato em massa; só estranharam o meu interesse. Então eu não entendia a influência do passado? Como esperar que algo mudasse após tantos anos de inveja e ódio?

Slobodan Milosevic era um empresário iugoslavo que abriu caminho pelos escalões superiores do governo comunista após a morte, em 1980, de Tito, líder de longa data do país. Enquanto solidificava sua posição, Milosevic seguia a linha do partido, favorecendo uma Iugoslávia de "fraternidade e união", para usar as palavras do slogan, onde todos os grupos tinham tratamento igual. Sua atitude endureceu pouco antes do fim da década, quando foi eleito presidente da Sérvia. Embora mantivesse, para constar, o discurso de apoio ao ideal de uma Iugoslávia multinacional, cozinhava lascas de carne vermelha para aguçar o apetite dos fanáticos sérvios:

> Precisamos assegurar a união da Sérvia se quisermos, na condição de maior e mais populosa república, ditar o curso dos eventos futuros... Se for preciso lutar, Deus meu, lutaremos, e espero que eles não sejam loucos de lutar contra nós. Porque, se não somos bons em trabalhar ou fazer negócios, ao menos somos bons de luta.

Como outros oradores nacionalistas, Milosevic baseava-se fortemente em tradições literárias, religiosas e artísticas que haviam unido seu povo ao longo de séculos de dominação estrangeira. Explorava a raiva advinda das derrotas sofridas nas mãos dos turcos otomanos e dos nazistas e alertava a todos para que fossem vigilantes quanto a inimigos imaginários do presente, como a CIA, a Alemanha e o Vaticano. Inspirava-se numa nota assinada por duzentos membros da Academia Sérvia de Artes e Ciências, que descrevia os sérvios como um povo reprimido e clamava pela inclusão de todos num único Estado.

Em 1991 e 1992, em meio a grande apreensão, a Iugoslávia se partiu em cinco pedaços, e a dissolução mais violenta se deu na Bósnia-Herzegovina, de maioria muçulmana, mas também lar de significativas comunidades sérvias e croatas. Como parte do processo de separação, Milosevic permitiu aos sérvios do exército iugoslavo lotados na Bósnia que voltassem para casa com todas as suas armas, deixando-os em vantagem de saída no que logo se transformaria em uma medonha guerra civil.

No banho de sangue da Guerra da Bósnia, todos os lados violaram direitos humanos, mas o maior poder de fogo era dos sérvios, que, de longe, foram os responsáveis pelos crimes mais chocantes. Já a partir do verão de 1992, foram estabelecidos 94 campos de concentração sob comando sérvio, nos quais, ao todo, dezenas de milhares de prisioneiros sofriam espancamentos e estupros ou passavam fome. Ainda que Milosevic, de seu posto de observação em Belgrado, não comandasse pessoalmente essas operações, sabia o que estava ocorrendo – como o mundo todo. E ainda assim continuou a fornecer ajuda financeira e militar aos assassinos e estupradores.

Os muçulmanos bósnios não tinham força aérea ou paióis de munição a serem atacados, mas a ausência de alvos estratégicos de nada serviu para pôr um freio à investida sérvia; choviam projéteis sobre mercados a céu aberto, lojas, ciclistas e crianças brincando ou andando de trenó na neve. Prédios residenciais foram estraçalhados, com buracos escancarados no lugar de janelas. Atiradores sérvios fizeram da avenida principal de Sarajevo o que ficou conhecido como "alameda dos atiradores de elite". Na zona rural, o efeito disruptivo da guerra fez piorar condições que já eram ruins. Desesperados por remédios e alimentos, os aldeões dependiam de entregas aéreas que frequentemente erravam o alvo ou de comboios que não chegavam nunca. Faltava comida para muita gente, alguns morriam de fome, bebês inclusive. Médicos eram forçados a fazer cirurgias sem anestesia, extraindo balas de corpos à luz de velas. Metade da população da Bósnia ficou desabrigada; um em cada vinte habitantes morreu.

Anos antes, eu viajara pela região e me impressionara com o respeito que a Iugoslávia tinha por seu passado e com a existência, às vezes numa mesma cidade, de igrejas católica e ortodoxa e uma ou mais mesquitas. Agora, os locais sagrados estavam dilapidados, e a Biblioteca Nacional de Sarajevo, com sua coleção de livros raros da era otomana, havia sido bombardeada e queimada.

O horror atingiu o ápice em 1995 quando, no espaço de dez dias em julho, as tropas comandadas pelo general Ratko Mladic executaram 7.800 homens e meninos muçulmanos na cidade de Srebrenica e arredores, depositando seus corpos em valas comuns. Após quatro anos de indecisão, autoridades ocidentais e da ONU finalmente se mexeram a partir da matança, num esforço diplomático consequente para dar fim à guerra. Contudo, enquanto esse processo ainda se encontrava em curso, sérvios da Bósnia atacaram uma feira livre em Sarajevo, assassinando 37 civis. Com o histórico de crimes anteriores, essa provocação foi suficiente para que, dois dias depois, mais de 60 aviões da OTAN, lançados a partir de bases na Itália e no Adriático, bombardeassem posições sérvias em Sarajevo, com apoio das artilharias francesa e inglesa. Na época, foi a maior operação de combate da história da OTAN.

Os ataques aéreos tiveram impacto militar, mas o efeito mais evidente foi psicológico. Com a OTAN em alerta, os sérvios da Bósnia não mais podiam se fazer de valentões; seu reinado de terror havia terminado. Na primeira semana de setembro, os envolvidos concordaram em silenciar suas armas e viver lado a lado dentro de um único país. O arranjo serviu de base para o Protocolo de Paris, assinado em 21 de novembro de 1995, que deu fim à Guerra da Bósnia.

A crise nos Bálcãs é inseparável do histórico que a precede. Vítimas muçulmanas acusaram os sérvios da Bósnia de limpeza étnica e genocídio, os piores crimes de guerra na Europa desde as atrocidades fascistas da Segunda Guerra. Milosevic chamava atenção para abusos cometidos por nacionalistas croatas, alguns dos quais haviam tomado partido de Hitler no conflito anterior. Observadores mundo afora foram reapresentados a fotos como as de meio século atrás, em que prisioneiros subnutridos – esqueletos aparentes sob a pele – definhavam em campos de concentração. Até a OTAN finalmente agir, os anos de diplomacia inepta me fizeram pensar nas tentativas inglórias e inúteis da Europa para aplacar Hitler antes da invasão da Tchecoslováquia. Consenso, só havia num ponto. Com a guerra finalmente encerrada e mais de 100 mil mortos, nunca mais poderíamos permitir que a violência sectária devastasse os Bálcãs.

Sábado, 16 de janeiro de 1999, de manhã bem cedo, acordei ao som do noticiário do rádio. Ainda deitada sob a pálida luz de uma manhã no auge do inverno, ouvi um relato sobre eventos que ocorriam a mais de 8 mil quilômetros de distância. "Há muitos corpos lá em cima", dizia uma voz. "Homens tomaram tiros de várias formas, a maioria deles à queima-roupa." O "nunca mais" já havia começado a acontecer novamente.

O massacre na cidade de Racak teve um saldo de 45 mortos. O mais novo tinha 12 anos; o mais velho, 99. Racak fica em Kosovo, uma província da Sérvia onde viviam pouco mais de 2 milhões de pessoas, situada bem no ponto que um dia dividiu os muçulmanos da Europa dos cristãos do continente. A tragédia era uma afronta que poderia ter recebido pouca atenção internacional se não fosse pelos fantasmas da história.

Em Kosovo, em 1389, forças sérvias haviam sido derrotadas em batalha ferrenha contra a cavalaria do Império Otomano. Capturado pelos turcos, o líder sérvio foi levado à presença do sultão e decapitado. Pelos séculos afora, muitos sérvios, reconhecendo a bravura de suas forças, ansiavam por vingar-lhes as perdas. E enxergavam Kosovo como um lugar central em sua identidade.

Com o passar dos anos, a população da província foi fortemente afetada pela proximidade com a vizinha Albânia e pelo impacto cultural do domínio turco. Nos anos 1990, a maioria dos kosovares era de etnia albanesa e fé muçulmana. Cristãos sérvios eram uma pequena minoria. No governo de Tito, os albaneses de Kosovo haviam obtido o direito de comandar suas próprias escolas e outras instituições. Isso enfurecia os sérvios locais, que queixavam-se de discriminação religiosa e de ter seu espaço no próprio lar ancestral engolido pelos muçulmanos, com suas altas taxas de natalidade. Milosevic, ao chegar ao poder em 1989, revogou os privilégios concedidos aos albaneses, o que agradou aos sérvios. Mas isso levou militantes albaneses a organizar o Exército de Libertação do Kosovo (ELK), um grupo de resistentes que exigia total independência.

As táticas agressivas do ELK forneceram uma desculpa a Milosevic e sua política linha-dura e o ajudaram diplomaticamente. Se fosse sábio, ele poderia ter voltado a opinião pública mundial contra os guerrilheiros ao atender o desejo de autonomia dos kosovares moderados. Contudo, não enxergava o confronto étnico como um problema político e diplomático a ser resolvido; via somente um inimigo a ser destruído. Essa foi a atitude que levou ao massacre de Racak e, não muito depois, ao triste capítulo final do reinado do ditador.

Era meu terceiro ano como secretária de Estado dos EUA. O presidente Clinton e eu nos sentíamos no dever de usar as ferramentas de segurança nacional de que dispúnhamos para impedir a perda de mais vidas inocentes. Após reunirmo-nos com colegas na Europa, pressionamos o líder sérvio a achar uma solução pacífica para a crise. Como garantia, alertei-o de que, assim como na Bósnia, a OTAN estava pronta a conduzir ataques aéreos para proteger civis. Segundo o plano que concebemos, Kosovo teria direito à autonomia, mas seria exigido do ELK o desarmamento, e sua reivindicação de independência teria de esperar. Pedíamos aos dois lados que cedessem. Após muita hesitação, os albaneses de Kosovo concordaram. Para fechar o acordo, eu teria de persuadir o homem em Belgrado.

Slobodan Milosevic não se encaixava no estereótipo de um vilão fascista. Não era espalhafatoso como Mussolini nem gritava como Hitler. Seu rosto era corado e carnudo, a pele, lisa. Seu comportamento era afável e tendia a bancar o inocente nas conversas. Muitos achavam que era influenciado pela atitude inflexível da esposa, Mirjana Markovic, uma professora universitária marxista cuja mãe fora torturada e morta pelos nazistas.

Milosevic, que insistia em se dizer democrata, nutria uma noção peculiar das implicações dessa afirmação. Exercia controle despótico sobre a mídia de seu país, reprimia opositores políticos e havia criado uma força paramilitar para intimidar rivais domésticos. Alegava querer paz enquanto insuflava os terríveis combates na Bósnia; e teimava em dizer, mesmo em meio ao massacre dos civis em Sarajevo, que os sérvios eram as principais vítimas. Um ano antes, quando eu o havia encontrado em Belgrado, me fizera uma preleção sobre a história de seu povo. Ressaltei que vivera por algum tempo na Iugoslávia e que meu pai havia escrito um livro sobre o país, dedicado a seus habitantes. Meu pai me havia confidenciado que, se não tivesse nascido tcheco, teria amado ser sérvio, de forma que eu estava bem-informada.

Disse a Milosevic que os EUA ansiavam por um bom relacionamento com ele, mas isso não significava que estávamos dispostos a ficar sentados sem fazer nada enquanto ele intimidava outros. Foi essa a mensagem que repeti enquanto a crise em Kosovo se intensificava. Enfatizei que uma saída negociada estava ao alcance dele; o ELK havia prometido baixar as armas desde que uma força internacional fosse acionada para impedir futuros massacres. "Esse acordo é do seu interesse", argumentei. "Solucionar a questão de Kosovo acabará com o isolamento internacional da Sérvia e permitirá a você concentrar-se em expandir a economia do país e aproximá-lo da Europa."

Milosevic me garantiu desejar a reconciliação e estar comprometido com a diversidade cultural. Valorizava tanto o pluralismo, disse-me, que não lhe seria possível assinar um acordo que deixaria os muçulmanos de origem albanesa em vantagem em Kosovo. Observei que os muçulmanos compreendiam 90% da população, e o plano que tínhamos em mente protegeria a minoria sérvia. Milosevic, contudo, estava fascinado por um leque de fatos alternativos. Insistia que metade ou mais dos kosovares não era albanesa, mas sim sérvia, turca, montenegrina ou cigana, e me perguntou se eu esperava que ele ficasse imóvel, observando os albaneses expulsarem todos de suas casas. Kosovo, dizia ele, vinha defendendo o Ocidente cristão do islã havia quinhentos anos.

Argumentei que a razão de enviar forças de paz internacionais à província era justamente garantir a cidadãos de todas as nacionalidades e credos a chance de viver em paz por lá. Milosevic era teimoso por natureza, e sua experiência de comunista iugoslavo o convencera de ter direito, como chefe de Estado, de impor sua vontade. Quando ficou claro na conversa que não iríamos abrir mão de nossos princípios, ele resolveu dar um jeito na situação.

Sem aviso, ordenou às suas forças de segurança que entrassem em Kosovo queimando casas, prendendo líderes políticos e jornalistas e semeando o pânico. Sua meta era impelir os albaneses a fugir do país, de forma a não mais serem maioria em Kosovo. No espaço de semanas, centenas de milhares já haviam sido levados a deixar a província de trem, caminhão, carro ou a pé, e buscar abrigo temporário nas improvisadas cidades de tendas que brotavam nos campos e morros vizinhos. De acordo com a nossa ameaça, a OTAN deu início a ataques aéreos para forçar os sérvios ao recuo. Após dois meses e meio de combates, a aliança prevaleceu, Milosevic cedeu, os refugiados voltaram e, com ajuda internacional, os kosovares estabeleceram seu próprio governo.

A crise em Kosovo abrangia um pequeno território e uma grande questão. Houve época, e não fazia tanto tempo assim, em que a comunidade global não teria demonstrado interesse oficial algum no que um governo fizesse a homens e mulheres dentro de sua própria jurisdição. Reconhecia-se a soberania nacional como um pilar do sistema internacional. Hitler, contudo, havia mostrado como é possível a um ditador transformar o que poderia ser legal em algo moralmente intolerável. Depois dos campos de extermínio, tornara-se necessário às pessoas conscientes demarcarem uma linha – uma linha que jamais poderia ser cruzada por um governante (e por aqueles sob seu comando).

O Julgamento de Nuremberg estabeleceu o princípio de que "obedecer à lei" ou "seguir ordens" não são álibis suficientes para os acusados de violar padrões básicos civilizatórios. Em 1948, a Declaração Universal dos Direitos Humanos esmiuçou uma base a partir da qual governos poderiam ser responsabilizados, e à qual três anos depois se somaria a Convenção para a Prevenção e a Repressão do Crime de Genocídio. Nos anos 1970 e 80, sanções internacionais foram impostas aos regimes racistas da Rodésia (atualmente Zimbábue) e da África do Sul, o que acabaria por transformar ambos os países. No mesmo período, os Estados Unidos e a União Europeia começaram a instituir o respeito aos direitos humanos como condição para a concessão de ajuda militar estrangeira. Durante o conflito na Bósnia, um tribunal internacional foi estabelecido para processar os autores de crimes contra a humanidade. Eu fui uma forte defensora do tribunal, pois somente por meio de um processo judicial é possível estabelecer culpabilidade individual por crimes que, de outra maneira, poderiam ser atribuídos a todo um grupo – e não há estopim melhor para ciclos adicionais de violência do que percepções de culpa coletiva. Entre os acusados pelo tribunal estava Milosevic, responsabilizado pelo genocídio na Bósnia e pela deportação forçada de centenas de milhares de pessoas de Kosovo.[1]

O fim da rivalidade entre as superpotências foi um momento imensuravelmente promissor: a terceira oportunidade decisiva do século XX. A primeira havia surgido ao final da Grande Guerra, conflito que poderia tornar o mundo um lugar seguro para a democracia, segundo a expectativa do presidente Woodrow Wilson; em vez disso, a sede de vingança da Alemanha de um lado do Atlântico e o recuo americano a uma posição de isolamento do outro acenderam a chama do fascismo e deram espaço para que se espalhasse. A segunda abertura veio no bojo da vitória aliada na Segunda Guerra Mundial. Daquela vez, a comunidade internacional ergueu instituições que, com todas as suas falhas, alimentaram a prosperidade e ajudaram a evitar mais um conflito global. A queda do Muro de Berlim foi o marco da terceira guinada – uma chance renovada de tornar o mundo um lugar mais estável, civilizado e justo.

Durante os dois mandatos do presidente Bill Clinton, os Estados Unidos estiveram à frente desse processo – e não somente nos Bálcãs. Ajudamos na salvaguarda de material nuclear após a queda da União Soviética. Conseguimos aprovar uma convenção internacional para a proibição de armas químicas. Ao abrir as portas da OTAN, criamos um incentivo para os países da Europa Central fortalecerem suas democracias e prevenirem-se contra lutas sectárias do tipo que tornaram a região vulnerável ao fascismo. Estimulamos China e Índia a liberalizar suas economias e agilizamos regras para o comércio internacional por intermédio de uma nova Organização Mundial do

---

1. O julgamento de Milosevic começou em 2002, mas foi concluído sem veredito em 2006 devido à sua morte por ataque cardíaco. Em 2016, numa ação separada, o tribunal apontou tanto o papel de Milosevic no financiamento dos sérvios da Bósnia como a falta de provas que o implicassem no planejamento das atrocidades cometidas. Em 2017, Ratko Mladic, que fora comandante sérvio em Srebrenica, foi condenado por genocídio e crimes de guerra.

Comércio. Fomos pioneiros no processo das Cúpulas das Américas para aumentar a cooperação ao longo do Hemisfério Ocidental e trabalhamos com líderes africanos para dar fim a guerras causadas por diferenças étnicas e religiosas. Defendemos com frequência os direitos humanos, a capacitação das mulheres, melhores condições para os trabalhadores e proteção mais forte para o meio ambiente.

Finalmente, em junho de 2000, reunimos representantes de mais de cem nações na primeira conferência da Comunidade das Democracias, um evento sediado na Polônia. O tema da conferência era a importância de países ajudarem uns aos outros a estar à altura das responsabilidades trazidas pelo selo da democracia. Não era um evento comemorativo. Reunimo-nos em Varsóvia porque reconhecemos que consolidar ganhos democráticos seria algo longo e difícil. De qualquer forma, ficamos confiantes pelo alto índice de comparecimento e pela aparente sinceridade dos compromissos firmados. Deixei a Polônia pensando que, na luta pela opinião pública mundial, a democracia – mais do que nunca na história – tinha a primazia. Não sabia então o que o novo século traria.

9

UMA DIFÍCIL ARTE

Em 1895, surgiu um cartum na revista humorística inglesa *Punch*. O traço exibia um bispo e sua família compartilhando o café da manhã com um jovem pároco, ou padre. O bispo examina o ovo que o convidado está comendo e expõe a preocupação de que possa estar podre. Polidamente, o pároco responde: "Oh, não, Eminência, eu lhe asseguro – há partes excelentes!".

Hoje, mundo afora, podemos dizer algo parecido em relação às condições da democracia. A diferença é que não há muito a se fazer quanto ao ovo semicomido do pároco. Com a ajuda de seus amigos, contudo, a democracia quase sempre pode ser reparada, e então melhorada.

Ao longo de um período de mais de três décadas, trabalhei inicialmente como vice-diretora e depois como diretora do National Democratic Institute (NDI), que, juntamente com organizações irmãs nos EUA e em outros países, colabora com esforços locais para desenvolver instituições e habilidades democráticas. Nesse papel, a organização supervisionou marcos históricos como a Revolução do Poder Popular que, em 1986, frustrou as tentativas do ditador filipino Ferdinand Marcos de fraudar uma eleição presidencial "repentina"; e, dois anos depois, o plebiscito que deu fim ao regime repressivo do general chileno Augusto Pinochet. O NDI também esteve presente durante a histórica eleição de 1994 na África do Sul que baixou a cortina final sobre o apartheid, e – na esteira da Guerra Fria – no renascimento da democracia na Europa Central e nas mais recentes transições na Indonésia, no Nepal, na Nigéria e na Tunísia.

O posicionamento do NDI é estritamente solidário. O instituto não advoga em prol de qualquer partido ou agenda política específicos nem vê a democracia como um sistema rígido cujas feições na Ásia sejam idênticas, por exemplo, às que teria na África ou nas Américas. Dentro de uma estrutura formada por certos princípios elementares, a democracia é um meio através do qual povos muito diferentes expressam sua liberdade. A missão do NDI é ajudar autoridades e ativistas locais a lucrar com as experiências de outros, e fazê-lo cruzando fronteiras e regiões. As lições aprendidas poderão facilitar um processo eleitoral livre das manchas da injustiça e da corrupção; ou oferecer ideias práticas sobre como modernizar uma legislatura, profissionalizar partidos políticos, abrir espaço para a sociedade civil ou garantir que mulheres, jovens e minorias tenham representação justa na tomada de decisões.

O NDI faz questão de salientar que democracia não é apenas a escolha de um líder via urna eleitoral. É essencial, mas nunca o suficiente. Não há erro mais comum do que presumir que o vencedor de uma eleição tenha o direito de fazer o que bem entender. Numa verdadeira democracia, os líderes respeitam a vontade da maioria e também os direitos da minoria – não adianta olhar só para um lado. Isso significa que as proteções constitucionais ao indivíduo precisam ser defendidas, mesmo quando tornarem-se inconvenientes para o partido então no poder. Anos antes de ascender ao cargo de chanceler, Hitler disse aos colegas nazistas: "A Constituição só mapeia a arena onde ocorrerá a batalha, não a meta... assim que obtivermos o poder constitucional, moldaremos o Estado como nos convier".

O NDI e grupos similares fazem o contraponto a esse tipo de arrogância. Seus esforços são vitais porque, quando governos livres fracassam, encoraja-se o surgimento de líderes autoritários – e porque mandatários em muitas regiões estão comprometidos com a luta constante para atender às expectativas de seus cidadãos. Na América Central, por exemplo, El Salvador, Honduras e Guatemala emergiram de um período intenso de guerras civis ideológicas para se ver às voltas com três das maiores taxas de homicídios do mundo, graças à violência das quadrilhas. O Afeganistão e o Iraque continuam ameaçados por terroristas enquanto tentam pôr em prática princípios democráticos, muitas vezes graças à imensa coragem de cidadãos comuns. Na África, faltam a muitos governos recursos financeiros para atender às necessidades da população. Em Mianmar, o surgimento tão aguardado da democracia tem sido desfigurado pela horrenda campanha de limpeza étnica direcionada à minoria muçulmana rohingya.

Cícero dizia que "governar uma república é uma difícil arte". E não ficou mais fácil entre a época dele e a nossa. Consideremos que, entre as pessoas que este ano celebram seu aniversário de 16 anos, praticamente nove entre dez o fazem num país com condições de vida abaixo da média. Nos cinquenta países mais pobres do mundo, a população adulta mais que triplicará até chegarmos à metade do século. Em termos globais, mais de um terço da força de trabalho não tem emprego em tempo integral. Na Europa, o desemprego juvenil passa de 25% e a taxa aumenta quando se trata de imigrantes. Nos Estados Unidos, um em cada seis jovens está fora da escola e sem trabalho. Em termos práticos, salários estão estagnados desde os anos 1970.

Números assim seriam perturbadores em qualquer período, mas são particularmente preocupantes neste momento, quando a população de tantos países atinge a idade adulta na ânsia de dar início a suas carreiras, mas sem chances realistas de fazê-lo. Pense no candidato ao doutorado que vira motorista de táxi; no universitário diplomado que cava valas; no rapaz que abandonou a escola e não consegue emprego algum. As pessoas querem votar, mas precisam comer. Em muitos países, o clima é semelhante àquele que, cem anos atrás, deu à luz ao fascismo italiano e alemão.

A inovação é o principal fator a gerar empregos, mas também a dar cabo deles. A tecnologia permitiu às companhias aumentar a produtividade – uma bênção para os consumidores, mas não para aqueles cujos trabalhos se tornam obsoletos. É por isso que temos cada vez menos mineiros de carvão, lavradores, rebitadores, soldadores, sapateiros, caixas de banco, costureiras, serralheiros, datilógrafas, jornalistas de mídia impressa, caixeiros-viajantes e telefonistas – um déficit que não foi exatamente compensado pelo aumento da demanda por programadores, consultores, profissionais de saúde, terapeutas contra vícios e astros de *reality shows*. O competidor mais ferrenho que qualquer trabalhador pode ter é uma máquina capaz de fazer o mesmo trabalho de graça. Essa disputa desigual entre nossas invenções e nossa força de trabalho baixou salários e roubou de milhões a dignidade de um emprego fixo – e com ela, a valiosa sensação de ser útil e o otimismo quanto ao que nos aguarda.

Tal cenário dissipou o clima de celebração que eclodiu entre tantos – eu, inclusive – quando a Guerra Fria terminou. Em 2017, o Índice de Democracia da *The Economist* apontou o declínio da saúde democrática em setenta países, usando critérios como respeito ao devido processo legal, liberdade religiosa e o espaço dado à sociedade civil. Entre as nações cujos índices caíram encontram-se os Estados Unidos, pela primeira vez classificados não como "democracia plena", mas "imperfeita". Os analistas não culparam Donald Trump pela queda em desgraça, preferindo atribuir sua eleição à perda de confiança nas instituições por parte dos americanos. "A confiança popular no governo, em representantes eleitos e partidos políticos caiu a níveis extremamente baixos", conclui o relatório, acrescentando: "Essa tendência se acentua há tempos". O número de americanos que declaram ter fé no governo "quase sempre" ou "na maior parte do tempo" despencou dos mais de 70% do início dos anos 1960 a menos de 20% em 2016.

Sim, ganhos continuam a ocorrer. Na África, quarenta chefes de Estado cederam o poder voluntariamente no último quarto de século contra um punhado nas três décadas anteriores. Mas o progresso registrado por lá e num pequeno número de outros países não conseguiu esconder a nivelação geral. Hoje em dia, cerca de metade das nações da Terra podem ser consideradas democracias – imperfeitas ou não – enquanto os outros 50% tendem ao autoritarismo.

Pesquisas indicam que a maioria das pessoas continua a acreditar que a democracia representativa – como o ovo do pároco – tem partes excelentes. No entanto, as mesmas amostragens registram uma curiosidade crescente pelas possíveis alternativas. Em média, uma em quatro pessoas vê com bons olhos um sistema em que um líder forte governe sem interferência do parlamento ou dos tribunais. Uma em cinco sente-se atraída pelo conceito de governo militar. Como seria de esperar, o apoio a opções não democráticas, à direita ou à esquerda, é mais evidente entre aqueles sem educação superior e insatisfeitos com as circunstâncias econômicas – exatamente os grupos mais atingidos pelas transformações do mercado de trabalho. A crise financeira de 2008 reforçou essa tendência, levando muitos cidadãos a duvidar da competência de seus líderes e a questionar a justiça de sistemas que parecem proteger os ricos e deixar todos os demais de lado.

Uma razão extra para o descontentamento com a democracia é a maior dificuldade enfrentada por autoridades para comunicar suas intenções e atos. Os velhos tempos em que uma pessoa transmitia sua mensagem a muitos foram superados por redes que conectam todos a todos; a cada dia, há mais gente com megafones na rua. O aumento da conscientização traz benefícios, mas pode despertar também ressentimento nas pessoas ao verem o que os outros têm e elas não. O respeito pelos direitos de terceiros é um princípio elevado; a inveja é um desejo primal.

Enquanto isso, avanços tecnológicos nos legaram tanto a bênção de um público mais informado como a maldição de um desinformado – homens e mulheres convictos da verdade por causa do que leram ou ouviram falar nas redes sociais. O valor de uma imprensa livre diminui quando qualquer um pode posar de jornalista objetivo e disseminar narrativas extraídas do nada para fazer os outros acreditarem em sandices. A tática dá certo pois quem está sentado em casa ou à toa na cafeteria geralmente não tem meios confiáveis para saber se a fonte do que está lendo é legítima ou um governo estrangeiro é um impostor agindo por conta própria ou um robô plantado com intuito malicioso.

O que já tivemos a oportunidade de testemunhar é só o início. Ano após ano, mais Estados lançam mão de esquadrões de formadores de opinião para invadir sites – Coreia do Norte, China, Rússia, Venezuela, Filipinas e Turquia já figuram entre os principais praticantes dessa sombria arte. Movimentos políticos extremistas, entre os quais grupos terroristas, se utilizam da mesma prática. Muitos desses encrenqueiros conseguem gerar conteúdos nos quais pessoas – entre elas, políticos democráticos – parecem fazer algo que nunca fizeram e dizer algo que nunca disseram. Para maximizar o efeito, a informação fajuta é então distribuída a destinatários com base em perfis pessoais determinados a partir de posts em redes sociais. Imagine um espião estrangeiro que se infiltra todas as noites em seu quarto para sussurrar mentiras em seu ouvido; agora multiplique o número de espiões e de mentiras por 1 bilhão ou mais.

Campanhas de desinformação estão longe de ser novidade. Durante a Guerra de Independência dos Estados Unidos, Benjamin Franklin, embaixador rebelde em Paris, usou seus jornais para fazer circular histórias que inventara a respeito de atrocidades dos ingleses. Contudo, o fato de uma técnica não ser nova não a torna menos perigosa. O custo de espalhar falsidades pela mídia social é mínimo, e o esforço exigido a quem é adepto da prática, idem. O uso de checadores de fatos, como meio de defesa, é útil, mas pode ser comparado ao envio de uma tartaruga para perseguir uma lebre que, ao contrário daquela de Esopo, não tem intenção alguma de diminuir a velocidade.

Esse cenário obriga operadores de plataformas de mídia social a reverem seus papéis. A visão de que não têm responsabilidade de monitorar conteúdo é conveniente e, quando articulada como defesa da liberdade, sedutora para muitos. Mas essa abordagem traz o risco de governos optarem por mudar totalmente de direção – como a China, por exemplo, rumo ao uso de *firewalls* –, o que não seria do interesse nem da democracia nem da liberdade. O mínimo necessário aos internautas são ferramentas que lhes possibilitem identificar conteúdo gerado por robôs e outras fontes de notícias falsas. A regulação também é necessária para garantir que fontes de mensagens políticas on-line sejam tão transparentes como o financiamento de comerciais de campanha veiculados no rádio e na televisão.

A maioria de nós vivenciou o período em que o spam ameaçou destruir o e-mail. Hoje, a democracia é enfraquecida por mentiras que surgem em ondas e nos martelam os sentidos do mesmo jeito que a maré invade uma praia. Líderes que agem de acordo com o figurino têm tido dificuldades para não ser atropelados por um ciclo incansável de notícias e acabam por gastar energia demais na tentativa de contestar histórias que parecem surgir do nada, criadas com o único propósito de liquidá-los.

Tudo isso tem consequências. Políticos de matriz democrática chegam ao poder prometendo mudanças e começam a perder popularidade no dia em que tomam posse. A globalização, que não é questão de ideologia mas um fato da vida, virou um mal a ser combatido a qualquer custo. O capitalismo é visto como um palavrão por um número cada vez maior de pessoas que – não fosse pelos seus frutos – não teria comida, abrigo, roupas ou smartphones. Em um número cada vez maior de países, cidadãos professam descrença em toda e qualquer instituição pública e nos dados oficiais que divulgam. Um político inglês pró-Brexit disse presunçosamente que o eleitor "não aguenta mais especialistas".

Precisamos respirar fundo. Uma geração inteira já nasceu e chegou à maioridade desde a desintegração do bloco comunista. O que isso significa? Que não julgamos democracias estabelecidas por meio de comparações com a alternativa soviética; e não avaliamos democracias emergentes observando os regimes totalitários que as precederam. Os parâmetros que costumávamos usar foram jogados no lixo. Nossos ciclos de atenção são mais curtos e nossas expectativas mais altas, e é menos provável que relevemos falhas cada vez mais fáceis de detectar.

Essa transição levou "nós, o povo" – aí incluídos editorialistas, colunistas, apresentadores de TV e blogueiros – a exigir mais de nossos governos. Seria ótimo se fôssemos igualmente capazes de exigir mais de nós mesmos. Em vez disso, tornamo-nos mimados. Até quem tem preguiça de votar se acha no direito de bombardear de todos os lados nossos representantes eleitos. Queixamo-nos amargamente quando não conseguimos tudo o que queríamos, como se fosse possível obter mais serviços com impostos mais baixos, maior cobertura do sistema de saúde sem envolvimento federal, um meio ambiente menos poluído sem regulação, segurança contra o terrorismo sem violação de privacidade, bens de consumo mais baratos produzidos na esfera local por trabalhadores com salários mais altos. Em resumo, queremos todos os benefícios da mudança sem nenhum dos custos. Quando nos decepcionamos, nossa resposta é recolher-nos ao cinismo e então começar a conjeturar se não haveria uma forma mais rápida, mais fácil e menos democrática de satisfazer nossos desejos.

Todos já ouvimos desculpas. A liberdade pode ser turbulenta e frustrante; o dinheiro mina a justiça; as pessoas erradas são eleitas com mais frequência do que gostaríamos. De minha parte, integrei cinco campanhas vitoriosas à presidência – e oito derrotadas. Vencer é melhor, mas dá para aprender tanto quanto ou mais ficando em segundo. No que se refere a promover a democracia em outros países, a invasão do Iraque, em 2003, e as mirabolantes alegações a ela atreladas levaram muita gente a associar tais esforços menos ao altruísmo e mais ao imperialismo. Além disso, o aparentemente interminável conflito no Oriente Médio e no Afeganistão alimentou a noção de que tentar levar a prática democrática a áreas onde não existe seria tolice. Tais conjeturas são válidas e devemos aprender com elas a calcular minuciosamente o que tentamos obter. Mas, ao ignorar os êxitos da liberdade, só contam uma pequena parte da história – e desistir da democracia por não ser fácil obtê-la é a saída dos covardes.

Na minha visão, país algum tem o direito de ditar aos outros como devem ser governados; mas todos temos bons motivos para falar em defesa de valores democráticos. Nosso apoio nem sempre fará diferença, mas, quando fizer, deve ser sempre na direção do maior respeito ao indivíduo e de um melhor governo para a sociedade.

Democracias, nós sabemos bem, são sujeitas a todo tipo de erro, de incompetência e corrupção a fetiches equivocados e impasses. É de certa forma espantoso, portanto, que estejamos dispostos a submeter os rumos de nossas sociedades à sabedoria coletiva de um público imperfeito e tão frequentemente alienado. Como pudemos ser tão ingênuos? A esta pergunta justa, precisamos responder: e como pode alguém ser tão crédulo a ponto de confiar em caráter permanente o poder – força inerentemente corrompedora – a um único líder ou partido? Quando um ditador abusa de sua autoridade, não há meios legais de impedi-lo. Quando uma sociedade livre esmorece, ainda temos a opção – por meio do amplo debate e da escolha de novos líderes – de reparar-lhe os defeitos. Ainda nos resta tempo para selecionar um ovo mais fresco. Esta é a vantagem comparativa da democracia, e é importante reconhecê-la e preservá-la.

Em 1918, Tomas Garrigue Masaryk tomou posse como presidente de uma Tchecoslováquia independente. Com postura ereta, modos tradicionais, pontos de vista modernos e compromisso corajoso com os princípios democráticos – incluindo feminismo e pluralismo – Masaryk criou uma reputação internacional, apesar das dimensões modestas da nação que comandava. Em função da idade, sua saúde já se deteriorava enquanto a ameaça do Terceiro Reich crescia – nos anos 1930, nenhuma outra nação inteiramente democrática encontrava-se mais ameaçada. Sua resposta, quando chamado a explicar o que estava em jogo:

> Democracia não é só um modelo de Estado, não é apenas algo que está expresso numa Constituição; democracia é uma visão da vida, exige crença nos seres humanos, na humanidade... Já disse que a democracia é uma discussão. Mas a verdadeira discussão só é possível se as pessoas confiarem umas nas outras e esforçarem-se para tentar encontrar a verdade.

Com todos os defeitos, não há qualquer outra forma de governo que não a democracia à qual essas palavras se apliquem. Depende de nós reparar suas falhas sempre e onde for possível, mas sem jamais nos esquecermos de seus pontos fortes subjacentes. Também depende de nós perceber que a democracia tem inimigos que não se apresentam como tais.

Mussolini observou que, ao se procurar concentrar o poder, cai bem fazê-lo como quem depena uma galinha – pena por pena – de forma que cada guincho seja ouvido à parte dos outros e todo o processo ocorra da forma mais discreta possível. Suas táticas continuam vivas neste não-mais-novo século. Acordamos todas as manhãs e percebemos mundo afora o que nos soa como os primeiros espasmos do fascismo: o descrédito dos políticos tradicionais, o surgimento de líderes que procuram dividir em vez de unir, a busca da vitória política a qualquer custo e a invocação da grandeza nacional por parte de pessoas cuja visão do que constitua grandeza é das mais distorcidas. Frequentemente, os sinais que deveriam nos alertar se apresentam de forma disfarçada: Constituições alteradas a título de reforma, os ataques à imprensa livre justificados pela segurança, a desumanização de outros mascarada como defesa da virtude ou o esvaziamento de um sistema democrático até que só reste o rótulo.

Sabemos por experiência que o fascismo e as tendências que conduzem a ele estão sujeitas à imitação. Ao passar os olhos pelo mundo de hoje, vemos aprendizes de autocratas copiando táticas repressivas testadas quinze anos atrás na Rússia e na Venezuela. Entre outros países, práticas antidemocráticas têm aumentado na Turquia, na Hungria, na Polônia e nas Filipinas, todos signatários de tratados conjuntos com os Estados Unidos. Movimentos nacionalistas radicais – alguns violentos, outros não – obtêm notoriedade enquanto chamam a atenção da mídia e fazem incursões pelo Legislativo, forçando os limites do debate público na direção da intolerância e do ódio. Os Estados Unidos, a rocha contra a qual o fascismo se esfacelou no século passado, pode já ter começado a claudicar; e, na Coreia do Norte, um fanático com acesso a armas nucleares se vangloria de seu poder.

Seria mais fácil dar o alerta contra essa tendência se partes do fascismo não fossem, também, excelentes – ao menos por algum tempo, ao menos para os privilegiados. Os italianos nos anos 1920 e os nazistas nos anos 1930 eram, de maneira geral, povos otimistas. Uma mulher alemã, que não era fascista, se recorda:

> Sob a vigência do nacional-socialismo, as vidinhas de meus amigos continuaram como sempre haviam sido, modificadas apenas para melhor, sempre para melhor, em pão e manteiga, habitação, saúde e esperança, onde quer que fossem tocadas pela Nova Ordem... Lembro-me de estar numa esquina de Stuttgart em 1938 durante um festival nazista e o entusiasmo... após tantos anos de desilusão, quase chegou a me contagiar também. Deixe-me contar como era a coisa na Alemanha: eu estava no cinema com uma amiga judia e a filha dela de 13 anos e apareceu uma parada nazista na tela. A menina puxou o braço da mãe e sussurrou: "Ah, mamãe, ah, mamãe, se eu não fosse judia, acho que seria nazista!".

Por mais que usemos regularmente o termo, poucos chefes de governo atuais incorporam totalmente o espírito do fascismo. Mussolini continua em sua tumba, Hitler nunca teve uma. Mas isso não é razão para relaxar na vigilância. Cada passo rumo ao fascismo – cada pena arrancada – causa danos aos indivíduos e à sociedade; cada um torna o passo seguinte mais curto. Para conter seu avanço, é preciso reconhecer que déspotas raramente revelam suas intenções e líderes com inícios auspiciosos frequentemente tornam-se mais autoritários à medida que prolongam sua permanência no poder. E precisamos reconhecer também que medidas antidemocráticas muitas vezes serão bem-recebidas por parte da população em parte do tempo – especialmente quando se acha que favorecerão aos seus semelhantes.

10

PRESIDENTE VITALÍCIO

Em setembro de 1999, Bill Clinton e eu nos sentamos na ONU para uma conversa com Hugo Chávez, o líder um tanto jovem e exuberante da Venezuela. Chávez fora eleito presidente em dezembro do ano anterior. Em junho, fizera soar o sino do fim do pregão da Bolsa de Valores de Nova York, altar-mor do capitalismo, e em seguida visitara o *Washington Post*, onde tomara o cuidado de se distanciar do "populismo irresponsável". Assegurou a todos que não era xiita; ao contrário, exibia a plumagem de um visionário e prometia restabelecer o brilho a seu país, resgatando-o de um pesadelo de estagnação e dívidas.

O rosto de Chávez prestava-se a sorrisos. Palavras jorravam de sua boca como água, e as emoções que expressavam eram voltadas para os pobres. Sob o solo da Venezuela estava uma porção significativa das reservas de petróleo do mundo, e no entanto o abismo entre seus cidadãos mais ricos e a maioria empobrecida vinha aumentando. Chávez prometia mudar tudo isso. Contou-nos de seu plano de criar uma gama de fundos bancados pelo petróleo para ajudar famílias de baixa renda a ter acesso a comida, moradia, assistência médica, treinamento profissional e educação. Pretendia diversificar a economia do país, atrair investimentos estrangeiros e transformar o governo em verdadeiro servidor do povo. Clinton, um dos poucos que conseguia igualá-lo em retórica, estava claramente intrigado, e eu também. Ali estava, esperávamos, um jovem líder apaixonado que queria solucionar problemas, alguém que havia aprendido com erros passados e aspirava a ganhar o respeito do mundo.

Infelizmente, a lua de mel não durou muito. Três meses depois, chuvas de proporções bíblicas inundaram a região costeira ao norte de Caracas, causando deslizamentos de terra que soterraram cidades inteiras, matando dezenas de milhares de pessoas. Consternada, contatei de imediato a Casa Branca e o presidente Clinton concordou em prestar assistência. Em poucos dias, os EUA haviam mobilizado helicópteros e soldados para ajudar nas operações emergenciais de resgate e realocação no estado de Vargas, mas um desastre daquelas proporções exigia mais. Trabalhando junto ao ministério da Defesa da Venezuela, o Pentágono preparou-se para enviar escavadeiras, tratores e centenas de fuzileiros navais e engenheiros da Marinha americana para construírem uma nova estrada costeira – literalmente uma corda salva-vidas até a região devastada. Nosso navio de suprimentos estava totalmente carregado e a caminho do Caribe quando recebemos uma mensagem decepcionante do presidente Chávez: "Vamos usar o equipamento de vocês, mas não o pessoal". Relutantes em continuar sem saber como nossa ajuda seria usada, mandamos o navio voltar.

Em décadas passadas, militares latino-americanos obtiveram a merecida reputação de atender aos interesses dos ricos, mas houve uns poucos casos em que um oficial do Exército se destacou por promover a causa da transformação social. O argentino Juan Perón, marido da lendária Evita, foi adido militar em Roma nos anos 1930. Viu em Mussolini um líder que governava com mão forte, mas gozava também da lealdade de muitos camponeses e operários. Posteriormente, à frente do Ministério do Trabalho e Bem-Estar Social de seu país, criou vínculo tão próximo com os sindicatos que oficiais menos progressistas, inquietos, o puseram na cadeia. Logo aprenderiam que encarcerar o marido de Eva Perón não fora uma medida inteligente. Ela organizou uma manifestação que levou às ruas milhares de pessoas, libertou seu marido e catapultou-o à presidência na eleição do ano seguinte.

O peronismo se transformaria em um primo à esquerda do fascismo italiano, com economia corporativista, restrições ao trabalho da imprensa, força policial repressora e ganhos reais na renda média. Assim como Mussolini, Perón e, em especial, Evita eletrizavam as multidões, e ao contrário dele não pregavam a violência nem cutucavam os ninhos de vespas do ódio. Amavam o poder e dele abusavam, mas, apesar disso, continuam entre os maiores ícones da história da Argentina. No entanto, suas reputações serão sempre manchadas pela decisão de Perón de dar abrigo a Josef Mengele, Adolf Eichmann e outros membros do alto escalão nazista, aparentemente em troca de assistência tecnológica e dinheiro.

Em 1968, o general panamenho Omar Torrijos utilizou o poder obtido por meio de um golpe para expandir serviços sociais e acabar com o monopólio da influência econômica por parte dos muito ricos. Contudo, é mais lembrado pelo Tratado do Canal do Panamá, que deu ao seu governo o controle da maravilha da engenharia conhecida como o atalho entre dois oceanos. Eu trabalhava na equipe de Jimmy Carter na Casa Branca e posso atestar como foi tortuosa a política de negociação dos dois lados. Carter teve de lutar contra Ronald Reagan e outros políticos belicosos que consideravam o tratado um presente dado de bandeja a um ditador comunista. Torrijos teve de apaziguar as preocupações de nacionalistas panamenhos que viam com má vontade a concessão de qualquer papel futuro na segurança aos Estados Unidos. Comparou o desafio diplomático a pedir a um sapateiro que confeccionasse o perfeito sapato feminino: pequeno e chique do lado de fora, espaçoso e confortável do lado de dentro.

Ainda em 1968, o general peruano Juan Velasco Alvarado derrubou um governo democrático disfuncional e instituiu programas de reforma agrária e nacionalização que, apesar de populares por algum tempo, levaram a produção industrial e alimentícia a cair drasticamente. Antes do declínio abrupto, Alvarado serviu de anfitrião a um grupo impressionável de cadetes militares venezuelanos, um dos quais – Hugo Chávez – seguiria o mesmo caminho atribulado, mas com um estilo mais cativante e um impacto bem mais profundo na história.

Filho de professores, o jovem Chávez era leitor voraz de poesia, política e prosa. Foi criado no campo e levava jeito para a pintura, adorava cantar, tinha facilidade para fazer amigos e destacava-se no beisebol. Entrou para o exército aos 17 anos por achar que a academia esportiva militar lhe ofereceria a melhor oportunidade de competir em alto nível. Embora sonhasse com *home runs* e não com exercícios de ordem unida, logo percebeu que gostava de marchar com um rifle, integrava-se à camaradagem da vida no quartel e era fascinado pelo estudo da história militar. Ao mesmo tempo, por intermédio do irmão mais velho, Adán, fez amizade com pensadores socialmente progressistas e adquiriu o gosto por relações públicas. Inspirado pela ousadia de revolucionários latino-americanos anteriores, começou a imaginar como seria liderar ele mesmo uma rebelião.

A Venezuela recebeu seu nome, "Pequena Veneza", de um explorador espanhol que admirava a maneira como os indígenas que habitavam as margens dos lagos erguiam suas casas sobre palafitas, criando uma aparência que o fazia se recordar dos famosos canais da cidade italiana. Em 1821, Simón Bolívar libertou o país da Espanha, e a partir de então a Venezuela se tornaria uma das repúblicas mais estáveis da América Latina, conhecida internacionalmente por seu petróleo e suas misses e por eleições regulares que permitiam aos dois principais partidos se revezar na presidência sem que ninguém se entusiasmasse demais. Até o fim dos anos 1970, o país era mais rico que a maioria dos vizinhos, com uma população mais bem-educada e divisão menos acentuada entre ricos e pobres.

As duas décadas seguintes, contudo, foram desastrosas. Uma debilitante combinação de baixa nos preços do petróleo, dívida galopante, crescimento da população e lideranças indecisas causou uma alta na inflação, o declínio do valor real dos salários, aumento do desemprego e encolhimento da classe média. Em 1989, recém-chegado à presidência, Carlos Andrés Pérez foi persuadido pelo FMI a abandonar as promessas de campanha e implementar o remédio amargo em voga na época: um pacote de ajustes estruturais.

Assim como as medidas de austeridade que antagonizariam a Grécia e dividiriam a Europa vinte anos depois, o propósito do plano era estabelecer uma plataforma para o crescimento renovado por meio da imposição de disciplina fiscal e liquidação da dívida. Economicamente a abordagem tinha lógica, mas os efeitos imediatos foram dolorosos: alta nos preços de bens de consumo, cortes de serviços sociais e manifestantes expressando sua ira. Convocou-se o exército para restabelecer a ordem, e mais de 330 pessoas foram mortas. Os distúrbios acabariam por ser controlados, mas até hoje as mortes não foram esquecidas.

Em 1923, na Baváría, Hitler tentou um golpe que fracassou por falta de apoio militar. Em 1992, na Venezuela, Hugo Chávez, na época um ambicioso tenente-coronel, tentou algo semelhante, enviando tanques e tropas para atacar o palácio presidencial. Não conseguiu expulsar o governo, pois poucos de seus colegas oficiais estavam dispostos a arriscar o pescoço. Após a prisão de Chávez, as autoridades permitiram a ele aparecer na televisão para instigar os companheiros à rendição. Muitos venezuelanos foram apresentados ali a um rosto que se tornaria quase tão familiar quanto os deles próprios. Chávez, vestido espertamente com seu uniforme cáqui e sua boina vermelho-escura, admitia que seu movimento havia fracassado, *"por ahora"* – por enquanto. Logo começaria a circular a piada de que Chávez merecia trinta anos de prisão: um por tramar o golpe e 29 por não conseguir concretizá-lo. Como Hitler, tratava-se essencialmente de um traidor, que foi libertado dois anos depois. Como Hitler, Mussolini e Perón, formou-se na prisão para ingressar na política.

Como secretária de Estado, fiz visitas oficiais à Venezuela em 1997 e 98. Minha impressão foi de que governantes velhos e cansados estavam metendo os pés pelas mãos por terem perdido o contato com o povo que deveriam liderar. Não era a única que pensava assim. O ano de 1998 era o momento ideal para um novato concorrer à presidência. Os eleitores exigiam mudanças, e era precisamente o que prometia Chávez, o *outsider* carismático. Ele, contudo, não se definia como socialista – e só passaria a fazê-lo anos depois. Concorria como um patriota que se importava com os trabalhadores, as donas de casa, os camponeses e os cozinheiros cujas vozes ninguém escutava havia tantos anos. A estratégia foi vencedora: o político estreante recebeu 56% dos votos.

Ao assumir o poder, imediatamente começou a depenar a galinha – lançar mão do poder para remover obstáculos e assim obter ainda mais poder. Em abril de 1999, promoveu um plebiscito no intuito de instituir uma assembleia especial para esboçar uma nova Constituição. O documento aumentou o período máximo de um mandato presidencial de cinco para doze anos, aboliu o Senado e deu a Chávez o controle sobre promoções dentro das forças armadas. O entusiasmo do novo presidente era tão abundante quanto era doentio seu amargor. Talvez sua fúria se originasse da pobreza da infância, ainda que muitos venezuelanos tivessem passado por agruras bem piores – ou talvez fosse simplesmente uma resposta intelectual e moral a tudo o que lera e observara.

A ira de Chávez não precisaria ter se tornado um obstáculo ao seu sucesso. Lincoln, Susan B. Anthony, Gandhi, King, Havel, Mandela e muitos outros líderes memoráveis encontraram na justa indignação o gume ideológico necessário para aguentar anos de dúvidas e provações. Porém, não se trata de uma emoção que todos consigam controlar e, se desencadeada, tem energia destrutiva suficiente para verter um grande potencial em fracasso. Chávez, em seus primeiros anos no cargo, teve apoio popular suficiente para unir a maioria dos venezuelanos. Em vez disso, deu vazão à sua ira ao vilanizar metade do país em busca do aplauso da outra metade.

O romancista colombiano Gabriel García Márquez entrevistou Chávez na mesma época e escreveu: "Fiquei confuso porque tive a impressão de que havia acabado de viajar e conversar afavelmente com dois homens opostos. Um a quem os caprichos do destino haviam dado a oportunidade de salvar seu país. O outro, um ilusionista, que bem poderia passar para a história como mais um déspota".

Chávez nunca perdeu sua habilidade de encantar, mas optava com igual frequência por repelir. Em vez de sanar feridas e ampliar sua base, referia-se aos ricos como oligarcas pútridos, moleques mimados, punguistas e porcos; chamava empresários de vampiros e parasitas; denunciava padres católicos como pervertidos. Apesar de seu encontro cordial com Bill Clinton e comigo, insultava regularmente os Estados Unidos sem qualquer razão aparente, a não ser a de ter um inimigo contra o qual se erguer e, talvez, para agradar seu novo mentor em Havana, Fidel Castro. A estratégia de comunicação de Chávez era acender fogos de artifício retóricos e disparálos em todas as direções. Todos os dias e muitas das noites, lá estava ele num palanque, num estúdio de televisão ou numa transmissão radiofônica, gabando-se de suas realizações e zombando – com os termos mais grosseiros – de supostos inimigos e de reais também.

A Venezuela não era uma sociedade rica, mas havia muita gente de posses com acesso à educação e politicamente posicionada ao centro ou à direita. Nas forças armadas, havia comandantes que passaram suas carreiras trabalhando próximo aos Estados Unidos. Muitos nesses grupos eram alvos de insultos chavistas e não gostavam. Não queriam que a Venezuela se tornasse uma nova Cuba, e olhavam com desdém para Chávez, enxergando-o como um homem vulgar – "aquele gorila" – que vencera uma eleição prometendo à massa algo que nunca poderia cumprir.

Em 11 de abril de 2002, a oposição tentou recuperar, por meio da deposição do presidente, o que havia perdido. Centenas de milhares de venezuelanos, a maioria de classe média, marcharam batendo panelas e gritando rumo ao palácio presidencial de Miraflores. Sem querer ser responsabilizado por um massacre, o exército se recusou a se mobilizar. A guarda nacional jogou bombas de gás lacrimogêneo na direção da multidão e depois disparou munição real, deixando cerca de vinte mortos e dezenas de feridos. As imagens do sangue derramado dominaram o noticiário e intensificaram o clamor pela renúncia do presidente. Confinado à sua sala, sem ter como sair atirando, Chávez cedeu. Concordou em se render em troca da promessa de que ele e sua família teriam a permissão de viajar para Cuba.

Com proteção oficial providenciada, embarcou num helicóptero e foi levado para uma base naval, e depois para uma ilha. Apesar das garantias que havia recebido, havia o risco real de que fosse submetido a um julgamento ou executado. Enquanto isso, os líderes do golpe celebravam. Desorientados pelo triunfo, escolheram um governo interino encabeçado por um empresário que imediatamente suspendeu a Constituição e começou a prometer empregos a amigos. Em Washington, o governo Bush emitiu um comunicado insosso que não defendia nem condenava o levante, mas, ao repreender o governo por sua violência, parecia justificar a derrubada de Chávez.

Para que uma rebelião atinja plenamente seu propósito, no entanto, os insurgentes têm de gozar de uma vantagem decisiva em força coercitiva ou apoio popular. A oposição venezuelana tinha um pouco das duas, mas não o suficiente de qualquer delas. Estava ainda ocupada demais se esfacelando para perceber quão frágil era sua posição. Em pouco tempo, elementos pró-Chávez nas forças armadas organizavam sua própria operação, e os camponeses e partidários da mesma ideia viajavam das zonas rurais para marcar presença em Caracas. Hora a hora, a multidão aumentava e aqueles que planejavam um novo governo começavam a se preocupar com a vingança do antigo. Era evidente que a maré havia virado, e os rebeldes levantaram a bandeira branca. Chávez retirou sua renúncia, encontrou um piloto de sua confiança, voltou para dentro do helicóptero militar e retornou a Miraflores com um rol de queixas novo em folha a apresentar contra seus inimigos na Venezuela e ao norte.

Por muitos anos, ele contaria a história dos momentos em que estivera encurralado em sua sala, com generais traiçoeiros ameaçando bombardear o palácio. A narrativa era conduzida de forma sentimental, não muito precisa, e seu efeito político era brilhante.

> Como esquecer a sensação daquelas horas?... De repente, a porta se abre e lá está minha mãe... Era um momento de morte, não morte física, mas morte da alma, morte do espírito. Será o fim?, eu pensava. Lembro-me então de ver minha mãe entrar na sala da presidência com a mesma força do rio Arauca ao desaguar no

Orinoco. E aquela mulher fez um discurso, aquela lavradora, pois minha mãe é lavradora, uma professora dos campos, forjada na pobreza, na batalha, e eu me lembro de que minha mãe olhou para mim e disse: "Você nunca irá embora, porque seu povo ama você".

A presidência de Hugo Chávez foi tanto uma expressão autêntica da democracia como um perigo para ela. Uma de suas primeiras iniciativas, uma manobra amplamente celebrada, foi tornar o judiciário mais independente; mais tarde, porém, quando os tribunais tomaram decisões contrárias a ele, Chávez suspendeu os juízes e designou substitutos mais condescendentes. Ano a ano, as repartições foram esvaziadas primeiro de opositores, depois de quem não fosse suficientemente servil. Foi estabelecida uma organização política de base que recompensava os seguidores fiéis e negava tratamento justo aos demais, e criada uma força de segurança particular – na essência, uma gangue de valentões – para intimidar oponentes e impedir protestos de ganhar força. O dissenso era chamado de ameaça à liberdade e as concessões de emissoras de rádio e televisão que não se submetiam às diretrizes do partido foram cassadas.

Como Mussolini, ele via a política como espetáculo, uma apresentação jovial de entretenimento de mocinho e bandido. Quando decidiu tomar o controle da companhia petrolífera nacional, não se limitou a emitir um decreto. Demitiu pessoalmente todos os principais executivos, um a um, na televisão. Quando queria confiscar empresas privadas, ia à sede e fazia o anúncio em frente a uma dúzia de câmeras. Depois do trauma do golpe quase concretizado de 2002, fez queixas a Castro sobre a inadequação de seu aparato de segurança e solicitou ajuda. O líder cubano o atendeu prontamente. Em pouco tempo, toda Caracas estava grampeada e o conteúdo de gravações selecionadas era disseminado nos programas de televisão e rádio favoritos de Chávez, humilhando igualmente adversários políticos e ministros rebeldes.

El Presidente amava os holofotes, e era no palco que as suas habilidades mais sobressaíam. Já conheci muita gente na vida pública que, na frente de um microfone, se vê terrivelmente necessitada de um roteiro prévio. Chávez, por sua vez, podia falar por até nove horas para as câmeras, sem consultar notas nem fazer pausas. Conduzia seus discursos como um malabarista que joga uma bola para o alto atrás da outra, sem esperar pelo fim da trajetória da primeira.

Para exemplificar uma questão, era capaz de compartilhar um grande número de estatísticas, denunciar a imoralidade dos predecessores, derramar-se em dor contra as injustiças, recitar um poema sobre resiliência e esperança, perguntar a uma moça na primeira fileira como estava sua família, maravilhar-se com as belezas naturais da Venezuela, relembrar uma experiência de infância, cantar uma balada romântica, praguejar contra os inimigos da pátria, ridicularizar a ganância capitalista, refletir sobre quão doce eram sua avó e todas as avós, comparar-se a Bolívar, sugerir que o Grande Libertador fora assassinado e não vítima de tuberculose, contar uma história sobre um fazendeiro empobrecido que recebera terras do Estado e outra sobre uma mulher que solicitara e recebera remédios que lhe salvaram a vida, e então acusar os EUA de terem inventado a Al-Qaeda. Tudo isso só para começar. Falava sem parar, cantava, às vezes dançava, agitava os braços como pistões, justificava cada ação sua, ponderava em voz alta sobre o que faria a seguir, encorajava elogios de seus ouvintes e finalmente, quando a plateia já estava exausta, encerrava com o grito de guerra "Pátria, socialismo ou morte!".

Chávez tentava sustentar suas muitas palavras com uma quantidade igual de ações. Era um homem combativo, não cínico ou desonesto. Fez tudo o que pôde para que o processo político pendesse a seu favor, mas essa não é a única razão pela qual venceu uma eleição após a outra – quatro, ao todo. Contou com a sorte de uma oposição dividida, e também com os altos preços do petróleo, que lhe permitiram cumprir muitas de suas promessas. Durante seu governo, seus compatriotas tinham melhor assistência de saúde do que antes e comiam mais, pagavam menos por gasolina e óleo de cozinha, ganhavam salários mais altos e podiam comprar apartamentos melhores. Tão importante quanto tudo isso foi o fato de que Chávez fez com que venezuelanos humildes se sentissem uma parte fundamental do país. Falava diretamente para eles, nomeava-os para conselhos de ação comunitária, conferia-lhes poder de decisão em cooperativas agrícolas e fábricas, implorava por seus votos, respondia suas solicitações, perguntava a eles como estavam seus filhos e ouvia suas histórias.

Quando morreu de câncer, em março de 2013, um admirador escreveu:

> Catorze anos atrás, meus vizinhos de bairro não sonhavam em cursar a faculdade, muito menos tornarem-se médicos de suas comunidades. Catorze anos atrás, meus vizinhos mal cabiam em seus barracos de metal ou barro, muito menos imaginavam poder viver numa casa espaçosa de três quartos com banheiro interno e que não custava quase nada. Catorze anos atrás, só os ricos da zona leste da cidade se sentiam cidadãos. Agora todos sabemos que somos.

Nos tempos de bonança, Chávez distribuía dinheiro aos pobres de seu país, e também para comprar influência e recompensar amigos em Cuba, Argentina, Nicarágua, Equador, Bolívia e até mesmo no South Bronx, onde deu milhões de dólares a programas de ação social e passou uma manhã dançando salsa com as crianças de Nova York, chapéu de palha na cabeça.

Essa história teria um final mais feliz se uma boa administração consistisse em nada mais que distribuição de bens. O que tornou Chávez amado por muitos foi sua relutância em admitir limites. Queria fazer o papel de Papai Noel para seus apoiadores; mas um presidente, ao contrário do Bom Velhinho, precisa ater-se à rigidez da matemática.

Chávez gastou somas gigantescas em projetos claudicantes por não dar valor à necessidade de experiência no comando de uma petrolífera, uma empresa, uma fazenda ou um sistema legal. Um líder pode tornar-se popular ao forçar supermercados e lojas de ferramentas a cobrar menos por seus produtos, mas os aplausos param quando as lojas fecham e a comida desaparece das prateleiras. Ordenar que ministros e delegados trabalhem em troca de salários reduzidos pode parecer justo, mas quando a decisão – previsivelmente – leva à incompetência e a propinas, deveria-se repensar a questão. A dependência da receita do petróleo para sustentar toda a economia de um país satisfará a muitos contanto que os preços continuem em alta, mas quando essa receita despenca e não há um colchão financeiro para amortecer a queda, o resultado pode ser o desastre. Como podem atestar os fãs de *Evita*, há uma grande diferença entre o dinheiro que "entra aos borbotões" e o que "sai aos borbotões".

Ninguém pode negar que Chávez trouxe grandes mudanças à Venezuela, mas também não se pode concluir que tenha feito tudo o que prometeu. Quando ocorreu sua morte precoce, muitos profissionais ricos do país haviam emigrado e as mesas que um dia haviam ocupado em restaurantes sofisticados passavam a pertencer a manipuladores de câmbio, contrabandistas, traficantes de drogas e ladrões com cargos oficiais. Um ex-ministro do Planejamento estimou que, no governo Chávez, um terço dos lucros da Venezuela com petróleo foi roubado ou se perdeu. A fobia anti-Washington do presidente o levou a expulsar do país a Drug Enforcement Administration (DEA), órgão americano de combate às drogas, causando um aumento de 500% na importação de cocaína ao longo de três anos. Chávez era pró-trabalhadores a não ser que as greves comprometessem suas outras prioridades, caso em que líderes trabalhistas eram postos na cadeia. Incitava seus seguidores a adotar uma nova e mais elevada consciência moral, mas deixou como legado uma nação com um dos mais terríveis índices de crimes do planeta e uma capital, Caracas, mais perigosa para se acordar todas as manhãs do que Bagdá.

Independentemente do que mais se possa dizer sobre Chávez, não é alguém da mesma laia sombria de Mussolini, Hitler e Stálin. Como eles, tirou partido de traumas nacionais, usou inimigos para justificar a expansão do poder pessoal, cobriu-se com o manto de glória de heróis passados, atropelou com força os direitos daqueles de quem discordava. Mas seu estilo era humilhar oponentes, não matá-los. Era um opressor incessante e sem remorsos, mas nunca igualou brutalidade a virilidade. O fato de o crime comum ter crescido em seu governo é a prova da existência de limites que relutava em cruzar. Num verdadeiro estado policial, a criminalidade de rua diminui – e sequestros em troca de resgate nunca foram um problema no Terceiro Reich como chegaram a ser na Venezuela.

Chávez pretendia passar o resto da vida na presidência, e passou, mas a doença abreviou o sonho. A Venezuela que deixou está mais pobre que em 1999, quando assumiu o cargo. Seu sucessor, Nicolás Maduro, um ex-motorista de ônibus e líder sindical de ideologia rígida, tem todas as falhas e nenhuma das virtudes do líder que substituiu.

Maduro é corpulento e tem bigode aparado. O que não tem é verve, carisma e recursos do petróleo para ocupar o lugar de Chávez, a quem venerava. O novo presidente assumiu o leme de uma economia em águas agitadas e estabeleceu como curso o Armagedom. Para pagar dívidas, drenou as reservas financeiras do país. Sem reservas, a Venezuela tem dificuldades para importar bens. Sem importações, mercadorias básicas estão indisponíveis. Para gerar fundos, o governo imprime mais dinheiro. O valor da moeda nacional – o bolívar fuerte – caiu quase a zero, enquanto a taxa de inflação é a mais alta do mundo. O resultado é a miséria. Salários e pensões não mais cobrem os custos de itens de primeira necessidade; um único tubo de pasta de dente está custando metade da renda média semanal. A subnutrição se alastra. Independentemente de quantas farmácias visitem, famílias não conseguem obter remédios essenciais. O salário mínimo, embora repetidamente aumentado, não acompanha o ritmo e encontra-se estagnado no equivalente a um oitavo do valor na vizinha Colômbia. A produção doméstica de café, arroz e milho se retraiu em 60%. Os rebanhos de gado do país estão um terço menores, e uma década e meia de arrocho ao setor privado tornou a comunidade empresarial incapaz de suprir necessidades básicas.

Por vários meses no início de 2017, cidadãos raivosos levaram às ruas suas queixas, gritando slogans anti-Maduro enquanto tentavam proteger-se com capacetes de ciclista, caneleiras de papelão e escudos caseiros pintados com as cores nacionais, amarelo, azul e vermelho.

O presidente poderia ter amainado a crise ao admitir erros passados e adotar políticas que unissem o país. Isso teria levado investidores estrangeiros a reexaminar a situação e desencadearia iniciativas regionais e globais de ajuda. Em vez disso, dobrou a repressão. Para Maduro, quem não estiver tentando realizar a revolução chavista é um traidor – e ele seria um revolucionário teimoso e sem arrependimentos. Em julho de 2017, organizou um plebiscito no intuito de substituir por uma assembleia todo-poderosa de fantoches do partido o parlamento eleito. Seu trabalho, o de conceber uma Constituição para suplantar aquela escrita por Chávez, prevista para durar séculos. Sob a direção de Maduro, os principais partidos de oposição foram banidos, ao passo que rivais políticos e até mesmo alguns ex-aliados foram encarcerados ou forçados ao exílio. Em reação a protestos de rua, forças de segurança mataram mais de 120 civis e intimidaram e prenderam outros milhares. Para garantir a lealdade, militares e ex-militares assumiram várias funções governamentais e do setor privado, entre as quais a produção de petróleo e a distribuição de alimentos.

Maduro recusa-se a aceitar o mínimo de responsabilidade pelos reveses que o país suporta. Põe a culpa de tudo em reacionários locais e em "tendências golpistas e sedentas de poder guiadas e orientadas pelos Estados Unidos". Essa acusação era fácil de descartar até o dia em que Donald Trump, em seu clube de golfe, decidiu ameaçar a Venezuela com uma intervenção militar. Aquela peça de inépcia diplomática era tudo de que Maduro tanto precisava, e ele a vem utilizando para reforçar sua posição tanto em casa como entre os simpatizantes anti-imperialistas de toda a América Latina, onde existe uma história conturbada de incursões do exército e dos fuzileiros navais americanos.

A experiência venezuelana mostra que, quando as condições econômicas e sociais se deterioram e políticos democráticos fracassam em suas obrigações como líderes, pode ser difícil resistir ao apelo de um encantador habilidoso. Hugo Chávez foi mais que um showman; representava um eleitorado que sentia-se excluído de sua própria democracia. Membros desse eleitorado o conduziram à presidência, sustentaram-no paramentados com camisetas vermelhas e bonés de beisebol e regozijaram-se na vitória assim forjada. Mas os desafios de administrar um país no século XXI são singulares, mais do que Chávez previra originalmente. Ao enfrentar obstáculos, achou que a solução seria se afastar mais dos costumes democráticos e usar o poder que acumulara para abrir um fosso ainda maior entre seus apoiadores e as forças organizadas contra ele. Não foi uma abordagem das mais inteligentes, mas lhe pareceu a mais fácil e adequada à ideia que criara de seu lugar na história.

Chávez sonhava com um lugar ao lado de Bolívar no panteão de seu país e de sua região. Esse desejo grandioso o levou às raias do fascismo. A meio caminho da outra ponta do globo, um homem muito diferente com ambições nem tão distintas confrontava tentações semelhantes à sua própria maneira.

11

ERDOGAN, O MAGNÍFICO

No final de 1997, o prefeito de Istambul viajou até Siirt, no sul da Turquia, para visitar a casa onde vivera sua esposa na juventude e vivenciar o charme de uma cidade conhecida por suas mantas coloridas tecidas à mão e pela adorada mesquita de novecentos anos de existência. Ao discursar, citou um conhecido poema nacionalista: "As mesquitas são nossos quartéis, os domos, nossos capacetes, os minaretes, nossas baionetas, e os fiéis, nossos soldados".

As palavras de Recep Tayyip Erdogan não teriam atraído muita atenção se não tivessem sido pronunciadas no que era, para seu país, um momento de tensão. Um governo inseguro – ávido por um conflito – o prendeu sob a acusação de incitar o ódio religioso. Foi condenado, forçado a renunciar, e impedido de exercer cargos públicos por cinco anos. As autoridades claramente esperavam liquidar a carreira do popular prefeito, mas o tiro saiu pela culatra. O incidente conferiu a Erdogan uma aura de notoriedade e, aos olhos de alguns, fez dele um herói. Uma caravana de dois mil carros acompanhou sua jornada até a prisão, e um pequeno grupo de admiradores retornou quatro meses depois para recebê-lo na saída.

Por 75 anos, as autoridades turcas haviam procurado manter a religião fora da arena pública em uma sociedade em que dezenas de milhões de pessoas são muçulmanas fervorosas. A tarefa já era suficientemente dura quando líderes seculares eram bem-vistos, mas na época da prisão de Erdogan uma economia que rateava e políticos envolvidos em picuinhas haviam gerado uma crescente onda de frustração popular. Na tentativa de criar uma barreira contra protestos futuros, o governo proibiu partidos políticos islâmicos, mas dentro de poucos anos foram substituídos por organizações semelhantes com outros nomes. A mais dinâmica e bem administrada, o Partido da Justiça e do Desenvolvimento (AKP, na sigla em turco de Adalet ve Kalkinma Partisi), foi fundada em agosto de 2001. Seu líder era Recep Tayyip Erdogan.

O povo turco vive e trabalha numa vizinhança difícil. Sua terra ancestral faz fronteira ao leste com o Irã, o Iraque e o Cáucaso; ao sul, com a Síria; a oeste, com a Bulgária e a Grécia; e ao norte, pelo mar Negro, com a Federação Russa e a Ucrânia. Desde a época de Alexandre, o Grande, os comerciantes e as milícias da Europa, da Ásia e do Oriente Médio se encontravam ali para trocar mercadorias e brincar de reis das montanhas. Em 1453, os turcos otomanos invadiram Constantinopla, deram um chega pra lá no cambaleante Império Bizantino e fundaram uma dinastia muçulmana que governou um quarto do mundo por quatrocentos anos — um domínio tão vasto que se estendia sobre a mais populosa cidade de maioria judaica do mundo, Salônica, e sobre mais cristãos que qualquer outro governo.

A era industrial e a ascensão do nacionalismo enfraqueceram aos poucos os otomanos; a derrota na Primeira Guerra Mundial selou seu destino. Emergiu das cinzas o incipiente Estado turco, que espantou potências europeias de olho na carcaça do império e declarou a independência. No comando estava Mustafa Kemal, comandante militar de ideias progressistas que entraria para a história como Atatürk, o "pai dos turcos". Kemal era determinado a criar uma sociedade totalmente moderna. Para fazê-lo, pôs abaixo os pilares da cultura otomana — aboliu o califado islâmico, dissolveu as cortes religiosas, latinizou o alfabeto da língua turca e inspirou-se nas leis civis da Suíça, nas regulações comerciais da Alemanha, nas práticas administrativas da França e no código penal da Itália.

Atatürk e seus sucessores celebravam as virtudes da ciência e vigiavam de perto a prática do islamismo. Sob seu comando, o governo ditou o que se poderia pregar nas mesquitas, estabeleceu um sistema nacional de escolas seculares, especificou direitos iguais para mulheres e prendeu qualquer um que sugerisse que a religião deveria ter um papel maior na vida nacional. Em 1946, oito anos após a morte de Atatürk, o país virou uma democracia parlamentar, mas esse regime operava dentro dos limites seculares impostos pelo lendário líder. Seu lema, "Pelo povo, apesar do povo", resumia bem as intenções solenes do kemalismo e seu desdém pela maioria do público. Nas décadas seguintes, as eleições foram disputadas por partidos da centro-direita e centro-esquerda, e vencidas pela centro-direita. Firmemente alinhada ao Ocidente, a Turquia entrou para a OTAN em 1952 e mais tarde estabeleceu como alvo a filiação à União Europeia. Mesmo com a passagem do tempo, fotos de Atatürk podiam ser vistas por toda parte e sua sombra a tudo encobria.

Recep Tayyip Erdogan foi produto de uma área nada turística de Istambul, e no entanto suas recordações são de um lugar agraciado por árvores frutíferas e campos, onde as crianças podiam soltar pipa, jogar bolinha de gude e – numa época anterior ao asfaltamento de cada pedacinho de chão – emporcalhar as roupas brincando na lama. Seu pai era capitão da Marinha no Bósforo e, para complementar a renda, o menino às vezes vendia petiscos nas ruas. Passava verões com os avós numa província socialmente conservadora bem ao noroeste da cidade. Quando fez 11 anos, a família o colocou numa escola religiosa, arriscando assim suas possibilidades de carreira na Turquia kemalista. Contudo, uma vez estabelecido seu rumo, o rapaz não se dispersava. Era diligente, estudioso, tinha talento para o futebol, e durante o ensino médio desenvolveu aptidão para a política.

Naquela época, eram os anos 1970, a Guerra Fria gerou sérios confrontos entre a esquerda marxista e a direita nacionalista na Turquia e em outras partes. Uma grande alta no custo das importações de petróleo fez a economia estagnar e causou falta de açúcar, margarina e óleo de cozinha. Com medo de uma revolta, o exército interveio, tirou do caminho os políticos civis e praticamente dizimou os de esquerda por meio de uma combinação de tortura e assassinatos, e da prisão de meio milhão de pessoas.

Erdogan e seus colegas religiosos, em especial aqueles que viviam longe dos grandes centros urbanos, estavam à parte desse confronto. Sua geração não tinha memórias de Atatürk vivo nem afinidade natural com a cultura europeia que, supostamente, era considerada como o ideal turco. Muitos ainda encontravam-se ansiosos com os impactos da globalização em seu modo de vida. Não tinham demonstrado ambições políticas até ali, mas preocupavam-se quanto a não fazer nada e perder tudo o que valorizavam. Aos poucos, abriram seus ouvidos para os sermões de imãs no Egito e no Irã que diziam o que seus irmãos turcos não podiam: que o Ocidente estava determinado a dividir os fiéis, mantê-los pobres e empurrá-los para a depravação. Para os muçulmanos poderem melhorar sua situação, precisariam definir suas próprias necessidades, encontrar sua própria voz e agir em conjunto para se fazerem ouvir.

Ao esmagar a esquerda, os militares abriram espaço cada vez maior para esse novo movimento. Os pobres à margem do processo político, impedidos de se organizar em torno de uma ideologia, uniram-se em torno da religião. Ao surgir um partido que clamava por uma "Ordem Justa" e pela quebra do muro que havia tanto tempo separava o islã do Estado, os turcos manifestaram apoio em grande número: 200 mil em 1991; 4 milhões por volta de 1995. "Os outros partidos têm membros", vangloriava-se um líder, "nós temos fiéis". A alarmante popularidade da organização causou pânico nas cidades seculares. Em 1998, as autoridades a proibiram, na expectativa de impor ao islamismo a submissão, da mesma forma como haviam feito com o comunismo. Mas a ideologia marxista havia sido importada, ao passo que as raízes estabelecidas pelos fiéis no coração da Anatólia eram antigas e profundas.

O avanço do AKP nas eleições de 2002 se deu nas condições ideais para um partido e um candidato a primeiro-ministro (Erdogan) que representassem uma ruptura aguda com o passado. Menos de três anos antes, o governo reagira de forma confusa a um catastrófico terremoto, um show de incompetência cuja lembrança continuava viva. Seguira-se uma crise econômica que fizera minguar a confiança do povo. As dívidas do Tesouro eram pesadas, a moeda fraca, a inflação passava de 100% e investidores estrangeiros não viam razão para abrir as carteiras e estancar o sangramento. Para corrigir o rumo da economia, a administração impôs um misto de reformas liberalizantes e cortes orçamentários como os tentados pelos predecessores de Hugo Chávez na Venezuela – com resultados comparáveis. Os eleitores estavam furiosos. Para acrescentar mais estresse, militantes curdos no sudeste do país estavam em guerra com o exército, e milhares de civis viam-se forçados a juntar seus pertences e procurar abrigo na já superpopulosa Istambul.

Nada disso significava que o eleitorado fosse automaticamente escolher o AKP. Por décadas, Atatürk e seus discípulos haviam alertado os votantes para o fato de que a ascensão de um partido religioso faria a Turquia parecer retrógrada aos olhos da Europa e os forçaria a viver como seus antepassados da Idade Média. Sem abordar essa ansiedade, o AKP não chegaria a lugar nenhum. Ajudava o fato de Erdogan, com seus ternos ocidentais e conduta moderada, parecer o total oposto de um fanático religioso. Como prefeito, fizera sucesso, tendo empolgado com sua atitude mão na massa: o lixo era recolhido, as ruas eram limpas, não faltava luz e, quando os donos de apartamentos abriam suas torneiras, a água que saía matava a sede em vez de deixá-los doentes. Sob a orientação de Erdogan, o AKP rejeitou o rótulo de islamita e fez campanha como um partido socialmente conservador, mas com olhar voltado para o futuro e forte tendência pró-europeia. Nos anúncios, membros do AKP apareciam como empresários e profissionais, entre eles mulheres sem véu na cabeça. Candidatos faziam campanha em restaurantes onde eram servidas bebidas alcoólicas. Quem panfletava era orientado a focar em assuntos que falassem ao bolso, sorrir frequentemente e não agir como quem se acha moralmente superior.

O esforço para tranquilizar os céticos deu resultado. No dia da eleição, os três partidos da coalizão governista não alcançaram sequer o limite mínimo de 10% para ter representação parlamentar – um resultado chocante. De acordo com a Constituição, seus votos seriam alocados ao partido que tivesse terminado em primeiro. Ou seja, o AKP, cuja maioria havia sido de pouco mais de um terço dos votos, ficou com o dobro dessa porcentagem em assentos no parlamento, uma maioria com capacidade de controle.

Na Turquia, o conceito de democracia representativa sempre havia sido de árdua compreensão. A influência ocidental em Atatürk nunca se estendera a eleições de verdade, tribunais independentes, liberdade religiosa ou de discurso. Caso contrário não teria sido tão admirado por Hitler e Mussolini, que viam com simpatia muito de seu nacionalismo assertivo, perseguição de minorias, controle dos imãs e autoritarismo. Hitler chegava mesmo a se referir ao carismático turco como sua "estrela brilhante na escuridão". Após a morte de Kemal, os militares, assim como as cortes constitucionais, continuaram a proteger seu legado. Em 1960, de novo em 1971, e mais uma vez em 1980, as forças armadas intervieram ao julgar que o governo civil não estava à altura de sua função. Mesmo no mais recente 1997, a pressão militar contribuiu para a renúncia de uma coalizão governamental e a prisão de Erdogan. Como secretária de Estado americana na época, argumentei que "quaisquer questões que estejam em jogo na Turquia... e quaisquer mudanças que o povo almeje devem se dar em um contexto democrático". Em outras palavras, por favor obedeçam à Constituição e chega de golpes militares.

Em março de 2003, quando o novo primeiro-ministro tomou posse, sabia que elementos poderosos do establishment estavam de tocaia, ansiosos por seu fracasso. Se houvesse abertura, acusariam-no de enfraquecer o secularismo e trair a memória de Atatürk. O espaço de manobra de Erdogan era ainda mais restrito pelo presidente Ahmet Necdet Sezer, firmemente secular, escolhido pelo parlamento anterior e com poder de vetar emendas legislativas e nomear postos-chave. O presidente exibia sua mesquinharia ao recusar-se a convidar a esposa do primeiro-ministro para recepções no palácio por ela usar véu.

Por ter visitado a Turquia naquele período, sou testemunha das emoções atiçadas por tal questão aparentemente trivial mas ainda não resolvida. A plateia de uma palestra que fui convidada a dar incluía algumas mulheres que estavam de cabeça coberta e muitas que não o faziam. Quando o debate foi aberto para perguntas, quiseram saber qual opção eu acreditava ser a correta. A resposta, estou certa, foi bem clara: "O que vocês fazem com seu cabelo é da conta de cada uma de vocês; é questão de escolha individual". Minha tentativa de imparcialidade não agradou a ninguém. Enquanto eu enxergava valor na diversidade, mulheres de ambos os lados percebiam uma questão fundamental de identidade, um debate sobre nada menos que o significado de ser turca. E esse veredito não podia ser contornado pela sugestão de que não importava.

Na mesma visita tive a chance de rever Istambul, que é, com Praga, onde nasci, a cidade mais bela do mundo. Estive lá várias vezes – cheguei a levar dois de meus netos – e sou fascinada por todo o país. Contudo, sempre houve um contraste perturbador entre as mansões suntuosas com vista para o Bósforo e os prédios residenciais densamente povoados onde vive a maioria da população. Para uma família média, Erdogan saía-se muito bem em seu primeiro mandato, mas para os habitantes das mansões ainda estava sob condicional.

Prudente, o líder iniciante passava ao largo de questões que pudessem causar faíscas religiosas e concentrava-se em fomentar a prosperidade. A economia que herdou estava à beira da recuperação e ele aproveitou a chance ao máximo. Dentro de um ano, a inflação havia caído de 47% para 22%, e logo se estabilizaria na casa de um dígito.

Esse foi o estopim de uma explosão de investimentos estrangeiros, que Erdogan avidamente perseguia com base em sua experiência como prefeito. Fez jorrar dinheiro em pontes, estradas e aeroportos, atraindo ainda mais capital. Construiu hospitais e instituiu reformas em programas de saúde e bem-estar social que baixaram à metade a mortalidade infantil e aumentaram a expectativa de vida em mais de cinco anos. Sob seu comando, os turcos conectaram-se mais uns aos outros, pois a companhia aérea nacional passou a voar para uma série de cidades adicionais. O governo instituiu um sistema de financiamento através do qual centenas de milhares de famílias compraram sua primeira casa. Favelas espalhadas pelos subúrbios transformaram-se em quarteirões com belos prédios de apartamentos ladeados por cafés lotados e lojas bem abastecidas.

Uma década após a chegada de Erdogan ao poder, a Turquia era vista como o laboratório da Europa, a economia como um todo triplicara, o cidadão médio ganhava o dobro de antes, e a classe média dobrara de tamanho. O AKP chegou até a cortar seis zeros da moeda para que os sedentos não precisassem tirar milhões de liras do bolso só para tomar um chá ou um copo de raki.

A Turquia avançou em sua meta de admissão na União Europeia, que fora o ponto central da campanha de Erdogan em 2002. Antes disso, durante o governo Clinton, eu havia convencido meus colegas europeus a reconsiderar aquela solicitação, pendente fazia muito tempo. Para animar suas perspectivas, a Turquia aboliu a pena de morte e, sob o olhar de Erdogan, aumentou o controle civil sobre as forças armadas e estabeleceu novas proteções ao direito de livre discurso, das minorias e das mulheres. Esses passos bastaram para sublinhar o avanço, e as negociações formais tiveram início.

Mesmo com toda essa atividade, o primeiro-ministro em momento algum se esqueceu da política. A oposição mexia seus pauzinhos, e Erdogan montou um rolo compressor do AKP motivado pelos religiosos, reforçado por recrutas da classe média e financiado por empresários que desejavam estar do lado que iria vencer. Voluntários agiram o ano inteiro visitando gente doente, promovendo encontros de bairro, ajudando desempregados a encontrar trabalho, e alojando sem-teto em apartamentos. Na eleição de 2007, o AKP teve 46% dos votos, mais que o dobro de qualquer outro partido, e ficou com 341 dos 550 assentos no parlamento. Tamanha margem possibilitou ao primeiro-ministro iniciar o segundo mandato designando um novo presidente mais filosoficamente compatível.

Apoiado pela resposta calorosa nas urnas, Erdogan estava decidido a usar o poder que concentrara para fortalecer mais sua posição. Afinal, ainda tinha inimigos. Em 2008, o Ministério Público acusou o AKP de violar a separação entre religião e Estado. Se a Corte Constituinte julgasse a ação procedente, o partido seria extinto, liquidando a carreira política de Erdogan – e essa era uma possibilidade real.

Os juízes pronunciaram-se a favor do AKP, mas pela margem mais apertada possível: um voto.

Sem querer correr tamanho risco de novo, o primeiro-ministro partiu para transformar as instituições que representassem ameaças a seu futuro, lançando mão dos mesmos métodos truculentos de Atatürk para minar as estruturas por ele erigidas. Começou com uma operação de prisão e julgamento de centenas de militares da reserva e da ativa por conspiração golpista, corrupção e outras infrações, reais em alguns casos, claramente inventadas em outros. Aumentou o controle do AKP sobre a imprensa por meio de leis que davam ao governo o poder de confiscar e transferir a propriedade de canais de notícias hostis. Propôs uma legislação que ampliasse os tribunais e, portanto, sua habilidade de nomear juízes com cuja lealdade pudesse contar.

Erdogan passou ainda a expor com mais clareza sua visão da identidade turca. Sob seu comando, mais de 9 mil novas mesquitas abriram as portas. O número de crianças em escolas religiosas aumentou de 63 mil para mais de 1,5 milhão. Aulas de islamismo sunita são hoje obrigatórias para todos os alunos. Em discursos, um Erdogan nada reticente refere-se ao islamismo como fonte essencial da união turca e fala com frequência da importância de criar uma "geração devota". Cancelou paradas de orgulho gay e condenou o ativismo LGBTI como "contrário aos valores de nossa nação". Político até a medula, faz um contraste entre o "caminho sagrado" do AKP e o suposto ateísmo de seus rivais.

Pouco a pouco, o Erdogan que um dia foi unificador torna-se polarizador com seus insultos constantes a secularistas e liberais. Chegou mesmo a tomar medidas para reverter um dos avanços históricos de Atatürk. A Constituição garante direitos iguais às mulheres, mas Erdogan propôs uma interpretação "ao estilo turco", atacando o controle de natalidade, instigando mulheres a terem três filhos ou mais e sugerindo que as que trabalham são "meias-pessoas". Em 2016, uma comissão parlamentar propôs baixar para 15 anos a idade mínima para o casamento e recomendou que acusados de estupro possam evitar um processo judicial se consentirem em casar com suas vítimas.

Apesar da vitória eleitoral esmagadora do AKP, nem todos estão felizes com a nova era. Em Praga em 1989, manifestantes reuniram-se na praça de São Venceslau. No Cairo em 2011, foi na praça Tahrir. Em Istambul, em 2013, os tumultos eclodiram no parque Gezi, perto da praça Taksim, ponto central de distribuição de trânsito que ostenta monumentos patrióticos e lojas de *fast food*. O pretexto das manifestações foi o plano do governo de pôr árvores abaixo e substituir a área verde por mais um shopping center. Alavancada pelas mídias sociais, a ocupação teve apoio em setenta cidades. Foram vários dias de cantos, gritos de guerra e gente acampada, interrompidos por bombas de gás lacrimogêneo e balas de borracha. Ainda que tenha acabado em impasse, a breve explosão popular teve cheiro de novidade. Pela primeira vez, os ecléticos elementos do mundo anti-Erdogan reuniram-se num só local: liberais, ambientalistas, feministas, nacionalistas seculares, acadêmicos e dissidentes curdos. O que houve na praça Taksim poderia ter sinalizado o início de um movimento unificado de oposição ao AKP – se sua aceleração não tivesse sido contida pelo equivalente político a um terremoto.

Em 15 de julho de 2016, uma facção do exército tentou matar Erdogan e assumir o controle do governo. Por volta das 10 da noite de uma sexta-feira, líderes rebeldes enviaram tanques ao aeroporto de Istambul, começaram a prender oficiais leais ao regime e jatos da Força Aérea sobrevoaram Ancara em baixa altitude. Os jatos bombardearam o edifício do parlamento, na primeira vez em que uma capital turca era atacada desde o século XV. Insurgentes armados estabeleceram posições num punhado de pontos estratégicos das duas cidades. Enviaram ainda uma tropa de elite à costa sudoeste onde Erdogan passava férias, com ordens de assassiná-lo. Felizmente a tropa chegou tarde demais; o presidente havia sido alertado e já estava num voo de volta para Istambul.

O golpe estava fadado ao fracasso. Informações a seu respeito haviam vazado, forçando os conspiradores a agir antes que todas as peças estivessem posicionadas. Se os artífices tinham uma razão convincente para seus atos, não conseguiram expô-la ao público. Sua incapacidade de liquidar Erdogan deu-lhe a oportunidade de aparecer perante a mídia e arrebanhar apoio de sua enorme rede de seções do partido e mesquitas. Seus partidários não o deixaram na mão. Durante as horas de crise, a maioria dos militares de alto escalão permaneceu fiel ao governo. Partidos políticos de oposição, a mídia independente e líderes da sociedade civil também condenaram o levante. Noite adentro, centenas de milhares de turcos reuniram-se em calçadas e ruas para professar sua lealdade ao estado de direito. Empreiteiras lançaram mão de equipamento pesado para restringir o movimento dos tanques rebeldes. Alto-falantes transmitiram preces muçulmanas. Pela manhã, a insurreição estava liquidada, mas não sem a morte de cerca de trezentas pessoas, a maioria delas civis.

Ao contrário de rebeliões anteriores, aquela não foi parte de um esforço dos militares para preservar a tradição kemalista, ainda que alguns possam ter agido com esse propósito em mente. Muitos dos líderes aparentemente faziam parte de um movimento religioso e social ativo na Turquia por décadas e fundado por Fethullah Gülen, clérigo e educador muçulmano estabelecido nos Estados Unidos desde 1999. Se foi esse o caso, o que houve foi uma briga entre amigos.

Por anos, Gülen e Erdogan haviam estado do mesmo lado. Se um líder empresarial ou editor de jornal fosse favorável a um, havia excelentes chances de que também o fosse ao outro. Ambos buscavam tornar o Estado turco menos secular e mais devoto. Com apoio do AKP, muitos seguidores de Gülen aproveitaram-se de seus laços políticos e treinamento acadêmico para ascender a postos de influência no exército, polícia, ministérios, tribunais e universidades. Os contatos internacionais da organização de Gülen – presente em 160 países – ajudaram a Turquia a estabelecer novas e importantes conexões na África e na Ásia.

Gülen, seus muitos programas educacionais e de treinamento e seu apoio à Turquia eram familiares a praticamente todo mundo que tivesse interesse no país nos anos 2000. Nunca estive com ele, mas cheguei a tomar parte, em 2008, de um almoço promovido pelo Instituto Gülen, em Houston. Na superfície, a organização dedica-se a trabalhos humanitários, à promoção do diálogo entre gente de credos distintos e à resolução pacífica de conflitos. Sua contribuição acadêmica é de alta qualidade e espera-se dos professores que estabeleçam um exemplo de piedade e assistência a terceiros. Grande parte de sua atividade internacional, o que inclui a administração de aproximadamente 150 escolas autônomas nos Estados Unidos, se dá sem interferência de Gülen e pouco tem a ver com a política turca. Defensores de Erdogan em seu país, contudo, estão convencidos de que o clérigo e seus asseclas são determinados a destruir o AKP.

Pouco depois das eleições de 2011, vencidas por Erdogan como sempre, ele e Gülen tiveram um desentendimento. Quem fez o que a quem não se sabe, mas a proximidade com Gülen deixou repentinamente de ser um diferencial para quem pretendesse fechar contratos com o governo ou conseguir um emprego de alto escalão. Em 2013 e 14, os gülenistas contra-atacaram expondo a corrupção no governo Erdogan, incluindo a divulgação de gravações telefônicas em que o primeiro-ministro dá ordens ao filho para esconder dinheiro que tinha guardado em casa. Erdogan retaliou, chamando Gülen de terrorista, e acelerou os esforços para retirar seus apoiadores de postos de comando.

A ideia da tentativa de golpe era destruir Erdogan, mas – como sua prisão em 1997 – só o fortaleceu. Ele nomeou a resistência ao levante de "segunda guerra pela independência" da república, e usou-a como desculpa para instalar fotos suas por toda parte – à maneira de Atatürk –, em muitos casos ao lado de memoriais aos que morreram combatendo a rebelião. Para Erdogan, o levante serviu como carta branca para agir contra quem bem entendesse, e fazê-lo em nome da luta contra os traidores.

Com o apoio do parlamento, decretou estado de emergência. Forças de segurança detiveram artífices do golpe e seus parentes, amigos e companheiros de trabalho. Em pouco tempo, a rede se ampliaria para incluir toda sorte de suspeitos de terrorismo, além de gente que disse, escreveu ou publicou em blogs opiniões consideradas críticas ao presidente ou perigosas para o Estado. Com o passar dos meses, mais de 140 mil funcionários públicos foram suspensos ou demitidos, 16 mil militares e policiais exonerados, 6.300 professores expurgados, 2.500 jornalistas despedidos, mil empresas confiscadas, 180 veículos de mídia e quinze universidades fechadas, e um em cada cinco juízes forçados a se aposentar.

Certamente alguns dos presos eram culpados e mereciam ser punidos. Contudo, o alcance da resposta governamental foi bem além do puro e simples cumprimento da lei. Entre os encarcerados ou procurados havia parlamentares da oposição, ativistas pró-curdos, respeitados especialistas acadêmicos americanos, um jogador de basquete profissional e líderes de ONGs sem ligação alguma com Gülen e, em muitos casos, abertamente contrários ao golpe.

Já em 2006, Erdogan falava da necessidade de a Turquia adotar um sistema político ao estilo americano, com um presidente forte e não um primeiro-ministro dependente de seu partido. Nunca houve muita dúvida quanto a quem ele pretendia colocar no cargo. Atatürk, afinal, fora presidente, não primeiro-ministro – por que não Erdogan? Em 2014, ele concorreu à presidência e venceu, na primeira vez em que o AKP conseguiu maioria popular, ainda que por pouco (51%). Contudo, não teria como realizar o sonho de uma presidência poderosa sem fazer mudanças na Constituição. O golpe fracassado deu a ele essa chance.

Na primavera de 2017, Erdogan perseguiu e conseguiu a aprovação de um plebiscito que abolia o cargo de primeiro-ministro, transferindo para si sua autoridade. Sob o novo modelo, o presidente tem condições mais amplas de nomear juízes e ministros, controlar o orçamento e ditar a política de segurança. O limite de duração do mandato foi zerado, de forma que ele, caso reeleito, pode ficar no cargo até 2029. Enquanto o estado de emergência permanecer em vigor, pode emitir leis por decreto, deter cidadãos a seu bel-prazer e negar acesso a advogados aos prisioneiros. A iniciativa do presidente, que mal obteve maioria na eleição, mostrou com clareza a divisão criada dentro do país. Houve oposição ao plano na maioria das grandes cidades e em áreas ao longo do Egeu voltadas para a Europa. O apoio se deu nas áreas rurais, onde o AKP ainda é fortemente associado à prosperidade e a valores sociais conservadores. Na prática, o resultado diminui marcadamente as limitações ao poder de Erdogan.

A reação europeia à votação foi fria. No período anterior ao plebiscito, os governos da Alemanha e da Holanda proibiram ministros de Erdogan de fazerem campanha junto aos imigrantes turcos em seus países. Erdogan referiu-se a essa proibição de forma desafiadora como "Nazismo... renascido das cinzas". Após a votação, a União Europeia criticou o processo, considerando-o enviesado para o "sim", uma acusação inegavelmente correta e que o presidente desconsiderou na maior desfaçatez.

O embate verbal faz mal tanto à Turquia como à Europa, e, ainda que toda história tenha dois lados, a sensibilidade excessiva de Erdogan contribuiu claramente para a irritação mútua. "Se o Ocidente chama alguém de ditador", diz ele, "para mim isso é bom". Ao discursar num comício em Ancara no primeiro aniversário do golpe abortado, disse o que pensava das opiniões do continente. "Não estou nem aí para o que Hans ou George dizem. Me interessa o que Ahmet, Mehmet, Hasan, Huseyin, Ayse, Fatma e Hatice dizem."

Anos atrás, quando Erdogan havia acabado de se tornar primeiro-ministro, tive encontros com ele em Nova York. Seu foco, então, era quase que totalmente voltado para investimentos estrangeiros. Questionado sobre religião, ofereceu o argumento – um bom argumento – de que a Europa está cheia de partidos que se descrevem como democratas-cristãos ou social-cristãos. Por que alguém deveria se incomodar com pessoas que se definem democratas-muçulmanos? Passou-me a impressão na época de alguém com pouco carisma mas uma força tremenda, alguém difícil de dobrar. Nada do que vi desde então modificou aquela impressão.

A boa notícia é que, em meio a toda a turbulência política, o plano econômico de Erdogan não se voltou para dentro; o país continua disposto a prosperar no mercado global. Isso é importante, pois a república se aproxima do centenário com planos ambiciosos. Se o programa Visão 2023 de Erdogan der frutos, a Turquia se tornará uma das dez maiores economias do mundo, atrairá 50 milhões de turistas por ano e entrará para a União Europeia.

Contudo, para atingir qualquer dessas metas, o presidente precisa mudar o curso que vem seguindo nos últimos anos. Criticar severamente a Europa e os Estados Unidos pode lavar-lhe a alma, mas nem as metas econômicas nem as de segurança da Turquia serão atingidas sem ajuda. O mantra original da política externa de Erdogan, "zero problema com vizinhos", agora virou piada. A Turquia calculou mal sua estratégia quanto à Síria e expôs diferenças fundamentais com os Estados árabes e o Irã. Erdogan não fez muitos amigos em Israel ao atacar sua política para a Palestina como "mais bárbara que a de Hitler". Sua posição junto à Rússia é instável, com ataques verbais em dado momento e a assinatura de um polêmico acordo sobre armas em outro. Globalmente, o governo de Ancara tornou-se notório por prender mais repórteres que qualquer outro.

Para ser justa, a Turquia enfrenta ameaças terroristas reais, tanto do Estado Islâmico como do Partido dos Trabalhadores do Curdistão, o PKK (sigla de Parti Karkerani Kurdistan). Lida ainda com a pior parte da crise dos refugiados do continente, e é provável que, mesmo que fizesse tudo o que lhe é pedido, ainda assim não superasse todos os obstáculos à entrada na União Europeia, entre eles a hostilidade de Chipre, a islamofobia e as diferenças culturais que levaram as balizas a se afastar sempre que os turcos delas se aproximavam. O país tem razão em exigir respeito do Ocidente. Como aliado da OTAN por mais de sete décadas e atualmente dono do segundo maior exército da aliança, faz por merecê-lo.

Internamente, a Turquia tem divisões profundas e Erdogan terá de decidir qual é a melhor forma de reagir a elas durante todo o tempo em que estiver na presidência. Ainda tem uma chance de reparar a democracia de sua nação, caso consiga afastar-se da recriminação e aproximar-se do diálogo, prestar atenção às críticas dos moderados de seu próprio partido e deixar de considerar a legítima oposição política como equivalente à traição.

Nenhum líder turco jamais conseguiu – ou sequer tentou – construir uma sociedade democrática na qual cidadãos com visões marcadamente distintas do que significa ser turco possam conviver no mesmo espaço de forma produtiva, com liberdade e em paz. Seria um digno marco para a posteridade de qualquer chefe de Estado. É possível para Erdogan escolher esse caminho? Acho que é, mas se ele aceitar que o principal obstáculo para o desenvolvimento não são os gülenistas ou os terroristas ou os partidos políticos rivais, mas sim a voz interior que afirma ser ele e só ele quem sabe o que é melhor para a Turquia. É esse o canto de sereia que transforma o poder numa meta em si – e que leva à tirania.

12

O HOMEM DA KGB

Vladimir Putin não presta nenhum juramento à fé democrática, mas não a renega explicitamente. Despreza os valores ocidentais ao mesmo tempo em que diz se identificar com o Ocidente. Não se importa com o que vá aparecer no ano que vem no relatório de direitos humanos do Departamento de Estado, pois as transgressões reportadas em anos anteriores ainda não lhe custaram nada em seu próprio país. Conta mentiras deslavadas de cara séria e, quando agride alguém, culpa a vítima. Já convenceu muitos, aparentemente até mesmo o presidente dos Estados Unidos, de que é um mestre estrategista, um homem de fibra e determinação. Se confinados à Rússia tais fatos já seriam sérios, mas Putin, como Mussolini nove décadas atrás, é cuidadosamente observado em outras regiões por líderes que sentem-se tentados a seguir seus passos. Alguns já o estão fazendo.

Putin nasceu em 1952, mas sua história começa antes, quando seus pais sobreviveram – por pouco – à Segunda Guerra Mundial. Durante o Cerco de Leningrado, quando a cidade foi devastada por falta de comida, sua mãe desmaiou de fome e, antes de ser reanimada, chegou a ser depositada ao lado de cadáveres enfileirados para o sepultamento. Seu pai, membro da polícia secreta de Stálin, foi encarregado de operações de sabotagem atrás das linhas alemãs na

Estônia. A unidade explodiu um depósito de munição, mas foi delatada por habitantes hostis. Soldados inimigos com cães uivantes perseguiram o pai de Putin, que escapou ao mergulhar num pântano, respirando por um caule de junco. Dos 28 homens da unidade, apenas quatro escaparam à captura ou morte. Ele logo voltaria ao combate e sofreria ferimentos na perna causados por uma granada, sendo arrastado por outro soldado até o hospital através de um rio congelado. Mancaria pelo resto de sua vida. Não fossem esses acontecimentos extraordinários, Vladimir Putin não existiria.

O homem à frente da Rússia por mais tempo que qualquer outro desde Stálin se descreve como "produto autêntico e perfeito da educação patriótica soviética". Jovem agitado, ativo, direcionou sua energia para as artes marciais. Atracando-se, derrubando, esquivando-se e imobilizando adversários, chegou ao campeonato de judô em Moscou. Aos 23 anos, realizou seu sonho de infância, gerado pela fascinação por histórias de espionagem, e foi trabalhar para a KGB. Estava na Alemanha Oriental fazendo-se passar por tradutor em 1989, quando o Muro caiu e esmagou o sistema político e ideológico ao qual ele e sua família haviam dedicado a vida. Ali nasceu o propósito redentor de Vladimir Putin. Dois anos depois, quando a URSS se desintegrou, ele trabalhava para o prefeito de São Petersburgo. Colegas haviam pendurado respeitosamente em suas salas uma fotografia do novo presidente, Boris Yeltsin; Putin fez o mesmo com uma foto de Pedro, o Grande.

A visão de mundo do ex-agente da KGB, assim como a minha, foi pautada pela Guerra Fria, ainda que do lado oposto do telescópio. Como ressaltei antes, não havia inocentes naquela época. Ambos os lados buscavam aliados em cada região, e nenhum tinha muitos escrúpulos quanto aos meios utilizados para dar apoio a seus favoritos. A diferença crucial é que o Ocidente apoiava a causa da democracia sempre que podia enquanto os comunistas a condenavam como um truque burguês. Em 1991, quando Yeltsin chegou ao poder, os Estados Unidos tinham a expectativa de recomeçar do zero as relações com Moscou, e os sinais iniciais foram positivos. Os russos haviam apoiado o presidente Bush pai na retaliação à invasão do Kuwait por

Saddam Hussein; Yeltsin então embarcou na organização conjunta de uma ambiciosa conferência sobre cooperação árabe-israelense. Abaixo da superfície, contudo, havia perspectivas e experiências nacionais contrastantes que algumas demonstrações de trabalho em equipe não poderiam apagar.

Pouco antes da queda da URSS, tomei parte em uma pesquisa sobre as atitudes russas em relação à democracia e à livre iniciativa. O que descobrimos foi uma população cansada do comunismo, mas com pouca compreensão sobre como funcionava uma democracia. A dependência do Estado como empregador e fornecedor de moradia e outros benefícios era profundamente arraigada. Gente habituada ao sistema soviético não fazia ideia de mercados competitivos e achava bizarro ou até perturbador o conceito de maior produtividade como condição para melhores salários. Liberdade de imprensa era uma expressão que soava bem, mas não significava muita coisa.

Concluí que séculos de vida sob regimes autoritários haviam deixado uma marca indelével. E como poderia ter sido diferente? Paciência, portanto, era fundamental e, se a evolução de um sistema centralizado para uma economia de mercado tivesse sido mais gradual – talvez dez vezes mais –, a transição poderia ter dado certo e a democracia, fincado raízes. Mas história não é xadrez e Yeltsin não tinha tempo para planejar seu próximo movimento. Bombardeado por todos os lados por conselhos precipitados, que ouvia até certo ponto, teve de improvisar. Presa entre duas eras, a economia do país, assim como a União Soviética, desmoronou rapidamente.

Durante a Grande Depressão, a produção econômica dos Estados Unidos caiu um terço. A da Rússia nos anos 1990 encolheu mais da metade. A receita fiscal secou e, com ela, o investimento estrangeiro. Compradores famintos esvaziaram as prateleiras dos supermercados e a maior parte da economia teve de funcionar em regime de escambo. O russo médio passou a trabalhar menos, ficar doente com mais frequência e morrer mais rapidamente. Ao fim da década, sete em cada dez cidadãos viviam na linha da pobreza ou abaixo dela. Enquanto isso, privilegiados bem-relacionados abocanhavam estatais por uma pequena fração do seu valor, transformavam os ativos em dinheiro vivo e depositavam o lucro em contas no exterior. Bem-intencionados no Ocidente pediam perseverança e atribuíam a crise à falta de tradição democrática. Mas em 1º de janeiro de 2000 chegou ao Kremlin um novo líder, que punha no Ocidente a culpa por todos os problemas e buscava revitalizar uma tradição diferente – e russa.

Como tantos outros homens de que este livro trata, Vladimir Putin herdou o poder na esteira do suposto fracasso de seus predecessores. Como eles, não se esperava que durasse muito. Poucos na comunidade internacional sabiam de quem se tratava, e mesmo na Rússia não era muito conhecido. Quem era, e por que Yeltsin havia recorrido a ele? Em viagem a Moscou naquele mesmo janeiro, estava decidida a encontrar respostas.

O primeiro comentário de Putin quando cheguei para a reunião foi relativo ao broche na minha lapela. Expliquei que os balões de ar quente simbolizavam a esperança crescente na Rússia. Ele sorriu e então ficou sério, olhou para as câmeras e queixou-se: "Os Estados Unidos estão conduzindo uma política de pressão contra nós". Quando a imprensa saiu da sala, sorriu levemente de novo e disse: "Eu falei aquilo para que os críticos de seu país não a ataquem dizendo que fui flexível demais". Assim que nos sentamos, ele reuniu e imediatamente descartou o material preparado por sua equipe com tópicos a discutir – um gesto simples, mas uma maneira de mostrar independência da burocracia do Kremlin. Minhas palavras iniciais não soariam estranhas se proferidas hoje em dia. "A Rússia tornou-se polêmica em meu país", falei, "e os EUA também são no seu. Isso se deve em parte a diferenças reais e em parte às eleições em cada país. A única resposta que podemos dar a quem nos critica por trabalharmos juntos é provar que podemos obter resultados".

À medida que a conversa avançava, ficava mais claro o contraste entre a formalidade de Putin e o "jovial" Yeltsin. O novo presidente não era intimidante, suplicante ou bajulador. Falava com seriedade de como era necessário reviver a economia do país por meio da aplicação rígida de contratos, da exposição da corrupção e da criação de um clima amistoso para investimentos. Expressava dúvidas quanto a pensarmos nos interesses da Rússia, apesar de nossas declarações de boa vontade. Afinal, seus únicos líderes vistos de forma positiva nos EUA haviam sido Gorbatchev, que desmantelara a URSS, e Yeltsin, que deixara o cargo com 8% de aprovação popular. Putin estava particularmente incomodado com os alertas que havíamos lançado sobre direitos humanos na Tchetchênia e na Ásia Central. Disse que toda a região era assolada por terroristas e que somente uma ação implacável colocaria sob controle a situação naquelas terras perigosas. "Não tentem espremer a Rússia para fora daqueles países", avisou, "ou vocês vão acabar arranjando outro Irã ou Afeganistão".

No voo de volta, escrevi minhas impressões:

> Putin é baixo e pálido, frio quase a ponto do reptiliano. Estava na Alemanha Oriental quando o Muro de Berlim caiu e diz que entende por que aquilo teve de ocorrer — uma posição sustentada por muros e divisões não poderia durar; mas esperava que algo se erguesse em seu lugar, e nenhuma proposta surgiu. Os soviéticos simplesmente largaram tudo e foram embora. Argumentou que muitos problemas poderiam ter sido evitados se a saída não tivesse sido tão apressada. Putin sente-se constrangido com o que aconteceu a seu país e está determinado a restaurar-lhe a grandeza.

Como Chávez na Venezuela, Putin teve um início impulsionado pelo alto preço do petróleo e, de forma semelhante a Erdogan, beneficiou-se de reformas impopulares — mas necessárias —, conduzidas pelo predecessor. Em seus primeiros anos de presidência, o crescimento econômico anual chegou a 7% — um patamar de Tigres Asiáticos. Isso permitiu ao governo restabelecer salários e pensões de funcionários públicos. O rublo se valorizou, facilitando a chegada às prateleiras dos mercados de safras e bens de produção local. As reservas internacionais dobraram e redobraram, e a classe média só crescia. Depois da via-crúcis dos anos 1990, os russos estavam felizes de ter carteiras recheadas o bastante para comprar carros, assumir hipotecas, frequentar restaurantes e até mesmo tirar férias na Europa ou na

Crimeia. Nossa embaixada em Moscou a tudo observava e reportou: "O compasso nacional tem um novo gingado".

Putin não é um orador dos mais eletrizantes: não agita os braços ou soca o atril, e não tem um dom particular para a retórica, mas seu jeito imperturbável transmite firmeza e não foge a suas obrigações. Há anos, aparece em programas de TV de longa duração para responder a perguntas de repórteres e de cidadãos. A cada pedido de ajuda ao governo, faz questão de produzir um minucioso relato sobre uma família atendida ou um problema resolvido. Putin é mestre em dizer ao povo o que ele deseja ouvir, em parte por ter genuíno orgulho de ser russo. Em suas visitas a São Petersburgo, promove as muitas contribuições de seu país à arquitetura barroca e neoclássica, à ourivesaria, à música, à literatura e à pintura. Reinstaurou a religião no centro da vida nacional, ciente de que nem mesmo sete décadas de comunismo conseguiram apagar a reverência de muitos russos por suas igrejas com domos arredondados, seus rituais sagrados e seus amados ícones. O presidente evoca ainda a história militar. Lembra ao povo que seus ancestrais deram cabo da força vital do Grande Exército de Napoleão na Guerra Patriótica de 1812 e depois salvaram o mundo de Hitler – em sua versão, praticamente sem ajuda alguma.

Putin é exibido. Difícil imaginar qualquer outro líder russo (Yeltsin? Brejnev? Lênin?) precipitando-se em frente às câmeras para demonstrar golpes de judô, posando sem camisa ao lado de um peixe que se contorce no anzol, atirando de arco e flecha, posando ao lado de um urso-polar, esfregando o nariz no focinho de um golfinho ou dando um tiro de tranquilizante num tigre desgarrado. Em 2012, aos 60 anos de idade e com um corpo já não tão esbelto, espremeu-se em um macacão branco, saltou para o assento do piloto de um pequeno avião e ensinou a um bando de garças siberianas – bobalhonas, pelo jeito – a rota correta para a migração. Nem Mussolini fez isso.

Infelizmente, o espetáculo de Putin não é lá muito divertido para aqueles – como eu – que esperavam da Rússia o desenvolvimento de um sistema político mais aberto, com ligações mais sólidas com o Ocidente. O presidente lança mão do colapso dos anos 1990 para desacreditar as instituições democráticas e acusar Washington de tentar cercar seu país – ou, na linguagem da Guerra Fria, contê-lo. Em sua imaginação, quem toma as decisões nos Estados Unidos não dorme à noite planejando esquemas para minar a Rússia. De que outra forma se poderia explicar a ampliação da OTAN, o apoio americano a democracia na periferia da Rússia e o desenvolvimento de um sistema antimísseis na Europa Central? O que Putin se recusa a admitir é o fato de outros países terem direitos e, após décadas sob o domínio de Moscou, muitas das ex-repúblicas soviéticas e seus satélites valorizarem sua independência e terem o desejo de integração com a Europa. A OTAN aceitou novos membros porque eles estavam ansiosos para ingressar na organização, e também para evitar o ressurgimento de velhas rivalidades, como a dos tchecos com os alemães. A razão da instalação do sistema antimísseis foi a defesa contra o Irã. E a política de Estado americana ao longo dos difíceis anos 1990 tinha como meta ajudar a Rússia a recuperar seu equilíbrio e tornar-se parte do Ocidente, e não ameaçar o país ou tentar oprimi-lo.

Apresentado a tais fatos, Putin recusa-se a aceitá-los. Politicamente, sofre mais pressões da direita nacionalista que do centro e da esquerda, menores e mais moderados. Insiste em dizer que seu governo não faz nada que o Ocidente já não tenha feito: invadir países, intrometer-se em eleições, exercer o poder econômico e plantar histórias falsas na mídia. Sempre que se queixa dos Estados Unidos e seu "quase incontido uso frenético da força – força militar – nas relações internacionais", é aplaudido em casa. Além disso, se a Rússia não tivesse inimigos, Putin não teria os pretextos nos quais se baseou para controlar mais o poder em suas mãos.

Em 1787, Catarina, a Grande, e um grupo de embaixadores estrangeiros desciam o rio Dniepre rumo à Crimeia, que a Rússia acabara de tomar do Império Otomano. Sob orientação de Grigóri Potemkin, conselheiro e amante da imperatriz, foram tomadas medidas de vulto para impressionar os visitantes. Belos assentamentos pré-fabricados com direito a camponeses sorridentes e casas bem-acabadas foram criados para encher os olhos dos emissários ao longo do caminho.

Há um quê daquele vilarejo de Potemkin na Rússia de Vladimir Putin, ou até mais do que isso. O sistema político conta com partidos de oposição, mas a maioria deles é de fachada, criados para manter a ilusão de concorrência. As eleições tornaram-se rituais para prolongar os mandatos dos candidatos favorecidos. As redes de televisão são órgãos de propaganda. A sociedade civil, subjugada ou então acusada de ser joguete de estrangeiros. Como disse um estudante de direito em Moscou a um repórter, "Não temos democracia, nosso parlamento não é pra valer, nem os nossos políticos e a nossa grande imprensa".

Putin só não é um fascista completo porque nunca sentiu a necessidade de sê-lo. Como primeiro-ministro e presidente, sempre preferiu folhear o caderno de estratégias totalitárias de Stálin e sublinhar trechos importantes para usar como referência quando conveniente. Ao longo de seus mandatos, tirou poder das mãos dos governadores de províncias, do Legislativo, dos tribunais, do setor privado e da imprensa, concentrando-o em si. Uma quantidade suspeita de gente que o confrontou acabou presa sob acusações duvidosas ou assassinada em circunstâncias nunca explicadas. No "estado vertical" de Putin, a autoridade – incluindo a direção das companhias estatais de petróleo e gás – é concentrada nas mãos de ex-membros da KGB e outros antigos agentes de segurança e inteligência. Uma rede de corporações e bancos estatais, muitos com conexões obscuras no exterior, escoa financiamento para projetos de estimação e amigos privilegiados. Em vez de seguir o mesmo caminho da diversificação da China, o Estado, desde 2005, mais que dobrou sua participação na economia nacional.

Putin quer que seus subordinados creiam em sua invencibilidade política. Esforça-se diariamente para desencorajar concorrentes em potencial a tentarem – ou ousarem – montar uma coalizão nacional consistente contra ele. Prefere oponentes que fiquem em seus apartamentos bebendo vodca e queixando-se uns com os outros de que nada terá jeito mesmo; e é o que muitos têm feito.

Como forma de conservar seu apelo, Putin nunca teve ligações profundas com nenhuma ideologia ou partido. Prefere apresentar-se como o rosto de toda a nação. Embora às vezes ataque seus oponentes com violência, não procura ser polarizador à maneira de Chávez e Erdogan. Ao contrário dos direitistas da Europa, é respeitoso para com judeus e muçulmanos. Reserva o grosso de sua munição verbal para inimigos estrangeiros, os hipócritas arrogantes com telhado de vidro que mentem sobre a Rússia e conspiram para cercar e estrangular seu país. Quando lança uma ofensiva contra um inimigo doméstico, não é com o intuito de discutir política, mas de chamar o adversário de traidor. Alegações de traição são as mais difíceis de rebater, pois, mesmo que não sejam provadas, a aura de deslealdade permanece. Putin mantém sob controle a questão da corrupção ao fincar o rótulo naqueles que o desagradam e então organizar grandes coberturas de imprensa, mostrando governadores, burocratas e outras autoridades sendo levados para a prisão algemados, tendo suas casas revistadas e pilhas de dinheiro confiscadas. Grande parte dos russos crê que a corrupção é o grande problema; muitos acham que Putin é a cura.

O presidente não deixa passar nada. Supervisiona pessoalmente o FSB, órgão federal de segurança sucessor da KGB. Está criando uma nova Guarda Nacional, separada do exército, para lidar com protestos em potencial. E não só: em anos recentes, o governo obteve dados confidenciais de pessoas de interesse através de organizações criminosas de hackers.

No fim de 2016, o serviço de inteligência americano noticiou que Moscou havia usado ferramentas on-line para influenciar o processo eleitoral americano e ajudar o candidato preferido de Putin, Donald Trump, a ganhar acesso ao Salão Oval. Manobras desestabilizadoras semelhantes foram direcionadas a eleições na (no mínimo) França, Itália, Grã-Bretanha, Espanha, Holanda, nos Países Bálticos, na República Tcheca, Ucrânia e Geórgia. Os métodos incluem o roubo e a revelação de e-mails de campanha, a criação de documentos falsos, o uso de perfis falsos no Facebook e a disseminação de "notícias" fictícias e por vezes difamatórias em redes sociais, para que sejam lidas e repassadas. Quando se confronta a Rússia com tais alegações, a resposta é típica de sua atitude sempre que seus atos são contestados: negar categoricamente qualquer participação e então criar uma falsa simetria ao acusar o Ocidente de fazer a mesma coisa. Já disse Putin que, mesmo que a Rússia tenha interferido em eleições, os Estados Unidos têm todo um braço da sociedade civil dedicado ao mesmo propósito. O que ele não consegue reconhecer é a diferença entre tentar castrar a democracia e trabalhar para fortalecê-la e sustentá-la.

O uso pioneiro de redes sociais como arma por parte da Rússia não é o reflexo de qualquer aptidão cultural fora do comum para hackear, mas sim da experiência de Putin na KGB, onde espalhar a desinformação era tanto um modo de vida como uma arte. O impacto, no entanto, é maior agora do que durante a Guerra Fria, pois o público-alvo é mais acessível e numeroso. O Facebook tem 2 bilhões de usuários ativos. Quais são as intenções da Rússia? Bons palpites seriam o descrédito da democracia, a divisão da Europa, o enfraquecimento da parceria transatlântica e a punição a governos que ousem enfrentar Moscou. Os motivos não são ideológicos; é puro e simples jogo de poder. Os ciberguerreiros russos não são liberais nem conservadores; ajudam movimentos da extrema esquerda e da extrema direita a botar fogo na opinião pública e acender a chama do conflito. Na política internacional, esse tipo de guerra cibernética é a nova ferramenta do poder, e países mundo afora fazem duas perguntas: como podemos nos defender? E como podemos desenvolver a mesma capacidade deles?

Não sendo mais o comunismo uma alternativa viável, o grito de guerra por excelência para um líder autocrático russo é pelo nacionalismo. Putin bate nessa tecla repetidamente ao montar paradas militares e invocar com frequência atos heroicos do passado. Quer que os cidadãos creiam que só ele pode recolocar o país em sua devida posição no cenário mundial. E, se isso significa jogar meio sujo, que seja. Observa sarcasticamente que há quem ache que o urso russo devia "começar a colher frutos silvestres e comer mel. Assim talvez o deixassem em paz. Mas não, não será! Porque alguém sempre vai tentar acorrentá-lo. E assim que for acorrentado, vão arrancar-lhe os dentes e as garras".

Durante o inverno de 2013-14, manifestações contra o governo levaram o presidente eleito da Ucrânia, Viktor Yanukovich, a fugir do país. Deixou para trás em seu complexo cinquenta carros de luxo, vinte aviões, várias lanchas, um enorme navio pirata de madeira com direito a salão de refeições, uma pintura de um de seus principais assessores vestido de Júlio César, um aparelho de karaokê, uma tampa de vaso sanitário feita de ouro e um minizoológico com avestruzes e dez espécies diferentes de faisão. Os manifestantes haviam acusado Yanukovich de corrupção, alegação que ele negava de forma indignada.

A decisão de Putin de capitalizar sobre a turbulência na Ucrânia derivava em parte de sua convicção, compartilhada por muitos russos, de que o país teria direitos territoriais sobre a Crimeia. Em 1991, quando a URSS se desmantelava, o ministro de Relações Exteriores de Yeltsin já avisara ao secretário de Estado dos EUA, James Baker: "Se a Ucrânia se separar, dará início a consequências altamente imprevisíveis, como o problema de relacionamento entre Rússia e Ucrânia, o status da Crimeia e a região da bacia do Donets. O leste da Ucrânia também se tornaria uma questão".

Até 2014, a Rússia tivera de se contentar com o que tinha, mas naquele inverno, com a Ucrânia em alvoroço e o mundo distraído pelos eventos na Síria e no Iraque, Putin lançou sua cartada.

A situação que se seguiu teve tom de farsa, com a Rússia manipulando eventos sem nada admitir para então anexar rapidamente a Crimeia com a ajuda de armamentos e tropas que supostamente nem estavam lá. O Kremlin enviou suprimentos e soldados ao leste da Ucrânia para apoiar os separatistas étnicos russos. Novamente, as autoridades juravam não ter feito nada, ainda que agências de inteligência ocidentais tivessem fotografado as armas, e os caminhões tivessem cruzado a fronteira trazendo de volta os corpos nada imaginários de soldados russos para serem enterrados. Em julho de 2014, um avião da Malaysia Airlines foi explodido sobre o espaço aéreo ucraniano, matando 298 pessoas, entre elas oitenta crianças. Investigadores holandeses produziram provas irrefutáveis de que o avião fora derrubado por um míssil de fabricação russa lançado de um território controlado por separatistas financiados por Moscou. Putin alegou que a investigação era política e atribuiu à Ucrânia a culpa pela tragédia. Em sua versão, toda a crise fora causada por nazistas ucranianos. Tudo isso me lembra da citação de abertura de um episódio de *The Wire*: "Uma mentira não é um lado da história; é só uma mentira".

Em anos recentes, o urso russo saiu à caça na Ásia Central, no Cáucaso, nos Bálcãs e na Síria, onde pôs seu considerável peso a serviço de Bashar al-Assad, um tirano com o sangue de milhares e milhares de pessoas nas mãos. Essas manobras agressivas, somadas aos problemas na Ucrânia, aos ataques de hackers e à flagrante interferência nas eleições, injetaram uma dose de histeria nas relações entre Washington e Moscou. Putin, creio, é sincero em sua crença de que os Estados Unidos desejam impedir seu país de projetar o poderio militar muito além de suas fronteiras, até porque isso é verdade. Mas está errado em achar que o desejo americano é de uma Rússia marginalizada e fraca. Tudo o que queremos – e o que a maior parte do mundo gostaria de ver – é uma Rússia capaz de tratar os outros com o mesmo respeito que exige para si. Isso não deveria ser pedir muito.

Em nosso primeiro encontro, em 2000, Putin disse: "Sabe, eu gosto de comida chinesa, é divertido comer com pauzinhos, e faço judô há muito tempo, mas tudo isso é bobagem. Essa não é nossa mentalidade. Somos europeus. A Rússia tem de se estabelecer firmemente como parte do Ocidente". Comentários assim são feitos para cativar, mas a Rússia tem razões de sobra para valorizar o acesso a mercados ocidentais e ter relações cordiais com as principais nações da Europa. Então, é um ponto contra para Putin, e para a Rússia, que poucos líderes internacionais confiem nele. Em 9 de maio de 2017, quando o país festejou o Dia da Vitória, destaque do calendário patriótico, a lista de convidados estrangeiros de alto escalão de Putin consistia tão somente do presidente da Moldávia.

Sergey Lavrov, ministro de Relações Exteriores da Rússia, costuma se gabar de que vivemos "uma ordem mundial pós-ocidental". Não está claro se é verdade – e, caso seja, o que isso significa. Curioso é Lavrov achar que a Rússia se beneficiaria de um futuro dominado pelo Oriente. A China seria antagonista mais natural para a Rússia que a Europa ou os Estados Unidos. De qualquer forma, interessa menos como se descreve a ordem mundial do que quão bem ela funciona e em que se baseia. A visão de Putin, aparentemente ditada por princípios de cada nação e de cada líder, pode ser descrita como realista ou, como prefiro fazê-lo, cínica.

No capítulo 5, citei a horripilante profecia centenária de Oswald Spengler de que "a era do individualismo, do liberalismo e da democracia, do humanismo e da liberdade, está chegando ao fim. As massas aceitarão resignadas a vitória dos césares, os fortes, e a eles se curvarão". Esse é o real perigo representado por Putin: de que vire modelo para outros líderes nacionais dispostos a agarrar-se ao poder por tempo indeterminado, apesar das restrições políticas e legais.

Após o fim da Guerra Fria, grupos pró-democracia enfatizaram o valor do aprendizado a partir da experiência de outros países. Nações como Argentina e Chile haviam feito a transição de governos militares para civis nos anos 1980 e tiveram muito a ensinar à América Central nas décadas seguintes. As Filipinas se livraram de Marcos em 1986 e mais tarde ajudaram a Indonésia, que em 1998 superou a ditadura de Suharto. Hoje, aqueles que vêm construindo a democracia veem suas técnicas imitadas por pessoas que querem destruí-la. Governos repressores mundo afora aprendem uns com os outros. Se isso fosse uma faculdade para déspotas, daria para imaginar os nomes dos cursos: Como Fraudar um Plebiscito Constituinte; Como Intimidar a Mídia; Como Destruir Rivais Políticos via Investigações Fajutas e Notícias Falsas; Como Criar uma Comissão de Direitos Humanos que Esconda Violações de Direitos Humanos; Como Cooptar o Poder Legislativo; Como Dividir, Reprimir e Desmoralizar Oponentes para Ninguém Acreditar na Possibilidade de Derrotá-lo.

Em 1933, pouco depois de Hitler tomar o poder, Mussolini disse a um integrante de sua equipe: "A ideia do fascismo conquista o mundo. Já dei várias boas ideias a Hitler. Agora ele me seguirá".

Putin tem pés de barro. A economia russa, tão robusta em sua primeira década de comando, continua a ser menor que a da Itália ou a do Canadá e não dá sinais de melhora. A livre iniciativa está mirrando à medida em que sanções, regras obscuras para negócios ou a falta de vontade de pagar propinas levam os investidores estrangeiros a abandonar o país. A distribuição da riqueza é mais desigual que em qualquer outra das principais nações – algo que remete ao tempo dos czares. A população está envelhecendo. Politicamente, há sinais (tais como o índice maior de abstenção nas eleições) de que os russos começam a se cansar do putinismo, mesmo que a maioria ainda não esteja pronta a se rebelar contra ele. No cenário internacional, os embustes de Putin já não enganam muita gente. E no entanto, ele já foi bem-sucedido em dar a homens ambiciosos em outros lugares "várias boas ideias". E é irônico e perturbador que, entre os que lhe prestam maior reverência, esteja um líder da Europa Central que – quando o Muro de Berlim caiu – celebrara o que a KGB lamentara.

13

"SOMOS QUEM UM DIA FOMOS"

Em 16 de junho de 1989, os húngaros homenagearam em Budapeste um homem morto havia mais de três décadas. Simbolicamente, fizeram um novo sepultamento. Uma multidão de 250 mil pessoas se reuniu na praça dos Heróis em torno de um monumento imponente que comemorava os mil anos de história do povo magiar. Todos os olhos estavam voltados para o caixão decorado com flores onde jaziam os restos de Imre Nagy, líder de uma revolta nacionalista esmagada pelos soviéticos em 1956. Temeroso da própria população, o governo húngaro traidor julgara Nagy em segredo e o enforcara, depositando seus restos numa cova sem lápide num canto remoto de um cemitério obscuro. No verão de 1989, sob intensa pressão de um crescente movimento democrático, as autoridades consentiram na exumação e no novo enterro público de Nagy, mas fizeram um alerta contra quaisquer tentativas de conferir tons políticos à solenidade. Cientes disso, oradores foram comedidos ao longo do dia, talvez com medo de atestar o significado revolucionário da cerimônia. Com o passar das horas, a multidão começou a ficar inquieta. Foi quando surgiu o último orador. Era um homem alto, de cabelo preto desgrenhado e barba curta, que fitava seus ansiosos compatriotas com olhos de 26 anos.

"Nós, jovens", começou, "não conseguimos entender muita coisa sobre a geração mais antiga... Não entendemos como o mesmo partido e os mesmos líderes que nos incentivaram a aprender com livros que falseavam a história... agora competem entre si pelo direito de tocar esses caixões como se fossem talismãs. Não consideramos que haja razão alguma para sermos gratos pelo direito de enterrar nosso mártir".

A multidão despertou e começou a aplaudir.

"Não temos de agradecer a ninguém por nossa organização política existir e estar hoje ativa."

Mais aplausos.

"Se confiarmos em nossas almas e em nossa força, poderemos dar um ponto final à ditadura comunista."

Aplausos estrondosos.

"E se não perdermos de vista os ideais de 1956, vamos eleger um governo e começar de imediato as negociações para a rápida retirada das tropas russas."

A essa altura, a multidão já estava em polvorosa. Havia sido ressuscitado o espírito húngaro de liberdade, e quem estava no caixão era o comunismo. Passados menos de quatro meses, os reformistas proclamariam uma república democrática.

Na Polônia, a voz mais potente da liberdade ao fim da Guerra Fria era a de Lech Walesa, o impetuoso mas amável estivador com bigode de morsa; esse papel na Tchecoslováquia coubera ao insolente dramaturgo e amante da música Václav Havel; na Hungria, pertencia ao jovem fã de futebol com barba da cor das asas do corvo, Viktor Orbán. Os dois primeiros membros desse trio continuam a ser internacionalmente celebrados; o terceiro, Orbán, é mais polêmico. Ainda tem admiradores em sua terra natal, mas para muitos observadores de fora é um "nacionalista antidemocrático e xenófobo com uma cruel agenda antirrefugiados".

Quem mudou mais, o idealista de 1989 ou aqueles que o julgam?

Em seus primeiros quinze anos, a nova Hungria fez jus à alcunha. Suas eleições foram competitivas e limpas, seus tribunais, independentes, sua mídia, diversificada e as liberdades básicas, respeitadas. Como secretária de Estado, fiquei muito satisfeita ao dar as boas-vindas à Hungria na OTAN em 1999. Cinco anos depois, o país foi aceito na União Europeia. Entre as personalidades de destaque estava um Orbán de barba feita, cujo partido, Fidesz – União Cívica Húngara, ocupava o espaço à centro-direita do espectro político e duelava repetidamente com o partido da esquerda, o Socialista. Era uma rivalidade ferrenha e teria provavelmente se mantido assim se um presente dos céus não tivesse caído nas mãos de Orbán. Em 2006, o primeiro-ministro socialista fez declarações durante uma convenção do partido admitindo mentir "de manhã, de tarde e de noite", reconhecendo que "entornamos o pote. E não foi um pouco, foi muito", e referindo-se à Hungria – para usar termos civilizados – como "esse país bichado". As confissões cheias de palavrões deveriam ter sido privadas. Mas foram gravadas em segredo (não se sabe por quem) e transmitidas em rede nacional. A gafe esvaziou o balão dos socialistas e ajudou o partido de Orbán a chegar à vitória na eleição seguinte, realizada em 2010.

Ao estabelecer-se no cargo, o novo chefe de governo pôs mãos à obra. Sua agenda era nacionalista, de tom patriótico, e envolta pelo vermelho, branco e verde da bandeira húngara. Os colegas europeus de Orbán irritavam-se com ele – um exibido que jogava para a plateia e em nada ajudava na abordagem dos problemas mais complexos do continente. Toda vez que o primeiro-ministro criticava os burocratas de Bruxelas, aprofundava-se o incômodo deles, enquanto na Hungria choviam aplausos de todos os lados, dos empreendedores *high-tech* de Debrecen aos fabricantes de salsichas e produtores de páprica de Szeged.

Para Orbán, a união húngara é um tema dominante, do qual se fala o tempo todo. Contudo, vê uma comunhão definida por linhagens, não por fronteiras. Para ele, uma pessoa de sangue magiar que viva na Sérvia ou na Romênia é mais autenticamente húngara que um cigano ou turco nascido e criado na Hungria. O primeiro-ministro explora traumas nacionais que remetem até mesmo ao período otomano, mas dá especial atenção ao Tratado de 1920 – imposto pelos vitoriosos na Primeira Guerra Mundial –, que custou à Hungria dois terços de seu território. Conclama os cidadãos a se proteger de ameaças à sua identidade coletiva, e apela incessantemente ao orgulho étnico baseado em história compartilhada, valores, religião e língua. E não busca inspiração na América multiétnica, nem na grande tenda em que a Europa se transformou. Seu ideal é o que chama de "democracia iliberal", e os modelos de liderança que aplaude são Putin na Rússia e Erdogan na Turquia.

A democracia iliberal estaria centrada nas supostas necessidades da comunidade, e não nos direitos inalienáveis do indivíduo. Seria democrática por respeitar a vontade da maioria; e iliberal por ignorar os interesses das minorias. Orbán deixa claro que as aspirações da maioria correspondem precisamente ao programa de seu próprio movimento, o Fidesz. De acordo com seu cálculo, o povo e o partido estão em perfeita harmonia, e seus oponentes são estrangeiros – os inimigos da Hungria. Esse pensamento de fato é iliberal, e ecoa o nacionalismo jingoísta que levou Mussolini ao poder um século atrás.

Mussolini era um camaleão ideológico, e o mesmo pode ser dito de Orbán. Esse célebre anticomunista foi, na adolescência, secretário de uma organização juvenil comunista. Hoje um apologista declarado da democracia iliberal, no início da carreira foi vice-diretor da Internacional Liberal, uma federação dedicada à livre iniciativa e à justiça social. Hoje cético com relação a tudo o que seja europeu, um dia Orbán esteve entre os que militavam impacientemente pela entrada da Hungria na União Europeia. Como líder partidário, segue uma política econômica conservadora, mas já defendeu iniciativas fiscais e de seguro social que beneficiavam os pobres. Desde que ingressou na vida pública, suas táticas mantêm-se flexíveis, e sua ambição permanece constante. É um oportunista hiperssensível que gosta de comandar. Seria um exagero dizer que colocou a Hungria numa camisa de força fascista, mas encoraja seu país a sentir-se à vontade numa camisa ultranacionalista que não lhe cai bem.

Desde 2010, o Fidesz tem utilizado os poderes Executivo e Legislativo para reescrever a Constituição de maneira a expandir os poderes do primeiro-ministro e diminuir os do parlamento. Para ampliar o círculo de votos conservadores, o governo estendeu privilégios de cidadania a pessoas de etnia húngara que vivem fora do país. Gente leal ao partido assumiu o controle do Tribunal Constituinte, da Comissão Eleitoral Nacional e da maior parte do Judiciário. O governo substituiu canais públicos de rádio e televisão por mídia patrocinada pelo Estado, sugou o poder dos sindicatos, reformatou o currículo educativo e tentou ditar o conteúdo de filmes e peças. A aproximação entre os ministérios e uma nova geração de oligarcas deu ao Fidesz uma rica fonte de financiamento – e oportunidades de sobra para corrupção.

Orbán rege essa sinfonia sob a batuta dos momentos épicos da história da Hungria, conclamando mulheres magiares a ter mais filhos e fazendo críticas ferrenhas à suposta interferência de ONGs bancadas por estrangeiros. Centra fogo em particular nas iniciativas da Open Society, sustentadas pelo expatriado húngaro George Soros. O líder húngaro acusa Soros de pagar liberais para que critiquem o Fidesz e dar dinheiro a jornalistas em troca de artigos negativos. Algo a respeito do teimoso, idealista e podre de rico Soros aparentemente tira Orbán do sério. Talvez seja por causa da bolsa de estudos da Fundação Soros a que o futuro primeiro-ministro recorreu para estudar em Oxford quando tinha vinte e poucos anos; ou ainda porque Soros o acusa de transformar a Hungria em um "estado mafioso".

O primeiro-ministro claramente não teme provocar a Europa. No passado, heróis húngaros pregaram a libertação do jugo de monarcas austríacos, vizinhos agressivos e ditadores comunistas. Orbán é aplaudido ao prometer libertar o país novamente, dessa vez de um inimigo ainda mais insidioso: os burocratas de Bruxelas. A União Europeia, que envia muito mais dinheiro a Budapeste do que recebe de volta, não acha a menor graça nos pôsteres com a frase "*Vamos deter Bruxelas*", que competem por espaço com cartazes anti-Soros nos outdoors e nos ônibus da Hungria.

Orbán tem sido alvo de uma torrente de críticas internacionais, que pouco afetaram sua atitude. Afinal de contas, tem amigos nas proximidades.

* * *

A população da Hungria é de pouco menos de 10 milhões, a da Polônia de 38 milhões. Geograficamente, a Polônia é três vezes maior, um pouco mais até, que a Hungria, e seus cidadãos preferem *bigos*, um ensopado de carne e repolho, ao *goulash* húngaro, que também leva carne embora seja mais apimentado. Os países têm a Eslováquia a separá-los e as diferenças são muitas, apesar de terem muito em comum – e isso inclui, nos últimos tempos, a política.

Em 2015, o Partido Lei e Justiça (PiS) assumiu a presidência da Polônia e a liderança do parlamento em Varsóvia e, desde então, opositores têm alertado contra os perigos para a democracia. O alarmismo é saudável e uma boa razão para manter a esperança de que tal angústia acabe por se provar infundada. Jaroslaw Kaczynski, líder do partido, cujo conservadorismo rígido é a raiz dos medos, é politicamente hábil, mas suas tentativas de ganhar mais poder passando por cima das restrições constitucionais só tiveram sucesso parcial.

O carisma de Kaczynski deriva da estranheza. É cerebral, sisudo, eterno solteirão, católico fervoroso, e fica mais à vontade com seus gatos do que com computadores ou multidões. No entanto, é de longe a figura pública mais proeminente de seu país.

Jaroslaw e seu irmão gêmeo 45 minutos mais novo, Lech, ficaram famosos aos 12 anos de idade ao estrelarem um filme sobre dois garotos indolentes cujo sonho é se tornarem ricos e não terem de trabalhar, mas que acabam indo parar em uma cidade onde tudo é feito de ouro e as pessoas não têm nada para comer. Ao deixarem a carreira cinematográfica para trás, os gêmeos de rostos redondos estudaram direito, ingressaram na política trabalhista e participaram ativamente do movimento pró-democracia dos anos 1980. A explosão de insubordinação da parte de poloneses loucos por liberdade acabaria por corroer o governo apoiado por Moscou, abrir o caminho para eleições e ajudar a derrubar o Muro de Berlim.

Nesse processo, o movimento rachou, dividindo-se entre aqueles que, como Walesa, líder do Solidariedade, estavam dispostos a trabalhar em conjunto com as autoridades comunistas para garantir a transição pacífica, e outros, como os Kaczynski, que desejavam uma ruptura completa. Já desde aquela época, os irmãos batiam na tecla de que os comunistas ainda tinham muita influência nos bancos, nas corporações, na mídia e na polícia. Descontentes, afastaram-se gradualmente de seus antigos aliados democratas e formaram o PiS. Em 2002, Lech – o mais sociável dos gêmeos – foi eleito prefeito de Varsóvia com uma plataforma anticrime, e três anos depois ascendeu à presidência. Em 2006, Jaroslaw entrou para o governo como primeiro-ministro.

Em 10 de abril de 2010, Lech morreu a bordo de um jato da Força Aérea que caiu ao tentar pousar na Rússia. Investigadores profissionais atribuíram o incidente a falha humana em condições de nevoeiro, mas ainda assim Jaroslaw nunca deixou de suspeitar de que os russos haviam encontrado uma maneira de sabotar o avião.

Um mês depois da tragédia, os poloneses foram às urnas eleger o sucessor do falecido presidente. O gêmeo sobrevivente estava na disputa, mas acabou num decepcionante segundo lugar. Cinco anos depois, em 2015, deu a volta por cima. Em vez de concorrer, designou políticos mais convencionais para a disputa dos cargos de presidente e primeiro-ministro. O estratagema deu certo e o PiS obteve uma vitória decisiva impulsionada pelo slogan nacionalista "Erguendo-se de nossos joelhos". Desde então, Jaroslaw Kaczynski tem agido nos bastidores para estimular um eleitorado socialmente conservador por meio de campanhas contra antigos comunistas, políticos europeus e refugiados que, em suas palavras, seriam responsáveis por espalhar "doenças e parasitas".

Para um político de matriz democrática, o processo interessa mais do que a ideologia. Se uma eleição foi ou não limpa, interessa mais do que quem venceu. Na maioria das questões políticas não existe uma única resposta democrática. As preocupações só surgem quando líderes tentam ampliar seu poder através de meios que possam causar danos permanentes às instituições democráticas. E parece ser exatamente isso que Kaczynski vem tentando fazer. Enquanto o húngaro Orbán aponta a Rússia e a Turquia como guias para o seu modelo de "democracia iliberal", Kaczynski busca a orientação da Hungria, prometendo "trazer Budapeste a Varsóvia".

O primeiro passo do Partido Lei e Justiça ao retornar ao governo foi subverter a independência do tribunal constituinte do país, reduzindo-o a um papel pró-forma. O parlamento aprovou, então, uma lei aumentando o controle do Estado sobre as emissoras públicas. Uma nova lei de funcionalismo público facilitou o expurgo da burocracia, e praticamente todos os membros do primeiro escalão militar foram substituídos pelo governo. O próximo movimento do partido foi assumir o controle do Conselho Judiciário Nacional (que nomeia juízes) e forçar quase metade da Suprema Corte a se aposentar. Nesse meio-tempo, o governo raramente perdeu a chance de pegar no pé das autoridades de Bruxelas, chegando mesmo a registrar o único voto contrário à reeleição de um polonês, Donald Tusk, à presidência do Conselho Europeu, em 2017. Kaczynski insiste que Tusk, primeiro-ministro da Polônia em 2010, não fez o bastante para investigar o acidente de avião que matou seu irmão.

Ainda que o nacionalismo esteja profundamente arraigado nos corações e mentes de seus cidadãos, a Polônia – sem a menor dúvida, a maior beneficiária líquida de fundos da União Europeia – precisa da Europa; e o povo leva muito a sério os valores democráticos. Quando o regime tentou proibir o aborto de maneira geral, teve de recuar face aos protestos generalizados. Um projeto para restringir o acesso de jornalistas ao parlamento também foi abandonado. No início de 2018, vários ministros mais radicais foram trocados, numa aparente tentativa de apaziguar a Europa. O Partido Lei e Justiça continua à frente do governo, mas não é forte nem unido o bastante para ditar por completo os rumos da Polônia. No fim das contas, talvez o destino da agremiação resida em sua habilidade de canalizar a energia de Kaczynski sem ser consumido por sua raiva.

O ex-primeiro-ministro continua a guardar rancor da Rússia em função da morte do irmão. Ressente-se da Alemanha por razões históricas e por ter mais peso que a Polônia em conselhos europeus. Tem raiva de Lech Walesa por não desprezar os comunistas com vigor suficiente. Fica enfurecido com qualquer um que sugira, como fez um parlamentar, que seu irmão gêmeo, se vivo, estaria adotando uma estratégia mais moderada. "Não usem o nome do meu falecido irmão para livrar as suas caras de traidores", exasperou-se durante um debate parlamentar. "Vocês são uns canalhas... Vocês o mataram!" Por fim, chama os que dele discordam de "disseminadores de ódio", e manifestantes antigoverno de "poloneses da pior espécie".

Kaczynski diz falar em nome dos "verdadeiros poloneses", e explica-se por aí o apelo de seu partido. Desde o fim da Guerra Fria, a renda per capita cresceu mais de 600%, mas, por causa da corrupção, da politicagem interna e da incompetência administrativa, tais ganhos não se traduziram em satisfação com as instituições governamentais. Para os atuais líderes, o desafio é triunfar onde seus predecessores falharam. Contudo, oposição é mais fácil que proposição, e a breve passagem de Kaczynski pelo cargo de primeiro-ministro, em 2006 e 2007, terminou mal. Os poloneses se dividem entre aqueles que olham de forma desfavorável para Kaczynski e se dizem "aterrorizados por não viverem num país livre" e aqueles que o enxergam, e a seu partido, como os defensores de uma identidade polonesa em um mundo poliglota.

O confronto de vontades entre Hungria e Polônia, de um lado, e a União Europeia do outro é um teste importante para definir até onde irá o nacionalismo extremado. Apesar de todos os esforços dos que torcem pela União Europeia, nada está sacramentado. O medo de que o fascismo pudesse voltar ao continente onde nasceu foi o motor da integração europeia, mas as origens desse sentimento já têm mais de setenta anos e, assim como os seres humanos, as angústias também envelhecem.

Praticamente todos os Estados europeus são derivados de um movimento nacionalista florescido no século XIX ou até antes. A doutrina do livre-arbítrio de Wilson deu impulso à ideia de que onde habitasse um povo, deveria haver um estado – por menos prática que fosse a implementação desse conceito numa região onde os movimentos da população e a maravilhosa espontaneidade dos relacionamentos amorosos tenham conspirado para conectar algumas árvores genealógicas bem distintas. Toda essa noção de sangue puro é risível, mas isso não impede instintos tribais e suas correspondentes mitologias nacionais de exercerem uma poderosa influência sobre o comportamento, como demonstrado de forma tão trágica pela Segunda Guerra Mundial. Foi preciso o choque daquele conflito para gerar uma reação forte a ponto de levar países a abraçarem a ideia de integração regional, mas essa escolha sempre fez muito mais sentido no plano lógico que no emocional. A Segunda Guerra ainda não havia acabado quando o financista francês Jean Monnet, frequentemente chamado pai da Europa, disse ao Comitê Francês de Libertação Nacional:

> Não haverá paz na Europa se os Estados se reerguerem tendo por base a ideia de soberania nacional, com suas implicações de política de prestígio e protecionismo econômico... Os países europeus não são fortes o bastante individualmente para garantir prosperidade e desenvolvimento social a seus povos. Os Estados europeus devem formar uma federação, ou uma entidade europeia, que os transforme em uma unidade econômica comum.

Essa visão pragmática foi validada. A União Europeia e suas predecessoras foram promovidas como geradoras de prosperidade, meios de unir mercados, reduzir custos empresariais e impedir batalhas destrutivas entre vizinhos por vantagens competitivas. Até certo ponto, as instituições regionais cumpriram o prometido. A União Europeia é hoje a maior economia do mundo depois dos EUA. Nela, ficam catorze dos trinta países mais ricos do mundo. Dentro do continente, a distância entre países mais ricos e mais pobres diminuiu à medida que novos investimentos começaram a pagar dividendos em Estados menos abastados como Romênia, Bulgária e Eslováquia. Ainda assim, os ganhos não equipararam totalmente as esperanças. Nos anos 1950 e 1960, o desemprego na maior parte da Europa Ocidental estava abaixo de 2%, enquanto o crescimento econômico anual era de 6% ou 7%. Tais números soam como quimeras nesta época de populações maiores, orçamentos mais apertados e falta crônica de empregos.

A vantagem da União Europeia é que desmontar todo o sistema da moeda única e sua estrutura regulatória compartilhada causaria enormes transtornos e sairia muito caro. Os nostálgicos dos bons e velhos tempos da região não são movidos por lembranças, mas por devaneios. Se a Europa voltar a ter trinta fronteiras, trinta moedas, trinta manuais e vinte línguas ou mais, o resultado seria mais burocracia e não menos, e menos dinheiro, e não mais, nos bolsos do operário, fazendeiro ou profissional médios.

O calcanhar de aquiles do projeto da Europa unida é o fato de sempre ter sido proposto de cima para baixo; muita gente jamais gostou da ideia. Em 1992, o apoio do eleitorado francês ao Tratado de Maastricht – que montou a estrutura da União Europeia – foi frio, mal tendo atingido os 50% a favor. Na Dinamarca, o pacto foi inicialmente rejeitado, e reconsiderado apenas quando foram criadas algumas "exceções dinamarquesas" para torná-lo mais palatável. Ano após ano, políticos pró-Europa por todo o continente têm precisado implorar ao seu eleitorado pelo apoio à integração, gerando na melhor das hipóteses uma onda de entusiasmo contido.

Nos anos 1990, a população da Europa Central aderiu em massa à União Europeia por enxergá-la como a forma mais garantida de tornar irreversível sua independência de Moscou. Ter um assento em Bruxelas significava ser parte do Ocidente e tornar-se acionista da prosperidade e da liberdade europeias. Não se imaginava que as letrinhas miúdas do contrato trariam normas que regulariam tanta coisa na vida cotidiana – do tamanho dos pepinos à definição do chocolate e ao direito dos granjeiros de matar e comer seus próprios patos. O casamento entre região e Estado representado pela União Europeia ainda faz sentido economicamente, mas a paixão esmoreceu. Jean-Claude Juncker, presidente da Comissão Europeia, admite: "Uma das razões que levam cidadãos europeus a se afastar do projeto europeu é estarmos interferindo em muitos aspectos de suas vidas privadas".

Para mim, o destino do continente é um constante tema de discussão com velhos amigos, muitos dos quais um dia estiveram à frente dos ministérios das Relações Exteriores de países como Reino Unido, França, Alemanha, Itália, Espanha, Suécia e Portugal. Nosso maior arrependimento reside em nossos líderes terem subestimado a irritação que homens e mulheres sentiriam ao ter de acatar ordens de autoridades de cujo discernimento desconfiam e em quem jamais votaram diretamente. Dentro de nosso grupo viajado, compreende-se o valor da integração, mas, para quem trabalha numa fazenda na Polônia ou numa fábrica em Bratislava, a lealdade a Bruxelas não surge naturalmente, se é que surge. Nosso medo é que o distanciamento do projeto da Europa unida continue a aumentar.

Uma razão para cautela é o fato de, por mais irritante que seja o excesso de burocracia, a solidariedade intraeuropeia ter de enfrentar uma ameaça ainda maior. O perigo vem de fora, do pavor de que a imigração, legal ou ilegal, tome países de assalto, afunde-os economicamente e dilua ainda mais o sentido de identidade das pessoas. A premissa da União Europeia é que indivíduos devem enxergar-se menos como franceses, tchecos, eslovenos ou qualquer que seja sua etnia e aceitar a ideia de serem simplesmente europeus. Tal exortação está perdendo seu apelo à medida que o tempo passa e os rostos refletidos pelo espelho da Europa se tornam mais diversos.

Nos anos 1960, quando o conceito de unidade regional começava a ganhar corpo, o desemprego na Europa Ocidental era bem menor e era rotina requisitar imigrantes para trabalhos nos campos, em linhas de montagem de fábricas e em lojas. A partir dos anos 1970, quando a escassez de mão de obra transformou-se em excesso, o vagão de boas-vindas quebrou. O fato de muitos dos imigrantes mais recentes serem visivelmente "não europeus" em raça e credo não ajudou. Desde 1975, a população muçulmana na Europa mais que triplicou; só na França há quase 6 milhões – 9% da população – e, por anos, os críticos à direita bateram na tecla de que os muçulmanos não são capazes de "tornarem-se franceses". Enquanto isso, a taxa de natalidade da população natural da Europa continua estagnada e os férteis recém-chegados se multiplicam. Com o tempo, a má vontade com eles aumentou, assim como as queixas sobre criminalidade, conflito de valores, custos de previdência social e competição por empregos. Hoje, quase dois terços dos cidadãos de países da União Europeia creem que o impacto da imigração sobre suas sociedades é nocivo. O cosmopolitismo, outrora considerado virtude, está menos em voga hoje em dia que o bairrismo.

Em 2015, a imigração tornou-se a questão política primordial da Europa devido ao vertiginoso aumento do número de refugiados da Síria e do norte da África, exatamente na mesma época em que ataques terroristas monopolizavam a atenção, com fanáticos motivados pelo Estado Islâmico explodindo boates e atropelando pedestres com caminhões em algumas das maiores cidades do continente. O impacto da crise foi sentido no Reino Unido, onde a desconfiança para com imigrantes quase fez a diferença entre sucesso e fracasso no plebiscito do Brexit em 2016, um exercício de masoquismo econômico de que os britânicos se arrependerão por muito tempo. Os resmungos quanto ao casamento com a União Europeia e as ameaças de separação conferiam poder de barganha a eles na mesa de negociação; pagar para ver e oficializar o divórcio os deixou sem ficha alguma na mão.

Na Alemanha, que abriu as portas para mais de 1 milhão de refugiados só em 2015, a angústia com a imigração ajudou o partido nacionalista Alternativa para a Alemanha (AfD) a assegurar um oitavo da votação na eleição de setembro de 2017 e passar a integrar o parlamento e ocupar postos influentes na condição de terceiro maior partido do país. O resultado representou um baque para a chanceler Angela Merkel, a respeitada mas combalida líder do país, que havia acolhido os imigrantes de início para então adotar um posicionamento mais neutro.

O AfD foi criado por conservadores fiscais no intuito de protestar contra o uso de reservas alemãs para ajudar a Grécia a evitar a falência. Com a crise da imigração, conseguiram fazer murchar o apoio a Merkel e convencer a ir às urnas dezenas de milhares de pessoas que normalmente não teriam dado a mínima para o pleito. O líder do partido, Alexander Gauland, captou sua motivação. "Vejo o islã como um corpo estranho que gradualmente, através da taxa de natalidade, vai acabar dominando este país." Essa sensação, por mais exagerada que seja, explica a ascensão do AfD. Ironicamente, as regiões em que o partido se saiu melhor estão entre as mais prósperas da Alemanha e têm uma população estrangeira relativamente baixa. Os eleitores do AfD, portanto, reagem não ao que *está* ocorrendo, mas ao que temem que *possa vir* a ocorrer. Assim os porta-vozes do partido têm todo o incentivo para continuar a falar do perigo que os imigrantes representam e propagar estereótipos que sustentem esse medo.

A eleição alemã levou uma perspectiva enfaticamente nacionalista para dentro do Bundestag pela primeira vez desde a Segunda Guerra Mundial. E, ao fazê-lo, renovou as esperanças de movimentos de cepa mais ou menos similar em todas as partes da Europa, como a Frente Nacional francesa a oeste, os Democratas Suecos e o Partido dos Verdadeiros Finlandeses ao norte, o Aurora Dourada da Grécia ao sul e, ao centro, o Partido da Liberdade da Áustria. "Nos programas e nos pronunciamentos desses partidos", observa Robert Paxton, da Universidade de Columbia, "dá para ouvir ecos de temas fascistas clássicos: medo da decadência e do declínio; afirmação da identidade cultural e nacional; ameaça à identidade nacional e à ordem social da parte de estrangeiros inassimiláveis; e necessidade de pulso mais firme para enfrentar problemas como esses". Para além dos partidos políticos formais, há uma vasta e crescente coleção de entidades hipernacionalistas que marcam presença nas marchas e nos comícios, levantando bandeiras que promovem sentimentos como "Europa branca" e "Fora refugiados".

Embora algumas organizações sejam transparentes em seu neonazismo, outras cortam um dobrado para se distanciar do odor persistente do fascismo. Enquanto esforçam-se para aumentar suas incursões, comparam observações regularmente, levantam questões semelhantes e torcem umas pelas outras – ao ponto de extremistas ingleses, franceses e poloneses felicitarem calorosamente o AfD por seu sucesso. Dá para imaginar o que a geração da Segunda Guerra acharia ao ver os seus compatriotas celebrando o renascimento do triunfalismo alemão. Os partidos europeus têm ainda ajuda financeira externa, em especial da Rússia e de simpatizantes nos EUA. Em 2015, a maior doação registrada no cenário político holandês foi a de um grupo americano de direita ao Partido para a Liberdade, cujo líder, Geert Wilders, prega o fechamento de mesquitas e faz campanha com o slogan "Por uma Holanda grande de novo".

Minha terra natal, a República Tcheca, não está imune à turbulência. Em janeiro de 2018, Milos Zeman reelegeu-se por pouco para um segundo mandato na presidência. Zeman, que se refere a si mesmo como "o Trump tcheco", ecoou o alerta de Orbán de uma invasão muçulmana, muito embora o país só tenha aceitado cerca de dez refugiados dos 2.600 mil exigidos pela política oficial da União Europeia. Zeman é abertamente pró-Rússia e pró-Putin, o que talvez possa explicar a torrente de mentiras e calúnias sobre seu oponente pró-UE que apareceram em redes sociais às vésperas da eleição presidencial. Três meses antes, nas eleições parlamentares, o grande vencedor foi um novo partido, criado em 2011, chamado Ação de Cidadãos Insatisfeitos. Seu líder, Andrej Babis, é um bilionário novato na política que promoveu na campanha sua experiência de empresário e prometeu combater a corrupção, embora esteja sendo investigado exatamente sob essa acusação. Muitos eleitores aparentemente creem que os ricos não têm necessidade de roubar e, portanto, não o fazem. Veremos. Alguns anos atrás, me encontrei com Babis em uma visita que fez aos Estados Unidos. Disse a amigos na época que nunca encontrara nenhum tcheco (ou eslovaco) como ele – frio, desligado, taciturno, alheio. Zeman e Babis são aliados. Rezo pelo meu país.

Na Hungria, a crise dos refugiados deu ao primeiro-ministro Orbán mais uma suposta ameaça existencial contra a qual conclamar seu povo. Em vez de trabalhar de forma construtiva com organizações regionais e globais no intuito de estabilizar o fluxo migratório e atender às necessidades humanitárias, Orbán escolheu fomentar a paranoia. Ignorando o fato de que há relativamente poucos imigrantes pedindo para entrar na Hungria, o primeiro-ministro declarou: "Essas multidões que chegam de outras civilizações põem em risco nosso modo de vida, nossa cultura, nossos costumes, nossas tradições cristãs". Disse ainda que os imigrantes trariam "a criminalidade e o terrorismo... a desordem generalizada... tumultos... e quadrilhas que caçarão nossas esposas e filhas".

Orbán mal dá atenção ao terrível desastre humanitário no Oriente Médio que impulsionou o êxodo, ou à via-crúcis de centenas de milhares de pessoas muito jovens e muito velhas cujas vidas estão em perigo sem ter culpa alguma disso. Prefere chamar a crise de manobra "pré-planejada e orquestrada" pela União Europeia para "transportar estrangeiros para cá e estabelecê-los entre nós com a maior rapidez possível", com a meta de remodelar "a paisagem religiosa e cultural da Europa e recriar suas fundações étnicas".

A estratégia de Orbán tem sido atribuir a responsabilidade por essa trama imaginária a George Soros. No fim de 2017, o governo enviou um questionário a todas as casas perguntando se apoiavam o "Plano Soros" de forçar a Hungria a aceitar imigrantes, pagar seguro social a eles e garantir-lhes penas brandas por quaisquer crimes que venham a cometer. O uso da técnica de consultar a população transforma o que seria normalmente considerado uma ferramenta da democracia – o plebiscito – numa forma de espalhar e corroborar uma inverdade. Ao formular perguntas com base em uma mentira, instala-a no centro do debate nacional. Como outras táticas vis, o uso indevido de plebiscitos foi aperfeiçoado pelo Terceiro Reich, que deles lançava mão para recobrir com uma leve camada de legalidade o regime de Hitler. "Não há forma mais efetiva de persuasão", dizia Goebbels, "do que quando você não está ciente de estar sendo persuadido".

Orbán acrescentou à sua retórica demagógica um projeto para agradar às massas, propondo a construção de muros nas fronteiras e o encarceramento de alguns imigrantes em contêineres de transporte confinados por altas cercas com arame farpado no topo. Talvez alguém devesse lembrá-lo daquele discurso que fez tanto tempo atrás a respeito de Imre Nagy, e também dos eventos de 1956, quando dezenas de milhares de guerrilheiros húngaros foram acolhidos pela comunidade internacional ao fugirem dos tanques soviéticos.

Sou uma refugiada, mas tive sorte. Meu pai teria sido preso se não tivéssemos saído da Tchecoslováquia na época em que o fizemos, mas ninguém ameaçou nos colocar em contêineres e chegamos à nossa nova pátria de navio, não numa jangada superlotada. Quando as pessoas me pedem que resuma minha vida, sempre começo com a palavra "gratidão" – aos meus pais e aos cidadãos americanos que permitiram à minha família começar de novo. Não consigo, portanto, tecer análises frias sobre a questão de imigrantes e refugiados nem respeitar políticos que tentam ganhar votos fomentando o ódio.

A imigração é um tema complexo já a partir de uma característica humana básica: relutamos em compartilhar o que é nosso. Em Roma, no ano 125 a.C., as autoridades debatiam se permitiriam ou não que italianos de fora dos muros da cidade gozassem dos benefícios da cidadania romana. Um senador cauteloso argumentava contra e pedia a seus vizinhos que considerassem as implicações. "No momento em que dermos cidadania aos latinos... acham que haverá espaço para vocês na proporção em que há atualmente... nos jogos e nos festivais? Não percebem que eles vão tomar conta de tudo?"

Há tempos o mundo atingiu o consenso sobre normas que deem autoridade aos Estados para regular suas fronteiras e, ao mesmo tempo, respeitem os direitos de pessoas que buscam abrigo da perseguição política e da guerra. Em condições normais, trata-se de um equilíbrio alcançável. Homens e mulheres expulsos de suas casas pela repressão ou por conflitos têm direito a proteção, temporária ou permanente. A questão mais ampla – e menos preto no branco –, reside em como tratar pessoas que deixam seus países de origem não porque precisam, mas porque esperam melhorar seu padrão de vida. O direito de perseguir esse desejo compreensível não é absoluto; há maneiras legais e ilegais de fazê-lo.

Geralmente, o impulso que tira gente de sua terra natal – deixando para trás bens, lugares familiares, lembranças e túmulos de antepassados – não se verifica sem uma boa causa. A maioria de nós preferiria permanecer em lugares onde nossos nomes são conhecidos, nossos costumes aceitos e nossa língua é falada. Contudo, a esperança é uma característica humana básica, e assim milhões de pessoas, todos os anos, tentam emigrar ilegalmente e, uma vez que se põem à estrada ou ao mar, o destino escolhido por muitos é a Europa. O dilema é agravado por traficantes de pessoas, que usam redes sociais e o boca a boca para persuadir migrantes em potencial a pagar taxas que não têm como custear em troca da jornada que raramente fará jus aos sonhos que os inspiraram.

É justo e até mesmo inevitável debater o alcance da migração e o ritmo em que se dá. Por mais moralmente repulsivo que seja vilanizar todo um grupo de recém-chegados, países têm razões legítimas para preocupar-se quanto à sua capacidade de absorver grandes números de imigrantes, particularmente em casos em que a maioria dos visitantes não voltará tão cedo para seus países e muitos têm familiares esperando para se juntar a eles. Os líderes europeus têm razões para se inquietar quanto à condição dos recém-chegados de se integrar satisfatoriamente aos países que escolheram, qualificar-se para empregos e contribuir para suas comunidades. Migração descontrolada produz fricção social não porque muitos dos refugiados sejam criminosos e terroristas (não são), mas porque há duas condições preciosas para viver lado a lado com estranhos: boa vontade e tempo. Ambos são necessários para criar confiança; e nenhum deles está disponível em tão grande quantidade quanto gostaríamos.

No fim das contas, a imigração ilegal é um sintoma de carências que vai muito além da Europa, e elas não serão solucionadas nem pelas boas-vindas a recém-chegados nem mantendo os refugiados do lado de fora. Emergências humanitárias exigem reação generosa, mas políticas prudentes se concentram em impedir crises de se formarem. Tal abordagem implica separar refugiados políticos de migrantes econômicos, permitir a migração legal em alto grau, compartilhar informações de serviços de inteligência para impedir a infiltração de terroristas e lutar para dar fim ao tráfico de pessoas.

De forma mais ampla, é vital que o trabalho dos líderes se dê além das fronteiras internacionais para minimizar o número de pessoas que sequer sinta necessidade de deixar para trás seus países de origem. Isso exige a construção de democracias saudáveis, a promoção da paz e a geração da prosperidade de baixo para cima. Contudo, ter sucesso nessa empreitada exige uma forma de olhar para o mundo que reconheça a humanidade compartilhada por todos nós e os interesses em comum de nossas nações. Aqueles que se satisfazem em olhar para dentro, e não enxergam nenhum propósito mais amplo do que escudarem-se do diferente, do novo e do desconhecido, não ajudarão em nada.

No intuito de aliviar as preocupações de seu eleitorado, Viktor Orbán lhes assegura: "Somos quem um dia fomos, e devemos nos tornar o que somos". Tal mensagem de exclusividade e imutabilidade se pretende uma fonte de conforto, mas está recoberta de preconceito e totalmente desprovida de ambição. Não demonstra disposição alguma de aprender coisas novas, nenhuma fome de inovação, nenhuma curiosidade ou preocupação para com os demais ou desejo de aspirar a nada que não seja o passado. Que pena. A história da Europa – a do mundo, na verdade – está manchada pelo sangue de nações convencidas de que o caminho da glória está ao alcance de quem despreza os outros e segue sozinho.

14

"O LÍDER SEMPRE ESTARÁ CONOSCO"

Triste e frequentemente, a lembrança do passado para algumas nações é medida em eras separadas pela guerra. Assim é o caso da Coreia. Por quase 1.300 anos, até o século XX, o país foi administrado a partir de uma capital central, e seu povo sentia-se unido porque compartilhava costumes religiosos e sociais, língua comum, culinária e arte. A Coreia nunca foi uma potência expansionista, mas teve de se defender de ataques externos e amargar períodos de ocupação estrangeira, incluindo a infame invasão japonesa do século XVI. Ao rechaçar os guerreiros do Sol Nascente, o país se fortaleceu, expulsou a maior parte dos estrangeiros e tornou-se conhecido como o Reino Ermitão. Então, aproximadamente 150 anos atrás, as forças imperiais lhe abriram a concha. Acordos foram feitos e, em 1905, o Japão voltou a invadir o país. Por quase quatro décadas, os invasores exploraram a Coreia para seu benefício, retirando-se apenas depois da derrota do império na Segunda Guerra Mundial.

Após a derrota do Eixo, o destino da Coreia, como o da Europa Central, ainda teria de ser decidido. Oficialmente, os aliados vitoriosos comprometiam-se com uma Coreia livre, unida e independente. Então, na última semana da guerra, o Exército Vermelho de Stálin avançou quilômetros para dentro das fronteiras da metade norte do país. Diplomatas americanos, cheios de problemas a resolver, desviaram seu foco do que *deveria* ser feito para o que poderia ser concretizado de forma mais fácil. Numa madrugada em Washington, encontraram-se com os colegas soviéticos e, traçando linhas num mapa da revista *National Geographic*, consentiram com a divisão "temporária" da península ao longo do paralelo 38. O povo que lá vivia não foi consultado.

Em 1948, com a Guerra Fria a todo o vapor, a República da Coreia (Coreia do Sul), apoiada pelos EUA, e a República Popular Democrática da Coreia (Coreia do Norte), apoiada pela URSS, declararam oficialmente sua existência – a primeira sediada em Seul, a segunda em Pyongyang. O chefe de governo da Coreia do Norte, selecionado a dedo pelos soviéticos, era Kim Il-sung, um comandante militar de 33 anos de idade, que passara a maior parte de sua vida no exílio e quase não possuía educação formal. Tinha, contudo, ideias mirabolantes. Determinado a reunificar a península da Coreia em seus próprios termos, Kim persuadiu os soviéticos a endossarem a invasão da metade sul, gabando-se para Stálin de que venceria facilmente. E quase o fez, mas os Estados Unidos surpreenderam a Coreia do Norte ao intervirem em nome da ONU, forçando a China a reagir por meio da entrada na briga. Em 1953, foi assinado um armistício para dar fim ao combate, mas sem um vitorioso ou acordo formal de paz nem mudança significativa nas fronteiras, e com mais de 1,5 milhão de coreanos, 900 mil chineses e 54 mil americanos mortos.

A guerra representou colossal perda de vidas e de recursos, o que torna mais significativa a constatação de que o próprio pilar que sustenta a Coreia do Norte é uma mentira quanto a quem iniciou a guerra. A visão de mundo de qualquer cidadão do país parte da convicção de que, em 1950, seu país foi atacado por assassinos sádicos americanos e sul-coreanos. Não fosse a bravura do líder Kim Il-sung e a coragem dos guerreiros norte-coreanos, sua terra natal teria sido arrasada e seus ancestrais escravizados. Pior ainda, os americanos são perversos e não aprendem com seus erros. Se tiverem oportunidade, os selvagens retornarão e criarão mais estragos. Foi essa narrativa fraudulenta a base do medo, da raiva e do desejo de vingança cultivados por Kim Il-sung que justificou o regime mais totalitário do mundo.

Kim era acima de tudo um militar. Ao contrário da maioria dos líderes de que este livro trata, não era escritor nem teórico, e não mostrava inclinação para ler literatura ou estudar história. Mas tinha o fervor de um consumado nacionalista, sabia comandar, sustentava o apoio dos soviéticos e tinha o apetite pelo poder dos genuínos fascistas. Também ficava bem de uniforme. Com apoio de Moscou, não enfrentou muita resistência para impor economia centralizada e regime de partido único à sua incipiente nação.

Na esteira da Guerra da Coreia, o governo lançou-se à tarefa de fabricar apoio popular para si na condição de defensor da nação contra inimigos odiados – o Sul, o Japão e os Estados Unidos. A Coreia do Norte ergueu um exército de 1 milhão de homens, o quarto maior do mundo, e reuniu um formidável arsenal de lançadores de foguetes e mísseis. Para incutir a nação de espírito patriótico, seus líderes desenvolveram uma doutrina batizada de "*juche*" ("autoconfiança"), ignorando convenientemente a dependência do país da ajuda de outros Estados comunistas. Para assegurar a disciplina, meninas e meninos eram separados de suas famílias ainda muito novos para que suas cabeças pudessem ser moldadas pelos dogmas do partido, e seus corpos e mentes treinados para obedecer. Cada cidadão era instruído a ser cordial com seus vizinhos, mas também a delatá-los caso exibissem quaisquer sinais de dissenso ou pensamento independente. As crianças também eram encorajadas a delatar, ainda que isso significasse algo equivalente à sentença de morte para seus próprios pais. Como o fascismo na Itália e na Alemanha, a ditadura norte-coreana foi um produto da guerra e da busca por ordem levada longe demais. Mas na Coreia do Norte, ao contrário dos dois países citados, o poder veio rapidamente assim que o conflito terminou, pois não havia establishment político a enredar ou derrubar.

Com o passar dos anos, as lendas a respeito da vida e dos feitos de Kim Il-sung foram polidas até brilhar. Supostamente teria passado a Segunda Guerra Mundial liderando um grupo de guerrilheiros a partir de uma base clandestina nas montanhas do país, onde teria infligido golpe atrás de golpe nos ocupantes japoneses. Na realidade, ele acompanhara a guerra da Rússia, sob supervisão do Exército Vermelho – mas a narrativa ficcional era mais empolgante e os norte-coreanos a engoliram.

Para eles, Kim era a corporificação da virtude: ousado, bondoso, sábio. Foi ele o inventor dos novos métodos agrícolas utilizados por todos para cultivar alimentos, das cadeiras mais confortáveis que todos usavam para estudar, das engenhosas máquinas que operavam no trabalho e das armas modernas nas quais se fiavam para a defesa da pátria. Histórias incontáveis surgiam a respeito de suas visitas a salas de aula, fábricas, quartéis e fazendas, onde oferecia seus conselhos de autoajuda com um toque gentil e um sorriso caloroso. Era dito aos norte-coreanos que o mundo lá fora era um lugar de depravação, e eles tinham a sorte de ter um protetor para estabelecer padrões morais elevados e mantê-los a salvo. O culto à personalidade de Kim se dava às claras, diariamente, em cerimônias nacionais e paradas, sob o pano de fundo de uma gigantesca estátua de bronze, outdoors respeitosos, monumentos e museus. Ele nunca atribuiu a si mesmo o status divino, mas aos olhos de seu povo era como se tivesse vestido a pele de Deus.

E esse deus teve um filho. O fascismo norte-coreano é uma empreitada familiar. Diplomatas ocidentais tiveram seu quinhão de dores de cabeça, mas jamais tiveram de se entender com Benito Mussolini Jr., Adolf Hitler III ou Josef, Stálin IV. Mas, desde a fundação da Coreia do Norte, o poder naquele país passou sem pausa de uma geração (o Grande Líder, Kim Il-sung) para outra (o Querido Líder, Kim Jong-il) e então a seguinte (o Grande Sucessor, Kim Jong-un).

Mussolini ensinou os italianos a acreditar novamente em sua identidade e seu destino. Kim Il-sung incitou os norte-coreanos a confiar em sua habilidade para reunificar a península, subjugar inimigos poderosos e preservar as virtudes características de sua raça. Durante a maior parte de seu governo, a Coreia do Norte foi mais próspera que a do Sul. Até 1990, os líderes de Pyongyang estavam confiantes em seu lugar de destaque no sistema solar comunista, mas um dia a estrela vermelha se pôs e jamais nasceu de novo, forçando os discípulos da *juche* a estabelecer sua própria órbita.

Terminada a Guerra Fria, esvaneceram-se as certezas do universo da Coreia do Norte. A China, sua amiga fiel e alma gêmea ideológica, embarcou em um programa ambicioso de abertura econômica e reformas. Em pleno processo de desmantelamento, a URSS passou a exigir preços de mercado por seu petróleo. Os parceiros comerciais do Leste Europeu viraram-lhe as costas para melhor poderem abraçar o Ocidente. Moscou e Pequim reataram laços diplomáticos com o inimigo, a Coreia do Sul. E, com quase toda a ajuda estrangeira suspensa, Pyongyang não tinha recursos para importar a comida que, por falta de terra cultivável e fertilizante, não tinha como produzir.

À evidência disso tudo, a maior parte do mundo esperava da Coreia do Norte ou o colapso e mergulho na miséria, ou o reconhecimento do inevitável, seguindo o exemplo da China e abrindo sua economia. Kim, no entanto, estava convicto de uma terceira opção. Em 1993, anunciou planos para retirar seu país do Tratado de Não Proliferação de Armas Nucleares, e preparou-se para dar início à extração de plutônio para fins militares, a partir do equipamento gasto do único reator nuclear ativo no país. A intenção de Kim era clara e ameaçadora: fabricar bombas nucleares.

Essa demonstração de agressividade aumentou a tensão no Leste Asiático e levou ao confronto com o governo Clinton. Nosso Departamento de Segurança Nacional, em Washington, levou a sério a possibilidade de guerra. Desenvolvemos um plano para destruir o reator nuclear e enviamos às pressas para a região sistemas antimísseis e helicópteros de combate. O Pentágono fez chegar ao presidente a estimativa de que milhares de soldados americanos e meio milhão de sul-coreanos seriam mortos ou feridos só nos primeiros 90 dias de combate. Com urgência, pressionamos a Coreia do Norte a considerar suas opções com cautela e dar uma chance à diplomacia. Os ânimos acabariam acalmados por meio de um acordo – a Estrutura

Acordada –, segundo o qual a Coreia do Norte desligaria o reator e vedaria suas barras de combustível em troca da promessa de melhores relações e ajuda no fornecimento da energia necessária.

A Estrutura Acordada era imperfeita e sua implementação pelos dois lados deixou a desejar, mas deu fim à crise imediata e impediu o programa nuclear da Coreia do Norte de expandir-se velozmente. Sem o acordo, especialistas creem que ao final da década o país teria tido combustível para entre cinquenta e cem armas nucleares, ao passo que não teve nenhuma. Mas o isolamento da Coreia do Norte continuou e, assim, sua animosidade para com os de fora.

Em 1994, ano em que o acordo foi fechado, morreu Kim Il-sung. Os norte-coreanos perderam a sua luz-guia, mas não só. O novo líder, Kim Jong-il, assumiu o cargo em um momento de terrível sofrimento. Chuvas avassaladoras criaram enchentes que devastaram o solo, arruinaram colheitas e destruíram reservas subterrâneas de cereais. Pessoas que já sentiam os efeitos da carestia agora estavam morrendo de fome. Mulheres grávidas não tinham fontes de nutrição, e muitos de seus bebês não tiveram como sobreviver. Cidadãos viam-se forçados a suplementar a dieta com cascas de árvores, folhas e grama. O protocolo militar desmoronava à medida que soldados desertores saqueavam armazéns em busca de comida. Estima-se que 5% da população tenha morrido. O governo, no desespero para encontrar um bode expiatório, acusou o ministro da Agricultura de traição e mandou executá-lo. As dificuldades, por extremas que fossem, não dissuadiram a Coreia do Norte de manter sua audaciosa estratégia militar.

Em 1998, a fome chegava ao fim e a Coreia do Norte testou um foguete de três estágios capaz de – com o devido desenvolvimento – atingir o território americano. Era duplamente alarmante, pois, ainda que o país não estivesse produzindo plutônio, tinha o potencial para construir uma arma nuclear. A Coreia do Norte, mais uma vez, capturava a atenção do mundo, e era de nosso interesse – bem como da Coreia do Sul e do Japão – impedir testes futuros de mísseis. Mais uma vez, decidimos descobrir o que seria possível conseguir por meio da diplomacia. Depois de dois anos de bate-bocas preparatórios, fiz o que nenhum secretário de Estado no exercício do cargo jamais fizera ou jamais fez desde então: embarquei num avião para Pyongyang.

Ao chegar a Pyongyang, na segunda quinzena de outubro de 2000, deparei com uma capital sem paralelo. Do aeroporto à casa de hóspedes, nossa comitiva não passou por nenhum carro. Os civis que caminhavam ao largo da espaçosa avenida não se davam ao trabalho de levantar os olhos enquanto passávamos (ou não ousavam fazer isso). As árvores tinham cor e folhas condizentes com a estação, mas os campos amarelados pareciam necessitados de chuva, e os celeiros decadentes, desesperados por uma mão de tinta. Fomos alojados pelo governo nos estertores do lado leste da cidade, num local protegido por um grande lago em que um solitário pato nadava em círculos. A casa de hóspedes era padrão, com flores frescas nas mesas, carpetes verdes aborrecidamente monótonos, um roupão gasto de tecido felpudo no armário, e câmeras e aparelhos de escuta ocultos nas paredes e nos banheiros. Do lado de fora não havia postes de luz, de forma que, ao nos dirigirmos ao centro da cidade à noite, éramos guiados até o caminho correto por um par de bastões fluorescentes parecidos com ossos, nas mãos de um (ou uma) policial cujo corpo a escuridão ao redor escondia.

À luz do dia, a Pyongyang que vi era uma metrópole de agitada esterilidade, com crianças de uniforme caminhando comportadas para a escola e trabalhadores e burocratas enfileirados como formigas, a pé ou pedalando em velhas bicicletas, e ocasionalmente abrindo espaço para Volgas russos da época da Guerra Fria, pequenos caminhões semelhantes a jipes e uma frota de conversíveis cromados do governo. O centro, com prédios de apartamentos por toda parte, era adornado por parques e tranquilo, pela relativa ausência de hotéis, restaurantes e lojas. A maior atração da modesta paisagem de prédios era (e ainda é) a Torre Juche, de 170 metros de altura, uma estrutura erguida em homenagem ao 70º aniversário de Kim Il-sung e situada diretamente à frente da praça Kim Il-sung, contendo um bloco de granito correspondente a cada dia de vida do líder.

Ao longo de dois dias, passei quase doze horas com o querido filho do Grande Líder, Kim Jong-il. Ao apertar sua mão e posar para fotos, descobri que tínhamos mais ou menos a mesma altura, em parte por usarmos saltos iguais. Dedicamos metade do tempo a reuniões formais, sentados em lados opostos de uma fina mesa de madeira com copos de água à nossa frente, cercados por intérpretes e por um pequeno número de assessores.

Eu fora a Pyongyang com duas metas. Queria saber o que seria preciso para persuadir nosso anfitrião a congelar o desenvolvimento de mísseis de longo alcance, do tipo que poderia vir a ser usado para carregar ogivas nucleares. E queria ter uma ideia mais clara de Kim Jong-il como líder e pessoa. Era ele mesmo quem mandava? Teria uma estratégia? Ou seria, como nosso serviço de inteligência indicava ser o caso, alguém superficial e tremendamente tímido com fascinação por filmes e pouco domínio das relações internacionais?

Durante o tempo que passamos juntos, achei Kim perfeitamente normal para alguém que cresceu vendo o aniversário do pai ser celebrado todo ano como o "Dia do Sol". Era cordial, tinha as emoções sob controle e vestia-se de forma confortável — em agasalhos cáqui, ternos casuais e, no jantar da segunda noite, uma túnica ao estilo Mao. Seu cabelo curto era pintado de preto e cada fio de dois centímetros, como um pequeno soldado, era reto e espetado. Durante nossas conversas, Kim me ouvia pacientemente e não tentava me dar aulas de história como Milosevic fizera ou como os turcos tendiam a fazer. Não perdia o fio da meada enveredando por assuntos aleatórios, um hábito do ministro chinês das Relações Exteriores. Permitia-me dizer o que tinha a dizer e, quando eu fazia uma pausa por cortesia, insistia que continuasse e completasse meu pensamento, algo que quase nunca ocorria com meus colegas homens em Washington. Kim e eu, a princípio, conversamos de maneira geral sobre a segurança no leste da Ásia, e então voltamo-nos para o programa de mísseis da Coreia do Norte. Nesse assunto, ele foi dissimulado, mas não desencorajador.

Ele disse levar o assunto a sério porque os Estados Unidos o faziam, mas que estávamos errados em achar que seu país atacaria algum outro. Insistiu que a Coreia do Norte havia começado a construir mísseis mais potentes apenas por razões científicas — por um desejo de lançar satélites de comunicações. Se alguma outra nação aceitar pô-los em órbita "para nós de graça, não o faríamos nós mesmos". Também abriria mão da receita obtida pelo país com a venda de tecnologia à Síria e ao Irã em troca de alguma compensação. Após uma pausa, acrescentou que, no caso de seu governo vir a restringir o desenvolvimento de mísseis de longo alcance, insistiria nas mesmas restrições para a Coreia do Sul. Claramente, seria preciso conversar mais quanto à questão de como comprovar tudo isso.

A descrição que Kim fazia de si como praticamente um pacifista não era crível, mas seu tom era positivo no geral e perguntei-me por quê. Pedi a ele que esclarecesse o que pensava a respeito da presença contínua de quase 37 mil soldados americanos na Coreia do Sul. Deu de ombros e disse que aquilo não o incomodava, e então fez a seguinte observação: "Olhe, estamos cercados por potências, em especial a China e o Japão, que competem pela hegemonia na região da Ásia e no Pacífico. Não queremos ser o alvo da rivalidade deles. A União Soviética se desfez e nossa aliança militar acabou. Nosso relacionamento com a China é ruim. Achamos que os Estados Unidos podem servir como barreira a essas outras potências. Essa é uma das razões pelas quais queremos negociar com vocês. Precisamos de harmonia. Tentei passar essa mensagem antes, por meio dos sul-coreanos, mas os americanos sempre reagem desconfiados, como uma namorada rejeitada".

Kim deu um pequeno sorriso que durou segundos e então ficou sério. "Não nos importamos se o Sul treina seus militares; nós fazemos o mesmo. Mas nos incomodamos com os exercícios conjuntos com os Estados Unidos. Meu exército os considera ameaçadores." A solução, achava ele, seria os Estados Unidos e a Coreia do Norte normalizarem laços diplomáticos, uma atitude que "daria esperança ao nosso povo e marcaria uma época de progresso nas relações entre nossos países". Para ilustrar como poderia ser essa nova era de boa vontade, ele reconheceu que seu governo não vinha educando de forma correta os jovens. "Nossas crianças aprendem a chamar gente do seu país de 'americanos desgraçados'", disse ele, e então se virou para o intérprete. "Existe uma tradução para 'americanos desgraçados'?" Sim, foi a resposta. "Ianques."[1]

Durante nossos momentos mais relaxados, Kim foi um anfitrião curioso. Tentava claramente transmitir confiança e, no entanto, era o primeiro a admitir os problemas econômicos de seu país, entre os quais a carência de fertilizantes e carvão. Era bem-informado quanto ao que ocorria mundo afora, conversamos sem dificuldades sobre computadores, questões ambientais e agricultura – ele culpava os russos por terem convencido seu país a plantar milho, que se provara adequado apenas ao gado. Sobre a questão de como era a vida nos Estados Unidos, não mostrava interesse, talvez por achar que tivesse aprendido tudo de que precisava por intermédio de Hollywood. Fiquei aliviada por ele não beber com a mesma disposição de alguns de seus generais, pois durante os jantares me poupava da necessidade de erguer a taça em brindes o tempo inteiro.

No primeiro dia, quando terminávamos nosso encontro, ele me convidou para assistir ao que chamava de "um show". Era uma apresentação de ginástica em escala olímpica num estádio coberto e com cerca de 100 mil participantes de 5 a 55 anos de idade, que dançavam, faziam estrelas e agitavam baionetas, tudo precisamente coreografado. A festa era uma fantástica demonstração de disciplina, na pior das hipóteses. Os atletas rodopiavam em perfeita harmonia, acompanhados pela orquestra que tocava "O líder sempre estará conosco", "Ergamos a bandeira vermelha" e outras canções animadas. A distância, na arquibancada, um grande grupo de pessoas segurava placas que, ao brilhar rápida e precisamente, formavam intrincadas pinturas murais ou grafavam slogans. Kim, sentado ao meu lado, confidenciou-me que ele mesmo concebera o espetáculo. Claro, pensei. Quem mais? Quando o feérico evento já se aproximava do fim, as placas exibiram um míssil de três estágios sendo disparado para o céu do Leste Asiático, imagem recebida pela plateia robotizada

---

1. A sinceridade de Kim é desmentida por um poema infantil, escrito com a ajuda do governo quatro anos depois, que inclui o verso: "Vou entrar para o exército/ Vou levar dois revólveres, três revólveres/ e abater todos os americanos desgraçados/ Ah, quero crescer rápido/ crescer rápido, rápido".

com aplausos estrondosos. Kim inclinou-se e disse: "Isto é uma homenagem ao primeiro míssil que lançamos – pode muito bem ser o último".

Os norte-coreanos pretendiam que minha visita fosse um prelúdio a uma excitante viagem em sequência do presidente Clinton, e nós também, mas houve complicações. O presidente não iria fazer a longa viagem até Pyongyang sem a certeza de um acordo que impedisse a Coreia do Norte de construir e promover seus mísseis. Havíamos progredido o suficiente em nossas conversas para ter uma noção de como essa negociação se daria, mas elementos-chave como prazos e meios de confirmação ainda estavam por definir. O calendário estava contra nós. Eu havia voltado da Ásia apenas uma semana antes da eleição. Um novo governo assumiria em menos de três meses.

O governo da Coreia do Sul insistiu para Clinton fazer a viagem. O presidente eleito, George W. Bush, deixou a decisão por nossa conta. Muita gente no Congresso se manifestou contra, sugerindo que a jornada legitimaria de certa forma o regime norte-coreano. Argumentei que poderíamos usar a possibilidade de uma conferência de cúpula para assegurar concessões adicionais, tais como a inspeção *in loco* de instalações militares norte-coreanas. Em última instância, o presidente teria de escolher: todo um esforço diplomático na direção de Pyongyang (que exigiria viagens adicionais à Coreia do Sul e ao Japão para consultá-los) ou uma tentativa de consolidar um acordo de paz entre Israel e palestinos. Clinton achava não ter tempo para tentar as duas coisas e, fiando-se em garantias pessoais do líder palestino Yasser Arafat, decidiu que as chances de êxito no Oriente Médio eram ligeiramente maiores. Numa de minhas festas de aniversário mais recentes, Clinton me puxou de lado e disse que, olhando para trás, como Arafat não manteve a palavra, deveria ter ido à Coreia do Norte.

Em janeiro de 2001, quando esvaziei minha mesa no Departamento de Estado, a Coreia do Norte não tinha material físsil nem mísseis balísticos de longa distância ou armas nucleares. Esperava que o presidente Bush fosse dar sequência ao que havíamos iniciado na tentativa de manter a situação assim. Não foi o que aconteceu.

Em vez de negociarem com o Norte, facções da equipe de Bush brigavam umas com as outras. A princípio, simplesmente se recusaram a conversar com Pyongyang; depois enviaram diplomatas proibidos de dizer qualquer coisa que não fosse "desarmem-se ou haverá consequências"; então, no Discurso sobre o Estado da União em 2002, o presidente descreveu a Coreia do Norte como parte do "Eixo do Mal". Kim Jong-il reagiu expulsando do país os inspetores internacionais de armamentos, removendo plutônio de 8 mil barras de combustível usadas, construindo ogivas nucleares e, em 7 de outubro de 2006, conduzindo um primeiro teste nuclear.

Não dá para ter certeza em retrospecto do quão real foi a oportunidade perdida em torno do ano 2000, mas havia razões para termos esperanças. Os Estados Unidos poucas vezes usufruíram de tanto poder. Tínhamos um presidente popular com forte apoio internacional. No início da década, a Coreia do Norte havia se mostrado disposta a fazer concessões a seu programa nuclear em troca de ajuda. Os sul-coreanos, mais bem-preparados sobre a psicologia de Kim do que nós, diziam que se Clinton fosse a Pyongyang os norte-coreanos se certificariam de fazer de sua viagem um sucesso. Nunca poderemos ter certeza, mas, qualquer que tenha sido a abertura para tal, encolheu significativamente em 2003 depois que o presidente Bush invadiu o Iraque. Para a Coreia do Norte e seu exército, a derrubada de Saddam Hussein passava uma forte mensagem: fingir ter armas de destruição em massa não é o bastante. Para estar segura, uma nação precisa construí-las, possuí-las e escondê-las.

Digo a meus alunos que o propósito fundamental da política externa é elementar: convencer outros países a fazer o que gostaríamos que fizessem. Há várias ferramentas à nossa disposição para isso, de pedidos educados ao envio de fuzileiros navais. Os incentivos à nossa disposição variam de palavras de louvor a caixas de sementes ou suprimentos de tanques. Podemos pressionar os mais teimosos recrutando aliados, amigos e organizações internacionais para reiterar nossas solicitações. Se estivermos claramente com a razão, podemos ameaçar dar apoio a sanções econômicas e de segurança, ou impô-las nós mesmos e endurecê-las mais e mais se o governo em questão se recusar a fazer o que achamos que deve. Para forçá-lo a pensar bem, podemos organizar exibições pacíficas mas instrutivas de destreza militar nas proximidades do país. Podemos, se as circunstâncias permitirem, lançar mão de meios secretos para perturbar suas atividades, de forma que, se um míssil for lançado, vá para o lado em vez de subir. No meio de tudo isso, podemos ressaltar os benefícios de um possível acordo: o fim do isolamento, uma nova era de prosperidade, segurança a longo prazo e paz.

Em 2015, o governo Obama, seus parceiros europeus, a Rússia e a China usaram elementos dessa fórmula para levar o Irã a arquivar ou enviar para fora do país os componentes mais preocupantes de seu perigoso programa nuclear, tornando assim o mundo mais seguro. Esse marco nunca teria ocorrido não fosse pelas sanções econômicas que incitaram o povo iraniano a pressionar seus líderes para darem um jeito de tornar a vida mais tolerável.

O Irã, no entanto, é uma sociedade moderna – historicamente uma nação dedicada ao comércio – e está localizado no coração do sudoeste asiático. Já a Coreia do Norte está empoleirada numa península, com uma fronteira fortemente guardada ao sul e a China ao norte. Nunca foi simpática a estrangeiros, e seu governo não se reporta nem ao próprio povo muito menos tem qualquer interesse no que pensam os de fora.

Para nós do Ocidente, os líderes norte-coreanos soam frequentemente irracionais, isso porque tomam decisões que parecem atrair problemas facilmente evitáveis aos nossos olhos. As autoridades em Pyongyang observam o mesmo mundo que nós, mas com diferenças. Sua meta não é evitar aborrecimentos, mas sobreviver. Há décadas ensinam seus cidadãos a acreditar na retidão moral de sua sociedade e considerar monstros todos os de fora. Dada a disseminação desses ensinamentos, a hipótese de que os norte-coreanos desejam integrar--se mais à comunidade internacional é duvidosa. Os líderes do país nunca mostraram muito interesse em fazer amigos. Para legitimar seu regime severo, precisam de inimigos. Precisam, também, fazer parecer que estão ganhando – ou ao menos se sustentando.

Foi por isso que Kim Il-sung desenvolveu todo um sistema militar coercivo capaz de disparar dezenas de milhares de foguetes e granadas na direção da Coreia do Sul na primeira hora de qualquer conflito. A maior parte dessa munição não atingiria Seul, mas grande parte tem alcance para chegar à capital ou além. Desde 2016, os programas nucleares e de mísseis da Coreia do Norte avançaram com velocidade surpreendente, usando modelos que parecem russos, dotados de motores de foguete mais potentes e de ogivas menores. A intenção do arsenal é quase certamente intimidar, mas uma Coreia do Norte equipada com mísseis balísticos intercontinentais e armas nucleares com potencial de chegada é em si uma ameaça ofensiva.

"Se tivermos de entrar em guerra, não hesitaremos em destruir totalmente os Estados Unidos." Assim previu Mun Hyok-myong, um professor norte-coreano de 38 anos, em entrevista a um repórter do *The New York Times*. É difícil saber se o exército do país e o neto de seu fundador, Kim Jong-un, compartilham desse delírio, mas cada expressão de medo de nossa parte é recebida em Pyongyang como uma vitória. Suspeito que o Kim mais novo enfrentaria maior resistência militar interna ao tentar fazer um acordo do que ao não tentar. A Coreia do Norte não é o hábitat natural das pombas.

Ao encontrar-se com seu sucessor no Salão Oval logo após a eleição de 2016, o presidente Obama lhe disse que a Coreia do Norte seria o mais grave desafio à segurança nacional a ter de enfrentar. Trump tem reagido de forma errática. Seu instinto inicial foi pedir ajuda à China, tática gasta que nunca rendeu muitos frutos, pois a Coreia do Norte nem sempre ouve Pequim e os interesses americanos e chineses não são totalmente os mesmos. Trump disse que ficaria "honrado" em conversar diretamente com Kim Jong-un, depois decidiu que "uma conversa não é a resposta". Repreendeu seu próprio secretário de Estado por abrir a porta para negociações e, em seguida, achou que seria boa ideia dar início a uma guerra de provocações com o líder norte-coreano, referindo-se a Kim como "Homem-Foguete... numa missão suicida" e prometendo obliterar a Coreia do Norte caso os EUA fossem atacados. Tanto se opôs veementemente como endossou calorosamente conversas diretas entre as duas Coreias. Colocou Pyongyang novamente na lista de Estados apoiadores do terror – um gesto não significativo – e conclamou todos os países a cortarem laços com a Coreia do Norte, o que muitos não irão fazer. Além disso, a confiar nos relatos, chegou a considerar a sério um ataque militar preventivo.

Vivemos com a possibilidade de que as provocações da Coreia do Norte, a impaciência de Trump ou um acidente tecnológico ou mal-entendido humano levem a uma explosão violenta, apesar do imenso perigo representado para pessoas dos dois lados do paralelo 38. Afinal, já estivemos por um triz antes, em épocas em que a tensão não era tão forte e os líderes eram mais experientes. Uma eventualidade menos alarmante, mas ainda insatisfatória, seria o impasse eterno, com os dois lados a vociferar, mas nenhum dos dois dotado de raiva ou medo suficientes para dar a primeira mordida.

Por ora, a defesa contra mísseis, a solidariedade entre aliados e as pressões econômicas precisam continuar a ser a essência da política americana. Esse último item, as sanções internacionais, tem histórico irregular de efetividade. As sanções ajudaram a dar fim ao apartheid na África do Sul e a descarrilhar os programas nucleares da Líbia e, sob o acordo de 2015, do Irã. A Coreia do Norte é vulnerável a tais penalidades por seu relativo isolamento, mas, ao mesmo tempo, é capaz de resistir, pois sua população está habituada a improvisar e, se necessário, ficar sem. O governo criou ainda fontes alternativas de receita, entre as quais lucros de crimes cibernéticos, contrabando e um quinhão considerável dos ganhos de cidadãos que trabalham no exterior. A Coreia do Norte é pobre, mas não tão miserável a ponto de Kim poder ser coagido a barganhar o programa nuclear que seu pai e seu avô levaram as últimas três décadas para montar.

Surge, portanto, a questão: quão possível é o surgimento de uma resistência interna ao regime? A revolução da informação não permeou a Coreia do Norte, mas chegou a infiltrá-la. A se confiar em relatos de refugiados, os norte-coreanos já não acreditam muito no que o governo lhes conta. Duvidam, por exemplo, que seu mimado jovem líder, Kim Jong-un, tenha realmente aprendido a atirar aos 3 anos de idade e a montar a cavalo aos 5. Os salários oficiais são muito baixos e muita gente não vê opção a não ser roubar o que puder, minando assim a cultura da obediência. O cinismo é generalizado, mas esse sentimento é mais facilmente traduzido em um desejo de deixar o país – o que exige audácia – do que em planos de organização de oposição interna, que soam mais como suicídio. A história já registrou surpresas maiores, portanto não dá para descartar um repentino colapso desse castelo de cartas, mas o mais provável, caso o sistema norte-coreano evolua, é fazê-lo aos poucos.

Isso não significa que a diplomacia seja inútil; a porta para negociações, ao contrário, deve sempre ser mantida aberta. A Coreia do Norte pode aceitar inspeções internacionais e congelar ou frear o ritmo de desenvolvimento de seu programa nuclear e de mísseis se receber em troca algo de que seus líderes possam se gabar – por exemplo, o alívio às sanções e uma suspensão ou reconfiguração dos exercícios militares conjuntos dos Estados Unidos e da Coreia do Sul. Mais à frente, ferramentas diplomáticas bem-empregadas podem um dia formalizar o fim da Guerra da Coreia, a normalização das relações e, enfim – em troca de garantias de segurança críveis –, a desnuclearização da península. No momento, esses objetivos são irreais, mas as circunstâncias nunca param de se modificar e o que está fora de alcance hoje pode se tornar alcançável amanhã, caso estejamos prontos. E temos de estar, pois é difícil imaginar metas que mais valham a pena.

O confronto na península da Coreia acarreta risco significativo de uma guerra, mas, mesmo que esse cataclisma seja evitado, o custo do fascismo norte-coreano para a humanidade é impossível de ser medido cientificamente. O povo da Coreia do Norte nasce e cresce numa sociedade em que a lealdade ideológica ao regime determina onde e quão bem cada um vive, os empregos que têm e se estarão ou não entre os 40% cronicamente desnutridos. Cidadãos detidos por razões políticas ou crimes comuns são confinados em campos prisionais em áreas remotas e correm risco de tortura, trabalhos forçados até a morte ou passar fome. Uma pessoa acusada de um crime pode ser executada em público, sem julgamento, assim como sua família.

Mulheres e meninas que sofram abusos de autoridades governamentais, guardas de prisões e policiais não têm a quem recorrer. A comida é usada para recompensar a docilidade e retida como punição a qualquer sinal de espírito independente. Praticar a religião é proibido. Posse de equipamento eletrônico com alcance internacional é crime. A vigilância é constante, bem como a doutrinação por meio de alto-falantes estabelecidos em prédios de apartamentos e praças de vilarejos.

Quem visita a Coreia do Norte costuma relatar que o povo de lá parece feliz. Anos atrás, na Birmânia sob regime militar, ouvi a mesma história da boca dos generais que então governavam com pulso de ferro. "Olhe ao seu redor", me disseram. "Está todo mundo sorrindo." Pensei, sim, claro, mas pessoas sorriem por medo com muita frequência. Não sei o que aconteceria caso uma eleição livre e justa ocorresse na Coreia do Norte. Sabemos que, quando os birmaneses finalmente tiveram a chance de votar, a oposição democrática levou mais de 85% dos assentos parlamentares em disputa. Também sabemos que estima-se em 100 mil a quantidade de presos políticos na Coreia do Norte hoje, mais que em qualquer outro país – e isso não é sintoma de contentamento.

Acostumamo-nos a criticar a repressão a liberdades civis onde quer que ocorra; mas, na Coreia do Norte, temos de perguntar se há como reprimir aquilo que jamais foi permitido. A Coreia do Norte é um "Estado Islâmico" secular; a sua simples existência é uma prova da tragédia que pode resultar da concentração do poder nas mãos de poucos por muito tempo.

15

PRESIDENTE DOS ESTADOS UNIDOS

Desde antes de sua fundação, os Estados Unidos representam uma fonte de esperança para milhões de pessoas. Em carta enviada de Paris, em 1776, Benjamin Franklin assegurou ao Congresso Continental: "Toda a Europa nos apoia. É tão amplamente estabelecida a tirania no restante do mundo que a ideia de um refúgio na América para os que amam a liberdade inspira alegria generalizada, e nossa causa é adotada como a causa de toda a humanidade". Durante a Guerra de Secessão, em especial na esteira da Proclamação de Emancipação, idealistas de muitos cantos da Europa cruzaram o Atlântico para se unirem à cruzada contra a escravidão. Em Nova York, uma brigada internacional batizada em homenagem ao general italiano Giuseppe Garibaldi foi formada para reforçar o exército de Lincoln. Declarou Garibaldi: "A questão americana é vital para a liberdade do mundo". Muitos anos depois, uma fonte bem diferente ofereceria uma avaliação menos rósea. "Os primeiros estágios de uma grande nova ordem social com base no princípio da escravidão foram destruídos por aquela guerra", lamentou Adolf Hitler, "e com eles também o embrião de uma América verdadeiramente grande."

Hitler tinha a fantasia de que os Estados Unidos compartilhavam de suas visões racistas a tal ponto que acabariam por se aliar ao

Terceiro Reich. Autores nazistas citavam regularmente as cotas anti-imigração asiática dos EUA e as leis segregacionistas conhecidas como "Jim Crow Laws"[1] no intuito de desviar-se de críticas estrangeiras aos seus próprios estatutos discriminatórios. Até mesmo a cruzada alemã pelo *Lebensraum* tinha como modelo a expansão rumo ao oeste dos Estados Unidos, durante a qual, nas palavras de Hitler, os soldados e pioneiros americanos haviam "abatido... milhões de peles-vermelhas".

No entanto, a história do nascimento dos Estados Unidos – enrolados no cobertor da prosa de Jefferson – sempre foi poderosa o bastante para superar contradições internas. Os americanos nunca deixaram de aprender com seus erros, em parte porque cada geração sempre teve o ideal de igualdade como parâmetro para se medir. Assim, Hitler subestimou os Estados Unidos e, por tal erro, pagou um preço caríssimo.

Na primavera de 1944, quando estava na Inglaterra com minha família, vimos de perto tropas americanas pela primeira vez. Em suas horas de folga, os soldados passeavam alegremente, seguidos por crianças como eu que gritavam: "E aí, Joe, tem chiclete, amigo?". Durante semanas, vimos os G.I.s uniformizados de verde-oliva dirigindo jipes camuflados, caminhonetes e os peculiares veículos anfíbios conhecidos como Ducks. Quando chegou a hora de lutar, eles estavam prontos. Nas primeiras horas da manhã de 6 de junho, a Operação Overlord, mais conhecida por Batalha da Normandia, estabeleceu cinco cabeças de ponte ao longo de um trecho de 80 quilômetros da costa da França ferrenhamente disputado. Apesar do vento noroeste gelado, 160 mil soldados cruzaram o canal da Mancha numa flotilha tão compacta de barcos e navios que quase parecia possível caminhar da Inglaterra à França. No céu, mais de 11 mil aviões de guerra aliados enfraqueciam as defesas inimigas e ofereciam proteção contra ataques aéreos.

---

1. A origem do nome "Jim Crow" é incerta, podendo ter surgido entre escravos nos Estados Unidos para designar um personagem folclórico com características de trapaceiro. Sua popularização, contudo, já ocorre com a conotação pejorativa e racista que tem até hoje, a partir da rotina cômica interpretada em *blackface* (maquiagem caricatural que imita a pele negra) pelo ator branco Thomas D. Rice de 1828 em diante. (N.T.)

É em momentos decisivos como esse que um país descobre seu propósito e forja uma identidade característica aos olhos do mundo. É também quando se estabelecem as expectativas sobre suas lideranças de momento. De "Dai-me a liberdade ou dai-me a morte" a "sr. Gorbatchev, derrube esse muro!", sempre se pôde contar com os Estados Unidos para falar, nas palavras pioneiras de John Quincy Adams, "ainda que a tantos ouvidos desatentos e desdenhosos, a língua da liberdade equivalente, da justiça equivalente e dos direitos equivalentes".

Eis a honrosa tradição e a difícil responsabilidade herdadas por todos os presidentes dos EUA ao fazerem o juramento de posse. Cada um atende a esse chamado ao seu modo, como reflexo do caráter, da integridade e da seriedade de propósitos de cada líder em particular.

Donald Trump costuma recitar um poema sobre uma mulher estúpida, mas de bom coração, que sai para passear em um dia de inverno e depara com uma cobra semicongelada. Bondosa, leva o réptil para casa, deposita-o perto do fogo, alimenta-o com leite e mel e lhe devolve a saúde. Satisfeita em ver a cobra recuperada, ela a pega e é mordida no peito. Agonizante, pergunta à paciente porque foi tão ingrata e ouve como resposta: "Cala a boca, sua boboca, você sabia muito bem que eu era uma cobra ao me trazer para cá". Sob risadas e aplausos, o presidente pergunta a sua plateia: "Isso não explica tudo, pessoal? Isso não explica tudo?". A seguir acrescenta: "Vamos construir o muro, pessoal. Não se preocupem com isso. Vão dormir. Vão para casa, vão dormir".

Décadas atrás, George Orwell sugeria não haver melhor descrição de um fascista em uma palavra do que "valentão", e, no dia da invasão da Normandia, Franklin Roosevelt rezou ao Altíssimo por "paz invulnerável às maquinações de homens indignos". Os olhos do presidente Trump, em contraste, brilham sempre por homens fortes que atropelam a oposição, dão um chega pra lá em obstáculos legais, ignoram críticas e fazem tudo o que for preciso para impor a sua vontade.

Desde junho de 2016, a chefia de governo das Filipinas está a cargo de Rodrigo Duterte. Nesse período, ele ganhou notoriedade mundial por apoiar o assassinato de supostos traficantes de drogas por policiais e esquadrões da morte civis. Insiste em dizer que sua política de atirar primeiro é rigorosa contra o crime, mas os tiros mais violentos atingem sempre a camada mais em desvantagem da população de seu país. A julgar pelas notícias, o número de filipinos mortos pela polícia durante a presidência de Duterte passa de 10 mil. Não sabemos, e ele também não, quantos desses mortos portavam armas, quantos de fato eram revendedores de drogas e quantos tomaram tiros por engano ou sem nenhuma razão. Sabemos, isto sim, que o fogo de Duterte é concentrado nas ruas e que as pessoas que mais lucram com o tráfico de drogas vivem em coberturas e em condomínios fechados. Também é sabido que a polícia pede propina para retirar nomes de suas listas de alvos, e que muitas famílias de vítimas são pobres a ponto de precisar de doações para comprar caixões, e Duterte faz piada com essa triste situação, estimulando o povo a investir em funerárias, gabando-se: "Deixe que os mortos são por minha conta". Duterte disse a policiais processados por abuso de autoridade para assumir a culpa sem medo, pois ele os perdoará e os promoverá. No início de seu mandato, Donald Trump ligou para Duterte e cumprimentou-o por fazer "um trabalho extraordinário".

Em 2013, o general egípcio Abdel Fattah Al-Sisi tomou o poder por intermédio de um golpe militar. Na presidência, reverteu a Primavera Árabe e instalou o mesmo regime politicamente sufocante do qual os manifestantes da praça Tahrir julgavam terem se livrado dois anos antes. Mais uma vez, temos hoje no Egito um governo que censura o debate público, usa força letal contra manifestantes, persegue jornalistas, proscreve a oposição política e abarrota suas cadeias com dezenas de milhares de dissidentes – alguns seculares, outros religiosos. Não há fórmula mais garantida para gerar futuros terroristas. Na visão de Donald Trump, Al-Sisi é "fantástico".

O reino do Bahrein discrimina sistematicamente sua maioria muçulmana xiita, priva dissidentes de sua cidadania, mantém a sociedade civil sob rédeas curtas e se recusa a tolerar oposição política de verdade. Por mais que os Estados Unidos e Bahrein compartilhem importantes interesses estratégicos, a relação sempre foi dificultada por discordâncias quanto aos direitos humanos. Em 2017, o presidente Trump assegurou ao monarca barenita que "não terá dificuldades com este governo".

Em abril do mesmo ano, o presidente Erdogan obteve vitória apertada em um plebiscito para alterar a Constituição turca, aumentar seus poderes e permitir que se mantenha no cargo potencialmente até 2029. Um resultado lamentável na visão da maioria dos líderes democráticos. A reação de Trump foi passar a mão no telefone e saudar Erdogan por seu triunfo.

A admiração do presidente por autocratas é tão arraigada que se estende a homens ainda menos dignos de respeito do que esses citados. Para Trump, Saddam Hussein "era um cara malvado, um cara bem malvado. Mas sabe o que ele fazia bem? Matava terroristas. Nisso ele era bom. Não liam os direitos deles. Não tinha conversa. Era terrorista, estava acabado". Quanto a Kim Jong-un, ele já disse: "A gente tem de dar um crédito a ele. Quantos garotos – ele tinha 26 ou 25 anos quando o pai morreu – assumem o comando de todos esses generais durões – e de repente... ele é o chefe. É incrível. Ele apagou o tio. Apagou um aqui, apagou outro lá. Esse cara não está para brincadeira". E, por fim, há Vladimir Putin: "Um homem amplamente respeitado dentro de seu país e além dele".

Nada há de estranho quanto ao líder de uma nação fazer elogios ao de outra. No trato com diplomatas estrangeiros, um afago cai tão bem como na psicologia infantil, pois os dois campos não são tão diferentes assim. Não se pode culpar Trump por tentar desenvolver relações cordiais com seus colegas de além-mar; esse, aliás, é um elemento-chave de sua função. Os problemas de sua abordagem, porém, são dois. Em primeiro lugar, endossa com frequência atos de líderes estrangeiros que enfraqueçam as instituições democráticas. E, em segundo, embora ache indelicado criticar países como China e Rússia no que se refere aos direitos humanos, não hesita em arrumar confusão com nossa aliada Austrália quanto à sua política de imigração, ou com líderes britânicos por causa de tuítes antimuçulmanos, ou ainda com parceiros comerciais importantes como o México, o Canadá, a "má, muito má" Alemanha ou – no pior momento possível – uma Coreia do Sul sob ameaça nuclear.

Quando a embaixadora Nikki Haley alega, estranhamente, que seu chefe "estapeia as pessoas certas e abraça as pessoas certas", está falando o avesso da verdade.

Trump tem uma visão sombria dos Estados Unidos. Entre seus mantras favoritos estão os de que os tribunais americanos são parciais, o FBI é corrupto, a imprensa quase sempre mente e as eleições são manipuladas. O impacto doméstico dessas denúncias é a desmoralização e a divisão. Americanos nunca tinham ouvido um presidente menosprezar tanto as instituições do país. Mas o público de Trump é global. Em vez de encorajar outros a respeitar e seguir o exemplo dos Estados Unidos, ele abre as portas para o oposto. O efeito disso é prejudicial, em particular nos países onde o Poder Executivo é pouco fiscalizado na prática. Em lugares assim, na melhor das hipóteses, as vidas de repórteres investigativos, juristas independentes e outras pessoas que perseguem a verdade estão correndo risco. O perigo se intensifica quando o ocupante da Casa Branca ridiculariza a credibilidade de suas profissões. Não pretendo dizer com isso que jornalistas e juízes estejam acima de qualquer crítica, mas Trump faz alegações tão impensadas e generalizadas que podem ser – e são – usadas para jogar em descrédito todo um leque de profissões essenciais para a democracia.

Em seu primeiro mês no cargo, Trump excluiu alguns jornalistas célebres de uma entrevista coletiva. Quase de imediato, o governo do Camboja ameaçou expulsar do país um contingente de jornalistas americanos. Em Phnom Penh, os porta-vozes disseram ter percebido uma "clara mensagem" de Trump de que "as notícias geradas por aqueles veículos não refletem a verdade", e acrescentaram que "a liberdade de expressão... precisa respeitar o poder do Estado".

O governo cambojano foi o primeiro de muitos – outros incluem os de Hungria, Líbia, Polônia, Rússia, Somália e Tailândia – a reiterar que reportagens negativas sobre eles são falsas pelo único motivo de que não dá para confiar na imprensa. Nas palavras do *Diário do Povo*, veículo oficial do Partido Comunista Chinês: "Se o presidente dos Estados Unidos alega que os órgãos de imprensa de seu país são uma mancha para a América, então reportagens negativas sobre a China devem ser lidas com cautela, pois é provável que o viés e a agenda política estejam distorcendo o quadro geral". O direito de uma imprensa livre e independente de chamar líderes políticos à sua responsabilidade é o que torna possíveis governos abertos – o coração da democracia. Trump faz de tudo para que esse coração pare de bater ou desacelere. E isso é um presente para os ditadores, vindo de um chefe de Estado americano, uma vergonha.

Em Washington e no exterior, o presidente já se encontrou com diversos líderes que ignoram os direitos civis e políticos de seus cidadãos. Em vez de instigá-los a fazer reformas, muda de assunto. Seu governo só marca posição na questão dos direitos humanos para criticar os alvos mais fáceis, como Cuba, Venezuela e Irã.

Durante a campanha, foi perguntado ao candidato Trump que importância dava ao devido processo legal. Sua resposta: "Quando o mundo vê quão ruins são os Estados Unidos, e nós resolvemos falar sobre liberdades civis, não acho que sejamos um bom mensageiro". Para alguém que parece ter a si mesmo em tão alta conta, é peculiar que o presidente pareça cego quanto ao que mais importa a respeito de seu país – e relute tanto em assumir a defesa de princípios mais intimamente associados aos Estados Unidos do que a qualquer outro país.

Como embaixadora das Nações Unidas e secretária de Estado, procurei conversar com centenas de autoridades estrangeiras para instá-las a, por exemplo, libertar um prisioneiro político ou um jornalista preso, apoiar as liberdades religiosas ou garantir um processo eleitoral limpo e claro. Em princípio, não eram encontros agradáveis – meus anfitriões me ofereciam chá e biscoitos; eu dizia "obrigada" e começava imediatamente a reclamar. Os chineses eram particularmente veementes na crença de que tais assuntos são da conta deles e de mais ninguém.

Em tais discussões, nenhum dos lados cede, mas isso não significa que a troca de ideias seja desprovida de valor. No mínimo, levantar as questões referentes a direitos humanos pode colocar os violadores na defensiva e forçá-los a lidar com o questionamento da mídia. Pode ainda salvar vidas. Por mais diferentes que tenham sido na presidência, Jimmy Carter e Ronald Reagan conduziram no início de 1981 uma transição marcada pela colaboração histórica. Certa de que o ferrenhamente anticomunista Reagan não se oporia, a ditadura sul-coreana preparava-se para executar o dissidente liberal mais conhecido do país, Kim Dae-jung. A pedido de Carter, Reagan mandou seu principal assessor de segurança nacional a Seul com a mensagem de que ele, *sim*, se opunha – e firmemente. A vida de Kim Dae-jung foi poupada e, dezoito anos depois, eu teria o prazer de encontrar-me com ele na condição de presidente da Coreia.

Quanto à "moral" dos Estados Unidos para falar em nome dos direitos humanos, minha resposta é que isso nada tem a ver com a questão. A verdadeira questão é: de quem é a *responsabilidade* de defender os direitos humanos? A resposta é: de todos. Se ficha suja fosse suficiente para determinar que um país não pode se manifestar, governos poderiam assassinar, torturar e brutalizar seus cidadãos sem medo algum de críticas ou sanções. Um mundo assim seria menos estável e com mais sofrimento que o atual. Por que quereríamos algo assim? Se nosso telhado é de vidro, faríamos bem em repará-lo; mas não há desculpa para uma atitude "ninguém sabe, ninguém viu" no tocante ao confronto entre democracia e ditadura. É preferível ser acusado de critérios dúbios do que ser condenado por absoluta falta de critérios – devido a nossa própria recusa a agir.

> Há décadas, nosso país enfrenta o maior roubo de empregos da história do mundo. Vocês aqui na Pensilvânia sabem melhor do que ninguém. Nossas fábricas e nossas siderúrgicas foram fechadas, nossos empregos foram roubados e levados para longe, para outros países, alguns dos quais vocês nunca ouviram falar. Políticos mandaram tropas para proteger fronteiras de nações estrangeiras, mas deixaram as nossas escancaradas para que qualquer um pudesse violá-las.
>
> Gastamos bilhões e bilhões de dólares num projeto global atrás do outro e, no entanto, quadrilhas vêm tomando o nosso país e não conseguimos sequer garantir a segurança de nosso próprio povo.

Nosso governo fechou às pressas acordos internacionais em que os Estados Unidos arcam com todos os custos e com todas as obrigações, enquanto outros países se beneficiam e não pagam nada.

Essas declarações, dirigidas a uma plateia favorável em Harrisburg, na Pensilvânia, em abril de 2017, são típicas da retórica de Trump. Mais uma vez, pintam um retrato sombrio. O presidente diz que os Estados Unidos "foram desrespeitados, feitos de bobos e roubados por muitos e muitos anos por gente espertalhona, manipuladora, entrona". Quer que seus compatriotas se julguem vítimas de negociadores que entregaram recursos a estrangeiros em troca de nada e assinam tolamente acordos comerciais e climáticos escandalosamente injustos. Essa triste avaliação é recebida com assovios e aplausos pelos muitos americanos que, por uma razão ou outra, se sentem lesados. Razões para tal ressentimento incluem dificuldades econômicas, desconforto com mudanças sociais e culturais, ou a convicção dos céticos de que a maioria dos servidores públicos é incompetente, corrompida ou as duas coisas.

Trump emite opiniões assim há décadas, portanto não dá para questionar seriamente sua sinceridade. Mas sua abordagem é de demagogo. Suas análises são pontuadas por afirmações coalhadas de bobagens e seus argumentos são pensados para explorar inseguranças e gerar ressentimento. Um orador com abordagem mais objetiva talvez tivesse apontado a queda do desemprego na Pensilvânia de 8% alguns anos antes para menos de 5%, ou os mais de 200 mil empregos no estado garantidos pelas exportações, em especial para o Canadá, o México e a China. Na esfera nacional, entre 2009 e 2016, a inflação permaneceu baixa, a taxa de desemprego caiu em mais da metade e a força de trabalho americana teve um crescimento da ordem de 12 milhões. A economia herdada por Trump era a mais competitiva do mundo entre países maiores do que a Suíça. Sempre há espaço para melhorar, mas o quadro pintado pelo presidente, de um país derrotado numa negociação atrás da outra, é simplesmente falso. Aparentemente, contudo, sua intenção não é lidar com a ira ou aliviá-la, mas inflamá-la.

Os artífices da política externa do governo Trump usam dois rótulos para descrever a estrutura que ergueram: "Realismo com Princípios" e "América em Primeiro Lugar". O primeiro é só um slogan; o segundo é um slogan com história por trás. Fundado em 1940, o America First Committee (AFC) reuniu pacifistas, isolacionistas e simpatizantes do nazismo para combater a entrada iminente do país na Segunda Guerra. O AFC se opunha à criação do Serviço Seletivo e também a uma iniciativa de Roosevelt, conhecida como Lend-Lease, no sentido de fornecer suprimentos e armas aos ingleses que lutavam para sobreviver à ofensiva alemã. Um ano após a fundação, o comitê já tinha mais de 800 mil membros e atraía apoios de todos os lados do espectro político, dos magnatas corporativos aos socialistas. Uma contribuição poderosa para sua popularidade veio do famoso aviador Charles Lindbergh, preocupado com a ideia de a influência judaica estar empurrando o país para um conflito no qual, na visão dele, não tinha razão para entrar.

Quatro dias após o ataque japonês a Pearl Harbor, Hitler declarou guerra aos Estados Unidos. O AFC logo se desmantelou e, nas décadas seguintes, seu nome carregou o estigma da ingenuidade e da cegueira moral. Agora, temos "América em Primeiro Lugar" de volta – mas o que isso significa?

Diz o presidente que "qualquer decisão comercial, fiscal, sobre imigração ou política externa será tomada em benefício de trabalhadores americanos e de famílias americanas". À ONU, ele declarou: "Sempre porei a América em primeiro lugar, bem como vocês, na condição de líderes de seus países, sempre porão e sempre devem pôr seus países em primeiro lugar". Essa premissa – espera-se de cada nação que proteja seus interesses – nada tem de reveladora. Quem iria imaginar algo diferente? A afirmação ignora, contudo, como os destinos de todos os países estão interligados. Lindbergh estava disposto a aceitar uma Europa dominada pelos nazistas porque achava isso preferível aos riscos e aos custos de uma guerra. Digamos que sua visão tivesse prevalecido e o Terceiro Reich ainda estivesse no poder, teria sido bom para os interesses dos EUA?

Os principais assessores de Trump o elogiam por sua "visão lúcida de que o mundo não é uma 'comunidade global', mas uma arena onde nações, órgãos não governamentais e empresas se empenham e competem por vantagens". Tal escolha de palavras é embasbacante, pois, por mais justo que seja dizer que o mundo não é exatamente a Vila Sésamo, ele *é* um lugar onde gente de todos os países precisa viver. Reduzir a soma de nossa existência à competição por vantagens entre mais de 200 nações não é lúcido, e sim míope. Povos e nações competem, mas não é só isso que fazem. Imagine uma cidade pequena nos Estados Unidos, um vilarejo na África ou uma cidade na Ásia onde não haja senso de comunidade, divisão de responsabilidades, onde ninguém seja solidário com ninguém – nada além de uma sangrenta luta diária pela "vitória" contra todos os vizinhos. Algo assim seria bom para os interesses de alguém?

Na escala global, dificilmente há um desafio econômico, de segurança, tecnológico, ambiental ou ligado à saúde que um país esteja mais bem capacitado para enfrentar sozinho do que pelo esforço conjunto com seus vizinhos. O dever dos diplomatas é semear o terreno para a cooperação. A visão de Trump, para quem a vida é uma selva onde se travam sangrentos combates darwinianos, não corresponde a um mundo intrinsecamente interdependente no qual, para obter os melhores resultados, precisamos frequentemente unir forças.

Governos responsáveis têm essa compreensão, mas não são os governos responsáveis os que causam mais dissabores. Designar "_____ em Primeiro Lugar" como regra de ouro das relações internacionais fornece aos tiranos uma ampla justificativa para fazer o que quiserem. Qual é a lógica da construção de armas nucleares por parte de Pyongyang se não privilegiar os interesses norte-coreanos? Ao anexar a Crimeia, Putin pôs as aspirações russas acima do direito internacional. Por que o Irã interfere em assuntos de seus vizinhos senão para o seu próprio benefício? Ao longo de séculos, poderes imperiais perpetraram atrocidades físicas e econômicas contra populações coloniais para exaltar seus próprios países e monarcas. Ajudar a Pátria-Mãe a "competir por vantagens" foi a razão de Hitler ter invadido a Tchecoslováquia. A teoria a sublinhar o fascismo reza que nações têm o direito de tomar o que querem apenas por quererem. Há regras de ouro melhores.

Uma segunda fonte de embaçamento na visão de Trump é o fato de não oferecer nenhum incentivo à amizade. Se cada nação estiver totalmente focada em obter vantagens sobre todas as demais, é impossível haver confiança ou relacionamentos especiais, a gentileza não trará qualquer tipo de recompensa e o cinismo, nenhuma penalidade – afinal, se é o cinismo tudo o que prometemos, é também tudo o que podemos esperar. Essa atitude explica a visão peculiar que o presidente tem da OTAN: um esquema de proteção no qual "deve-se" bilhões de dólares aos Estados Unidos por terem supostamente emprestado suas forças armadas para oferecer segurança a terceiros. De minha parte, nunca concebi a OTAN como um ambiente de negócios: é algo muito mais valioso. A Aliança é um acordo político e militar de características únicas e há mais de sete décadas permite à Europa e aos Estados Unidos que se preparem, treinem, compartilhem dados de inteligência e combatam perigos em comum. É o pilar da paz mundial e um retrato vivo de nossa vontade coletiva. Isso não tem preço.

Meu curso em Georgetown é sobre as ferramentas da política externa e como utilizá-las. Pelo que tenho visto, o presidente teria dificuldades para passar nos exames. Ele considera-se um mestre da bravata e do blefe, que pode até ser uma tática eficiente quando usada com parcimônia. Durante a Guerra Fria, Henry Kissinger tentou arrancar concessões dos soviéticos ao sugerir que Nixon era meio maluco e não daria para saber o que poderia fazer caso sua vontade não fosse atendida. Levando em conta o estilo indisciplinado de Trump, hoje uma estratégia similar teria a vantagem de ser crível. Ele de fato passa a impressão de desequilíbrio. Mas imprevisibilidade é traço e não estratégia. A questão é se a vocação do presidente para insultos e ameaças bizarras é ligada a um plano para obter avanços por meio de objetivos específicos de segurança nacional.

Se for, quão bem está funcionando esse plano? Estariam os líderes-chave da comunidade internacional dispostos a apaziguar Trump por meio de um apoio maior às metas dos Estados Unidos, ou estariam alienando-o e negociando seus próprios acordos? Estaria o presidente persuadindo outros a segui-lo, ou estaria sendo manipulado de forma a ecoar as metas de terceiros, como, por exemplo, a Arábia Saudita, no Oriente Médio? Num ofício que exige experiência, bom senso e visão, para entender o impacto das decisões de hoje no mundo de amanhã, quão bem Trump está se saindo em comparação com seus pares?

Da mesma forma que em outros círculos, na política externa as percepções ajudam a definir os resultados. De minha parte, não excluo a possibilidade de o flagrante desprezo do presidente pelas convenções democráticas ser, em alguns casos, exatamente o necessário para fazer as pessoas despertarem para novas possibilidades. Ninguém que um dia tenha estado em um cargo de confiança, inclusive eu mesma, pode olhar para trás sem arrependimento pelos muitos problemas deixados sem resolução. Talvez Trump tenha a resposta, como alega ter, para formatar melhores acordos comerciais, assegurar a paz entre os árabes e Israel, dar fim ao programa nuclear da Coreia do Norte e combater a violência dos extremistas. Espero que seja o caso.

Há gente que considera Trump um homem pouco inteligente. Não entro nesse mérito. Contudo, admito que sua estabilidade e a visível fragilidade de seu ego me preocupam. Até agora, seu histórico público de realizações é esparso, e, no entanto, o presidente diz não ter a menor dúvida do quão bem está se saindo. Eis seu comentário ao *The New York Times*: "Eu vou à Polônia e faço um discurso. Meus inimigos na mídia, meus *inimigos* dizem que é o maior discurso jamais feito em solo estrangeiro por um presidente". À Fox News, sobre o número recorde de cargos não preenchidos no alto escalão do Departamento de Estado. "O único que interessa sou eu." À revista *Time*: "Sou uma pessoa muito instintiva, mas a verdade é que meu instinto sempre acerta". Ao mundo inteiro no Twitter, ele se diz "um gênio perfeitamente estável".

Gênio ou não, tem sido doloroso observar este governo. É chocante para mim cruzar o Atlântico e ouvir menções aos Estados Unidos como uma ameaça às instituições e aos valores democráticos. Um mês após a posse de Trump, o líder do Conselho Europeu listou quatro perigos para a União Europeia: a Rússia, o terrorismo, a China e os Estados Unidos. Na esteira de uma visita de Trump, uma exasperada Angela Merkel disse: "O tempo em que podíamos contar totalmente uns com os outros passou". Desde o início de 2017, pesquisas indicam queda acentuada no respeito pelos Estados Unidos. Na Alemanha, a crença de que o presidente dos EUA sempre tomará a atitude certa encolheu de 86% na época do predecessor para 11% na vigência de Trump. Na França, a queda foi de 84% para 14%; no Japão, de 74% para 24%; na Coreia do Sul, de 84% para 17%.

Trump aprendeu algo no exercício do cargo, é verdade. Houve momentos em que exibiu real compreensão da seriedade de sua responsabilidade. Merece crédito por manter as sanções à Rússia na questão da Crimeia, enviar armas à Ucrânia sitiada e gerir uma campanha militar eficiente contra o Estado Islâmico. Em dezembro de 2017, implementou uma lei, o Ato Magnitsky, que impõe penas a indivíduos e entidades acusados de corrupção e violações dos direitos humanos. Independentemente das manchetes, muitas posições americanas em outras questões importantes não foram alteradas. Contudo, em diversas ocasiões tentou cumprir promessas de campanha que nunca deveria ter feito. É uma lista longa, que inclui renunciar ao Acordo de Paris sobre o clima; colocar em risco os benefícios do Tratado Norte-Americano de Livre Comércio; falar mal do pacto nuclear com o Irã; desperdiçar recursos no projeto do muro na fronteira com o México; tentar proibir a imigração de muçulmanos; e propor cortes no orçamento de diplomacia, desenvolvimento e saúde ambiental. Esses e outros atos fizeram com que as dúvidas quanto à disposição dos EUA em ajudar na resolução de problemas globais – liderar, nem se fala – se espalhassem. Se o objetivo é a grandeza, estamos indo na direção errada.

Perguntam-me com frequência se me considero otimista ou pessimista. Minha resposta é: "Uma otimista que se preocupa muito". Continuo a acreditar que o crédito de boa vontade internacional acumulado do período entre George Washington e Barack Obama permitirá aos Estados Unidos se recuperarem do constrangimento atual – mas não estou certa do quão extensos ou duradouros os estragos possam vir a ser, e por isso me preocupo.

O dano em potencial pode se manifestar de várias maneiras. Por si só, a eleição de Trump criou dúvidas em círculos internacionais sobre o discernimento do povo americano e a confiabilidade do sistema democrático para produzir resultados defensáveis. Isso é desalentador para ativistas pró-liberdade mundo afora e boa notícia para autocratas e outros líderes que tenham discordâncias significativas com os Estados Unidos.

O arrogante desprezo do comandante em chefe pela forma como as suas palavras serão compreendidas deixou em certas ocasiões o mundo estupefato, incluindo aliados de longa data na Europa e na Ásia. Como os interesses que compartilhamos são profundos, espero que os membros da aliança continuem a trabalhar com os EUA quando possível. Contudo, muitos temem, como eu, que a mentalidade unilateralista adotada por Trump permaneça viva no país mesmo depois de sua aposentadoria.

A propensão do presidente por denegrir outros países já custou aos EUA um tremendo quinhão de boa vontade, ao mesmo tempo em que alimentou as perspectivas eleitorais de políticos estrangeiros hostis a Washington e às suas políticas. A animosidade para com os muçulmanos é ainda mais prejudicial, pois reforça a narrativa fomentada por líderes terroristas de que os Estados Unidos estariam em guerra contra o islamismo, dispostos a destruir os muçulmanos. No início do mandato, o presidente foi à península Arábica, criticou o Irã, vendeu lotes de armas ao establishment árabe e chamou isso de vitória expressiva na luta contra o extremismo violento. Não foi. No fim de 2017, reconheceu Jerusalém como capital de Israel e disse que a decisão aumentaria a possibilidade de paz entre aquele país e os palestinos. Quisera eu que fosse o caso, mas o resultado mais provável é a completa perda da credibilidade dos diplomatas americanos como intermediários honestos naquela região.

As ideias antiquadas de Trump sobre comércio também têm o seu custo. O presidente é obcecado pela correção de um desequilíbrio entre exportação e importação que pouco efeito tem na prosperidade e na criação de empregos bem remunerados. Poderia focar na modernização de acordos comerciais, tornar mais sólidos os padrões trabalhistas e ambientais e fazer valer as regras que já existem no papel, mas prefere distribuir insultos e ultimatos. A saída da Parceria Transpacífico, proposta pela administração anterior, contribuiu para a perda do prestígio americano na região mais dinâmica do mundo numa época em que o presidente da China, Xi Jinping, emerge como o líder mais poderoso de seu país desde o apogeu da Dinastia Qing no século XVIII. Historicamente, os Estados Unidos servem de contraponto à presença chinesa na zona da Ásia-Pacífico, mas o método atabalhoado de conduzir relacionamentos de Trump manchou a imagem do país. Enquanto isso, Pequim vem ampliando sistematicamente seu cacife econômico na região do Pacífico e também no sul e no centro da Ásia, na Europa, no Oriente Médio, no norte da África e na América Latina – ou seja, por toda parte, basicamente. A fixação de Trump com a "América em Primeiro Lugar" leva a China a se apresentar como defensora do livre comércio apesar de suas tarifas serem substancialmente mais altas, suas restrições mercadológicas bem mais rigorosas e suas barreiras ao investimento estrangeiro bem mais onerosas que as dos Estados Unidos. E, como a influência numa área costuma manifestar-se em outras, temo que o próximo presidente dos EUA vá herdar um mundo mais inclinado a seguir a liderança de Pequim, não só em questões econômicas, mas na flexibilização de normas em áreas-chave como padrões trabalhistas, liberdade de imprensa, liberdade religiosa e direitos humanos.

    É importante lembrar que atos cometidos hoje dependem muito de quais sejam as expectativas para o futuro. Se um país se sente abandonado pelos Estados Unidos, ou incerto quanto à sua liderança, talvez ache justificado agir isoladamente de maneira mais incisiva – talvez imprudente. No mínimo, pode não enxergar escolha a não ser investir em garantias na política externa por meio do fortalecimento de laços com outros, e deixar os Estados Unidos chupando o dedo. Há ainda a chance de palavras destemperadas e ameaças mal formuladas aumentarem repentinamente as tensões, induzirem alguns ao pânico e levarem todos precipício abaixo, rumo à guerra. Há barris de pólvora suficientes, a começar pelo Oriente Médio e pela península da Coreia, para justificar a ansiedade. Durante a Guerra

Fria, instalamos linhas telefônicas diretas para o presidente dos EUA poder apaziguar quaisquer mal-entendidos conversando diretamente com líderes estrangeiros. Não estou bem certa se botaríamos fé nessa opção nos dias de hoje.

Por fim, e ainda mais a sério, temo o retorno ao clima intercontinental que predominava nos anos 1920 e 1930, quando os Estados Unidos se retiraram do cenário global e, por toda parte, países saíram em busca do que entendiam como seus interesses, sem pensar em metas mais ambiciosas e permanentes. Ao propor que toda era tem o seu próprio fascismo, o escritor italiano e sobrevivente do Holocausto, Primo Levi, acrescentou que o ponto crítico pode ser atingido "não só através do terror da intimidação policial, mas pela negação e distorção das informações, pelo enfraquecimento dos sistemas de justiça, pela paralisação do sistema educacional e pela disseminação, de várias formas sutis, da nostalgia por um mundo onde reinava a ordem". Se ele estiver certo – e acho que está –, temos razões para preocupação, graças ao agrupamento de ondas políticas e sociais que ora nos assolam – ondas estimuladas pelo subtexto sombrio da revolução tecnológica, pelos efeitos corrosivos do poder, pelo desrespeito do presidente americano à verdade e à aceitação cada vez maior de insultos desumanizantes, islamofobia e antissemitismo como parte integrante do debate público normal. Ainda não chegamos lá, mas tudo parece sinalizar o caminho de volta a uma era em que o fascismo foi alimentado e tragédias individuais se multiplicaram aos milhões.

16

SONHOS RUINS

Ambientado nas feiras livres de Chicago, *A resistível ascensão de Arturo Ui* é uma parábola sobre como os fascistas podem chegar ao topo em qualquer comunidade. Na peça de Bertolt Brecht, um gângster ambicioso, instigado por assessores inescrupulosos, chantageia um político para que ele o nomeie para uma posição de poder. Dali em diante, alguns atos de traição, outros de violência com alvos bem determinados, algumas orientações sobre como falar em público e um punhado de ameaças são suficientes para esmagar todos os rivais. Quando a cortina é baixada sobre o último ato, o gângster seduziu o público, silenciou a imprensa, intimidou os tribunais e eliminou toda a oposição, mesmo admitindo "não ser amado".

Escrito em 1941, o texto parodia a ascensão de Hitler e retrata o fascismo como um predador implacável, que não perde tempo em explorar – entre outras fraquezas humanas – a covardia e a cobiça. Brecht ressalta ainda outro ponto: para que o fascismo estenda seu alcance das ruas aos altos escalões do poder, precisa garantir o apoio de múltiplos setores da sociedade. Essa colocação tem valor hoje em dia devido à tendência crescente da mídia de retratar o fascismo como uma extensão lógica do populismo e atribuir ambos ao descontentamento da classe média baixa, como se atitudes antidemocráticas fossem propriedade exclusiva de uma camada econômica. Não são, e não há nada de inerentemente enviesado e intolerante em ser populista, termo que o dicionário Merriam-Webster define como "Quem acredita nos direitos, sabedoria e virtudes das pessoas comuns". Se me fosse pedido para escolher entre sentar-me dentro ou fora desse grande círculo de pessoas assim definidas, minha resposta seria: "Podem contar comigo".

Nos Estados Unidos, *populismo* foi um termo inicialmente associado ao American People's Party, fundado em 1890. O movimento atraía trabalhadores de costa a costa, entre os quais fazendeiros furiosos com as ferrovias devido ao custo excessivo do transporte das safras. Seu candidato à presidência, James B. Weaver, prometia aumentar a carga tributária dos ricos, nacionalizar linhas de telefone e telégrafo e resistir aos "milionários arrogantes que tomam para si as riquezas do Novo Mundo". Na eleição de 1892, Weaver garantiu para seu partido os votos dos delegados de cinco estados.

Quatro décadas depois, nos anos 1930, o senador pela Louisiana, Huey Long, provocava Franklin Roosevelt pela esquerda. Long ostentava a bandeira "Todo homem é um rei" e dizia falar em nome das famílias às quais um quinhão justo do Sonho Americano era negado. Seu clamor inflamado por renda mínima universal, limites de propriedade e pensões para idosos inspirou a formação de mais de 27 mil clubes sob o lema "Compartilhe nossa riqueza". No contexto da Grande Depressão, Long poderia ter sido um candidato formidável à Casa Branca, não tivesse sido assassinado por um de seus muitos inimigos políticos, em 1935.[1]

No fim dos anos 1960, foi a vez de George Wallace, do Alabama, projetar-se em nome da direita anti-Washington, lançando petardos sarcásticos contra os ricos, as mulheres dependentes de pensões, os hippies, os ativistas dos direitos civis e "esses professores universitários intelectuais incapazes até de estacionar uma bicicleta". Como Long, era frequentemente chamado de fascista. Wallace, que

---

1. Acredita-se que Long seja a inspiração do senador Berzelius "Buzz" Windrip, o fascista eleito presidente no romance de alerta *It Can't Happen Here* (1935), de Sinclair Lewis.

fora sargento do Corpo Aéreo do Exército nos estertores da Segunda Guerra Mundial, respondia: "Eu já matava fascistas quando vocês ainda usavam fraldas, seus imprestáveis". Em 1972, tomou um tiro durante a campanha em Maryland, e passou o resto da vida em uma cadeira de rodas, tendo pedido desculpas por seu passado racista e sido reeleito governador.

Vinte anos depois, o bilionário texano do petróleo Ross Perot, atacou todo o establishment político sob o ponto de vista de um nacionalista folclórico, sovina, libertário, farto. Na disputa contra Bill Clinton e George Bush pai, ficou com 19% da votação presidencial de 1992 por meio de uma campanha contra a corrupção, o déficit público e o "ensurdecedor som de sucção" de companhias e empregos americanos se transferindo para o México. Perot culpava ambos os partidos por uma "máquina propagandística governamental em Washington de que Goebbels teria inveja".

Esses exemplos mal dão conta do tema.

Desde os primórdios da república, candidatos ao governo dos Estados Unidos reafirmam uma crença arraigada "nos direitos, na sabedoria e na virtude" das pessoas comuns. Por quê? Porque elas são a maioria, e estar do lado da maioria é uma ótima estratégia para ganhar eleições. Não é de espantar, portanto, que as campanhas presidenciais americanas tenham sido animadas por uma série de apelidos folclóricos, de "Old Hickory" Andrew Jackson, "Young Hickory" James Polk e "Old Rough and Ready" Zachary Taylor ao "Rail-Splitter" Abraham Lincoln, "Unconditional Surrender" Grant, "Boatman Jim" Garfield, "The Great Commoner" William Jennings Bryan, "Fighting Bob" La Follette, "Give 'Em Hell" Harry Truman e "The Gipper" Ronald Reagan.[2] Além disso, presidentes oriundos das universidades mais tradicionais, como Barack Obama, George W.

---

2. Em tradução livre, "Velha Nogueira" (Andrew Jackson), "Jovem Nogueira" (James Polk), "Velho Confiável" (Zachary Taylor), "Rachador de Trilhos" (Abraham Lincoln), "Rendição Incondicional" (Ulysses S. Grant), "Jim Barqueiro" (James Garfield), "O Grande Cidadão" (William Jennings Bryan), "Bob Lutador" (Robert M. La Follette) e "Pra Cima Deles" (Harry Truman). O apelido "The Gipper", de Ronald Reagan, é de difícil tradução e data dos seus tempos de ator, quando interpretou o papel do jogador de futebol americano George Gipp. (N.T.)

Bush e os dois Roosevelts faziam incursões pelo populismo sempre que podiam. Até mesmo Richard Nixon se dizia o defensor de um eleitorado negligenciado: a "maioria silenciosa".

Historicamente, o populismo tem uma variedade de aspectos, mas muita gente hoje em dia parece determinada a enxergá-lo com olhos reducionistas. Em 2017, o título do relatório anual da Human Rights Watch foi *A perigosa ascensão do populismo*, como se fosse em si uma ameaça às liberdades civis. Manchetes referem-se sempre a Vladimir Putin como porta-estandarte do populismo global, ainda que seu círculo próximo seja dominado por ex-agentes da KGB e nada o irrite mais que um manifestante munido de megafone. Donald Trump é descrito rotineiramente como populista apesar de seu estilo de vida de clube de campo, seu ministério cheio de bilionários e da propensão a contratar estrangeiros para fazer as camas em seus hotéis e costurar as roupas que levam sua marca. Na Europa, movimentos políticos de direita já foram chamados de populistas graças às tendências "iliberais", mas, a se julgar por isso, ditaduras militares seriam alguns dos Estados mais populistas do planeta.

Mesmo encarando corretamente protestos de rua como sinais populistas, consideremos que a luta contra a corrupção é o tema mais frequente dessas manifestações e, como testemunhamos em países como Coreia do Sul, Brasil, Romênia, Peru e Guatemala, entre outros, não há nada de iliberal em expor salafrários. Costuma-se partir do pressuposto de que a oposição à imigração é um traço populista, e, no entanto, nos Estados Unidos, é o movimento "Dreamer" que apresenta marcas tradicionais do populismo: uma iniciativa em nível comunitário no sentido de fazer ouvir vozes geralmente inaudíveis. De forma semelhante, o viés racial é regularmente associado ao populismo, com razão em alguns casos: mas foi o reverendo Martin Luther King Jr. quem mais pôs americanos nas ruas de braços dados e com cartazes exigindo mudanças. Na Europa de hoje, não é incomum haver confrontos entre manifestantes de direita e manifestantes de esquerda. Quem está falando em nome do povo, então?

Isso não faz sentido. Se os populistas, como sugerem alguns, forem os vilões de um debate épico sobre o futuro da democracia, quem seriam os heróis? Os elitistas? Não creio. Elitistas, na verdade, são uma ameaça mais letal à liberdade que os populistas, mas nenhum desses dois termos tem precisão, e os dois já foram mal-usados a ponto de praticamente perderem o sentido. Temos de fazer um trabalho melhor para descrever a realidade à nossa frente.

Há dois tipos de fascistas: os que dão ordens e os que obedecem a elas. Uma base popular confere ao fascismo o ritmo necessário para marchar, o fôlego para gritar e a força para ameaçar – mas isso é só sua manifestação mais física. Para transformar medos e esperanças de gente comum em tirania, é preciso dinheiro e também ambição e ideias deturpadas. Essa é a combinação mortal. Sem apoio milionário, provavelmente nunca teríamos ouvido falar do cabo Mussolini ou do cabo Hitler. E, sem sua compulsão para dominar a todo custo, nenhum dos dois teria causado o mal que causou.

A maior parte dos movimentos políticos de importância significativa é populista em algum grau, mas isso não os torna fascistas nem mesmo intolerantes. Se procuram limitar a imigração ou expandi-la, criticar ou defender o islã, promover a paz ou causar agitação clamando por guerra, todos são democráticos desde que suas metas sejam perseguidas por meios democráticos. O que torna um movimento fascista não é a ideologia, mas a disposição de fazer tudo o que for necessário – inclusive lançar mão de força e atropelar os direitos dos outros – para obter a vitória e a obediência às ordens.

Vale a pena lembrar, também, que o fascismo raramente faz uma entrada triunfal. No geral, começa com um personagem de aparência menor – Mussolini em um porão lotado, Hitler em uma esquina – que só toma as rédeas à medida que acontecimentos dramáticos se desdobram. A história avança quando se apresenta a oportunidade para agir e os fascistas estão preparados para atacar por conta própria. É nesse momento que as pequenas agressões, se não forem contestadas, tornam-se maiores, o questionável torna-se aceitável e as vozes contrárias são silenciadas.

Em pouco tempo, o governo que silencia uma fonte de notícias encontra mais facilidade para abafar a voz de outra. O parlamento que torna um partido político ilegal tem um precedente para fazer o mesmo com outro. A maioria que retira direitos de uma minoria em particular não para por aí. A força de segurança que espanca manifestantes sem consequências não hesita em fazê-lo de novo, e quando a repressão ajuda um ditador no país A a ampliar seu poder, o governo do país B segue caminho paralelo. Não demora para que a receita de Mussolini seja seguida e, mais uma vez, a galinha seja depenada pena por pena.

Consideremos o testemunho de um cidadão alemão com bom nível de educação, mas sem inclinação política, que viveu a ascensão do Terceiro Reich:

> Viver esse processo é ser absolutamente incapaz de reparar nele – tente acreditar em mim, por favor... Cada passo era tão pequeno, tão insignificante, tão bem explicado ou, às vezes, "lastimado" que, a não ser que você estivesse desde o início a observar de fora, a não ser que entendesse aonde... poderiam levar um dia todas aquelas "pequenas medidas" a que "alemão patriota" algum poderia se opor, não seria capaz de enxergar o desenvolvimento diário da coisa, assim como um fazendeiro não percebe o crescimento de seu milho...
>
> E um dia, quando já é tarde demais, seus princípios, caso tenham importância para você, o tomam de assalto. O peso de se iludir tornou-se forte demais, e algum incidente menor, no meu caso o meu filho, praticamente um bebê, dizendo "seu porco judeu", faz tudo desabar de uma vez, e você repara que tudo, tudo, mudou e mudou por completo debaixo do seu nariz.

Posto que o fascismo tende a se manifestar passo a passo e não por meio de um grande salto, seria possível que avançasse significativamente nos EUA antes de conseguirmos barrá-lo? Estaria nosso país imune a esse mal – ou seria suscetível a ele?

Antes de entrarmos nesse mérito, peço-lhe que visualize o Tio Sam de pijama branco, revirando-se num sono perturbado devido a três sonhos muito ruins.

No primeiro, bilionários reacionários conspiram, monopolizam plataformas de mídia e fazem jorrar recursos em campanhas de candidatos favorecidos que, ao assumir, certificam-se de selecionar juízes complacentes. Entram em vigor leis para proibir a imigração de muçulmanos, criminalizar o aborto, restringir de forma injusta o direito ao voto, direcionar recursos de escolas públicas para particulares e abrir poços de petróleo de um lado, do outro, por toda parte. O presidente passa a ter total autoridade para emitir ou revogar concessões de rádio e televisão, ampliar Guantánamo para receber suspeitos de crimes em território doméstico e impedir investigações sobre si mesmo. Do nascimento à morte, um número cada vez maior de cidadãos passa a vida em uma câmara de eco conservador onde assistem apenas à Fox News, memorizam o catecismo da Breitbart.com[3] e aprendem somente o que direitistas bitolados querem que saibam. Por fim, as mudanças climáticas avançam, inundações épicas devastam nossas cidades e milícias civis fortemente armadas se organizam para proteger propriedades privadas, incitadas pela promessa do perdão presidencial caso alguém puxe o gatilho em "legítima defesa".

Pesadelo número dois: liberais ricos de Hollywood e Nova York investem dinheiro em candidatos favorecidos que, ao serem eleitos, conspiram para impor padrões rígidos de correção política em todas as principais instituições da sociedade – governo, polícia, mídia, esportes, teatro, universidades e salas de aula de jardins de infância. Qualquer um que viole essas leis não escritas e vagas, ou seja acusado de tê-lo feito, é rotulado de intolerante e demitido. Oradores de direita têm presença barrada em aglomerações públicas porque seu exercício de liberdade de expressão pode ferir a sensibilidade de antifascistas armados de porretes. Banheiros separados por sexo são proibidos por serem discriminatórios, e terroristas cruzam nossas fronteiras aos borbotões porque não seria possível impedi-los sem traçar perfis raciais. Cai a Segunda Emenda[4], proíbem-se os combustíveis fósseis e um número cada vez maior de cidadãos passa suas

---

3. Website fundado em 2007 pelo comentarista conservador Andrew Breitbart, cujo conteúdo é altamente polêmico, em especial pela quantidade de teorias da conspiração mirabolantes que veicula. (N.T.)
4. Emenda que protege o direito dos cidadãos de ter e portar armas. (N.T.)

vidas inteiras em uma câmara de eco socialista, aprendendo somente o que fascistas liberais querem que saibam.

Pesadelo número três: o país é atingido por múltiplos ataques terroristas, milhares morrem e radicais islâmicos residentes nos Estados Unidos assumem a responsabilidade. Um presidente abalado implora aos cidadãos para confiar no governo e não fazer justiça com as próprias mãos. Mesmo reconhecendo a necessidade de endurecer, a Casa Branca se recusa a deter muçulmanos ou fechar mesquitas. Na esteira de mais um ataque terrorista, e outro, e outro, um jovem orador carismático aparece na televisão – e no Twitter – e acusa os líderes dos dois partidos de covardia. Clama por uma revolução para libertar o país das mentiras que vêm exaurindo sua determinação e restringindo sua potência. Jura esmagar e destruir os terroristas como fizeram com homens, mulheres e crianças inocentes imoladas em seus ataques repugnantes. Compromete-se a um batismo de fogo que trará um grande despertar, o renascimento da América de antigamente – independente, orgulhosa, valente, pura, digna da bênção de Deus. Suplica aos ouvintes para preparar suas mentes e corpos para as lutas vindouras – não só contra terroristas, mas contra quem lhes faz apologia e facilita as ações. Alerta que os inimigos já estão prontos para atacar, e a única opção seria antecipar-se a eles. "Não podemos hesitar!", grita. "Vão nos chamar de bárbaros, e estão certos. Queremos ser bárbaros. É um título honrado. Vamos endurecer nossos corações e retomar nosso país!"

Perguntei à minha turma de pós-graduandos em Georgetown: "Poderia um movimento fascista criar bases significativas nos Estados Unidos?". Um rapaz respondeu de imediato: "Sim. Por quê? Por estarmos tão certos de isso não ser possível". Argumentou que nós, americanos, confiamos na resiliência de nossas instituições democráticas o suficiente para ignorar por tempo demais a erosão gradual que sofrem. Em vez de nos mobilizarmos, seguimos adiante faceiros, na certeza de que tudo acabará bem. Um dia, abrimos os olhos e as cortinas de manhã e deparamos com um estado semifascista.

O aluno explicou que, para ele, nem os democratas nem os republicanos sabem como agir a respeito de Trump. Ainda não conseguiram entender como ele pôde ser indicado e eleito tendo ignorado cada um dos valiosos conselhos estratégicos que lhe foram dados e agido, ou se manifestado, de forma ofensiva o bastante para acabar com a carreira de qualquer outro candidato. Os líderes partidários não compreendem como, apesar das muitas atribulações por que sua presidência passa, Trump mantém uma base política combativa e firme – e esses políticos não têm como curar a situação se não conseguem compreendê-la.

O índice de popularidade do presidente é medíocre, sim, mas ainda assim mais robusto que o dos congressistas forçados a duelar com ele. No entanto, esses líderes partidários continuam a se envolver nas mesmas brigas internas que abriram a porta para Trump surgir. Os republicanos parecem frouxos, pois poucos ousaram reclamar apesar de seu partido estar sendo tomado por gente que lhes tem ojeriza; já os democratas parecem não se dar conta de que algo semelhante possa acontecer com eles. O centro vital, que várias vezes salvou o país de divisões sobre tantos temas polêmicos, tornou-se um lugar solitário – e isso, historicamente, é augúrio de problemas mais graves adiante.

O país precisa de um compromisso claro da parte de líderes responsáveis de ambos os partidos com a abordagem conjunta das necessidades nacionais, juntamente com as linhas gerais de um plano de ação para tal. No entanto, os republicanos só fazem proteger seu flanco direito, e os democratas seu flanco esquerdo, deixando um rombo gigantesco no único lugar do espectro ideológico onde se pode forjar acordos duradouros em prol do bem comum. Daqui a muitos anos, poderemos olhar para trás e enxergar em Trump apenas uma bizarria da qual extraímos uma lição para nunca mais esquecer sobre as peculiaridades da democracia. Também poderemos olhar para trás e enxergá-lo como agente de uma ruptura política da qual levaremos décadas para nos recuperar, um período no qual todos os presidentes fracassarão, pois os únicos candidatos eleitos serão aqueles que fazem promessas impossíveis de cumprir. Muita coisa depende das lições a serem extraídas pelos políticos da experiência recente – se seria melhor rejeitar o trumpismo, ou copiá-lo.

Essa é uma das razões para nos preocuparmos. Há outras.

Aprendemos com a história que fascistas podem alcançar cargos de alto escalão por via eleitoral. Quando o fazem, seu primeiro passo é tentar minar a autoridade dos poderes centrais concorrentes, entre eles o parlamento – no caso americano, o Congresso. Como observou outro dos meus alunos, os Estados Unidos estão em guerra desde 2001 com base num documento de 60 palavras, uma autorização parlamentar para o uso da força contra os que "planejaram, autorizaram, cometeram ou ajudaram" os ataques terroristas do 11 de Setembro. É naquela simples frase que os presidentes Bush, Obama e Trump se baseiam desde então para justificar operações antiterroristas não apenas no Afeganistão e no Paquistão, mas também em Camarões, Djibuti, Eritreia, Etiópia, Geórgia, Iraque, Quênia, Líbia, Níger, Filipinas, Somália, Síria, Uganda e Iêmen. Grande parte dessa atividade teve como alvo grupos que sequer existiam em 2001. A conexão entre a autorização original e as ações subsequentes tornou-se tênue a ponto de ser invisível.

Seria possível imaginar os congressistas ansiosos por reafirmar seu direito constitucional de declarar guerra e estabelecer limites ao uso da força. Alguns estão, mas a maioria, nos dois partidos, escolheu fugir a essa responsabilidade. Os belicistas temem que uma segunda resolução ataria as mãos do presidente; os pacifistas resguardam-se de entregar ao comandante em chefe algo parecido com um cheque em branco. Portanto, ano após ano, não fazem nada. Como resultado, três presidentes já ordenaram milhares de ofensivas militares ao longo de um período de anos com base única e exclusiva em seu próprio discernimento quanto à eficácia e necessidade delas. Difícil imaginar algum tipo de autoridade mais suscetível a abusos futuros. Ciente disso, o presidente Obama insistiu para que o Congresso aprovasse nova legislação – sem êxito. O Congresso não está fazendo seu trabalho nessa seara, da mesma forma que tornou-se politizado demais e eficiente de menos em tantas outras – aprovar o orçamento, escrutinar indicações, conduzir investigações objetivas, supervisionar agências do governo e promover sabatinas minuciosas em vez de aprovar leis às pressas.

Meus alunos apontam ainda outros desdobramentos problemáticos. É de insatisfações sociais e econômicas que o fascismo se alimenta, entre as quais a crença de que *aquela gente está sendo mais bem tratada do que merece enquanto eu não recebo o que me é devido*. Hoje em dia, quase todo mundo parece ter suas insatisfações: o metalúrgico desempregado, o atendente de lanchonete mal pago, a estudante pendurada em dívidas, o empreendedor com a sensação de estar sendo acossado pelas regras governamentais, o veterano há meses na fila para um atendimento médico, o fundamentalista convicto da existência de uma guerra contra o Natal, a profissional empacada diante de barreiras de gênero, o corretor de Wall Street que se considera injustamente difamado, o magnata que continua a achar que paga impostos em excesso.

Obviamente, queixas pessoais – justas ou não – são parte da condição humana desde quando Caim decidiu fazer algo a respeito da inveja que sentia do irmão. Hoje em dia, a preocupação extra é a falta de mecanismos eficientes para amenizar a raiva. Como descrito acima, todos tendemos a viver em bolhas de mídia e informação que nos reforçam as insatisfações em vez de forçar-nos a encarar todos os ângulos de questões difíceis. Em vez de exercer pensamento crítico, procuramos gente que compartilhe de nossas opiniões e nos instigue a ridicularizar as ideias daqueles cujas convicções e perspectivas se chocam com as nossas. Em diversos níveis, o desprezo virou característica-chave da política americana, e nos fez resistentes para ouvir o que os outros dizem – resistentes, em certos casos, até a deixá-los falar. Assim interrompe-se por completo o processo de aprendizado e cria-se uma plateia pronta para demagogos capazes de reunir diversos grupos de insatisfeitos e instigá-los moralmente contra todo o restante das pessoas. Prestem atenção nesta convocação: "Chegou a hora de um movimento que pegue o melhor da esquerda e da direita e forje uma nova unidade entre os diversos povos que compõem a América, moldando-os num único, uma nação unida". Esse é o grito de guerra benigno de um grupo que se intitula camisas pretas Americanos (American Blackshirts).

Nesse ponto do debate, meus alunos levantaram a questão da confiança. Como ela se constrói? Há indivíduos ou instituições a quem os dois lados dariam ouvidos? São perguntas mais difíceis de responder do que deveriam ser. Na esfera política, líderes respeitados de uma ponta a outra são raros porque, ao tentar estabelecer um meio-termo, tornam-se vulneráveis aos ataques dos extremos. Candidatos com as melhores chances de vencer eleições gerais não conseguem passar das primárias. No Legislativo, quem tenta trabalhar em um amplo espectro político não é reconhecido por um lado e é punido pelo outro por deslealdade. Numa recente pesquisa da *Reader's Digest*, as quatro pessoas em quem os americanos mais confiavam eram todas intérpretes de personagens fictícios – atores de cinema –, com Tom Hanks à frente da lista. Está bem claro que os indivíduos em que mais acreditamos não são reais.

E quanto à imprensa? Minha geração chegou à maioridade assistindo a três programas noturnos de notícias, mantendo-se acordada até mais tarde para ver Johnny Carson e considerando os pensamentos de colunistas eminentes como James Reston, Flora Lewis, Mary McGrory, William Raspberry e William Buckley. A informação que deles emanava servia como uma tremenda força centrífuga na sociedade americana.

Não compartilhávamos todos das mesmas crenças. Ao contrário, os grandes partidos tinham divergências substanciais, e à sua margem competiam por espaço nazistas, comunistas, Panteras Negras, John Birch Society, Yippies (integrantes do Partido Internacional da Juventude) e Ku Klux Klan. Mas o papel da mídia na preservação do equilíbrio era enorme. As pessoas liam, de fato, os editoriais dos grandes jornais. Praticamente todos sabiam quem estava na mais recente capa da *Life*, da *Time*, da *Newsweek* e da *Rolling Stone*. Juntos, sentamo-nos em nossas salas de estar e assistimos nosso país a enterrar um presidente, depois seu irmão e, entre os dois, o dr. King. Fomos testemunhas da primeira guerra televisionada, do primeiro pouso na Lua, da primeira renúncia de um presidente. Discordávamos frequentemente, mas pelo menos partíamos da mesma base geral de informação. Já não é mais esse o caso. Os cidadãos de hoje obtêm suas notícias de um caleidoscópio de fontes, algumas confiáveis, muitas não – e temos a certeza de que é o outro, e não nós, quem se deixa enganar por propaganda partidária e *fake news*.

Minha turma nem de longe é uniformemente sorumbática em sua previsão do futuro. Um aluno sugeriu como sinal de esperança os aspectos não militares da reação de George W. Bush aos ataques terroristas do 11 de Setembro. Bush advertiu os americanos para não culparem a religião islâmica ou seus praticantes pelos atos de um pequeno grupo de terroristas. Nesse princípio, foi consistente e corajoso ao longo de sua presidência. Jamais tentou ganhar aclamação barata à custa dos muçulmanos americanos, nem espalhou mentiras a seu respeito ou deixou de se pronunciar quando alguns foram alvos de crimes de ódio. Seu exemplo frente ao mais sério ataque em solo americano desde Pearl Harbor é digno de ser lembrado.

Outra aluna, mesmo corroborando o alerta de um colega sobre a complacência geral, enxergou uma possível cura na reação à eleição de Trump. Ela vinha percebendo em seu círculo uma erupção de interesse em questões públicas e maior disposição a organizar e participar de protestos e apoiar campanhas. Estava entusiasmada com o número de mulheres inteligentes que anunciavam planos de concorrer a cargos públicos. Trump, esperava, poderia ser a sacudida de que a democracia americana precisava.

Compartilho dessa esperança, mas devemos nos lembrar de que as forças desestabilizadoras ora em curso nos Estados Unidos e no mundo não foram desencadeadas só por um homem. Os efeitos ainda serão sentidos bem depois de Trump abandonar a vida pública. No passado, sempre acreditei que o tempo estava a nosso favor – trazendo cura, ensinamentos, criação de espaço para a inovação e ideias fora da caixa. Hoje já não tenho tanta certeza. Meu anseio pelo otimismo é tão poderoso quanto sempre foi, mas não gosto de muito do que vejo ao redor. A economia me faz lembrar da canção de *Sgt. Pepper* em que Paul canta "Tenho de admitir que está melhorando" e é provocado por John: "Pior não poderia ficar".[5] A perspectiva é tudo. Bolsas de valores podem ter lá suas altas vertiginosas, mas

---

5. A canção é "Getting Better", quarta faixa do disco dos Beatles, creditada à parceria Lennon-McCartney, mas no geral é uma composição de Paul McCartney à qual John Lennon apenas fez algumas contribuições – entre elas, o verso "Pior não poderia ficar", em contraponto ao refrão, a que a autora se refere. (N.T.)

o padrão de vida da maioria da população não melhora há muito tempo, e uma grande quantidade de jovens está convencida de que nunca ganhará tanto dinheiro quanto seus pais.

Se tantos não se sentissem deixados de lado, estariam mais otimistas e menos inclinados a atos incendiários na internet e nas cabines de votação. As expectativas têm importância. Os saltos na renda familiar ocorridos nos Estados Unidos após a Segunda Guerra Mundial podem ter parecido normais na época, mas na verdade não tinham precedentes – foram um produto da recuperação da Depressão somada à guerra, num país que controlava uma porção descomunal da riqueza global. Se as pessoas estiverem dispostas a aceitar ganhos modestos e estáveis, e se a política fiscal e de orçamento for reformada para garantir que benefícios sejam mais bem distribuídos, as possibilidades se tornarão mais atrativas. Contudo, a espera por isso pode ser longa.

De forma mais geral, temo que estejamos nos desconectando dos ideais que por tanto tempo nos inspiraram e uniram. Quando rimos, é cada vez mais uns dos outros do que uns com os outros. A lista de tópicos que não pode ser discutida sem acabar com uma reunião de família ou na faculdade só aumenta. Não nos limitamos a discordar; ficamos embasbacados com as visões que outros julgam ser o óbvio ululante. Parecemos viver no mesmo país, mas em galáxias distintas – e falta à maioria de nós a paciência para explorar o espaço entre elas. Tudo isso nos enfraquece e, de fato, nos torna mais suscetíveis.

Os três pesadelos citados acima são exagerados, como tendem a ser as paisagens dos sonhos. Contudo, as emoções e atitudes por eles refletidas são reais e fazem parte de uma hostilidade crescente entre nós que não parecemos saber reverter. Não é preciso tanta imaginação para conceber circunstâncias – outra grande recessão, um escândalo de corrupção, tensões raciais, mais atentados terroristas, assassinatos, uma série de desastres naturais ou o mergulho repentino numa guerra inesperada – que causem rupturas grandes demais para nossa Constituição, a linha e agulha da democracia, remendar.

17

AS PERGUNTAS CERTAS

Quem quer que lute contra monstros precisa se certificar de não se transformar ele mesmo em monstro no processo.

Nietzsche

Dentro de cada um de nós dorme um anseio inesgotável por liberdade, ou pelo menos nós democratas gostamos de acreditar nisso. Contudo, esse desejo compete frequentemente com a vontade de que nos digam o que fazer. Somos contraditórios. Na sala de aula, buscamos constantemente o equilíbrio entre incutir disciplina em nossos alunos e permitir à sua curiosidade e criatividade a livre expressão. Em círculos religiosos, há quem prefira o ensino pautado pela memorização automática, mas para outros a busca pela sabedoria começa com as Escrituras, e a partir delas abre-se toda uma gama de experiências e imaginação humanas. Quando rabinos são acusados de responder a cada pergunta com outra pergunta, costumam replicar com: "E por que você acha que é assim?". Nos Evangelhos, Jesus faz 40 perguntas para cada declaração taxativa. Também nos negócios e nas forças armadas, há comandos que devem ser obedecidos, misturados com apelos para rejeitar as convenções de antigos dogmas em busca de novas ideias.

Todos valorizamos o direito de forçar os limites e explorar corajosamente territórios não desbravados; contudo, não é só o que valorizamos. Em especial se estivermos assustados, com raiva ou confusos, podemos nos sentir tentados a abrir mão de bocados de nossa liberdade – ou, o que dói menos, da liberdade de outros – na busca por rumo e ordem. Bill Clinton observou que, em momentos de incerteza, as pessoas preferem um líder forte trilhando caminhos equivocados do que um na trilha correta, mas fraco. Ao longo da história, sempre foi comum que demagogos gerassem mais fervor popular que democratas, e isso quase sempre se dá pela percepção de que são mais decididos e seguros em seus julgamentos.

Em épocas de relativa tranquilidade, sentimos que dá para ter paciência. Compreendemos que questões políticas são complicadas e deve-se considerá-las com cuidado. Queremos que nossos líderes consultem especialistas, reúnam o máximo de informação possível, testem teorias e nos deem uma oportunidade de emitir nossa opinião sobre as opções disponíveis. Vemos o planejamento de longo prazo como necessário, e a deliberação como uma virtude, mas quando nos decidimos quanto à necessidade de ações imediatas, nossa tolerância por atrasos desaparece.

Nesses momentos, muitos de nós já não querem ouvir a pergunta "O que você acha?". Queremos que nos digam para onde marchar. É quando o fascismo começa: outras opções não parecem bastar. Há uma razão para a popularidade de filmes sobre justiceiros. Todos conhecemos suas premissas: algo acontece com um cidadão respeitador da lei – um ente querido é assassinado, sua filha raptada, um estupro não chega a ir a julgamento – e a polícia não tem resposta. De repente, nos identificamos com um agente da vingança, como os encarnados por Liam Neeson, Bruce Lee, Jodie Foster ou Batman, toda aquela fúria mal contida é canalizada na captura de seu alvo e dane-se o devido processo legal. Quando os vilões são aniquilados, vibramos. É nossa natureza – ou ao menos parte dela.

Quando se trata das vidas de países, as origens da raiva não têm de ser profundamente pessoais para despertar o desejo por soluções imediatas. Mussolini e Hitler beberam da angústia de seus cidadãos após a carnificina da Primeira Guerra Mundial. Kim Il-sung fez o papel de guardião e guia num país marcado por quatro décadas de conflitos. Milosevic e Putin exploraram os poços profundos da indignação nacionalista no rescaldo da Guerra Fria. A ascensão ao poder de Chávez e Erdogan se deu em meio a crises políticas e econômicas que levavam gente da classe média a despencar financeiramente rumo à pobreza. Orbán e seus parceiros de aventura da direita europeia prometem proteger seus eleitores das demandas psicológicas geradas pela diversidade religiosa, cultural e racial. Indo bem mais para trás, os antigos israelitas, cercados por inimigos, imploraram a Samuel por um rei, de forma que "sejamos como todas as outras nações, com um rei para nos liderar, conduzir, lutar as nossas batalhas". O profeta aconselha os israelitas a pensar melhor, alertando que o monarca que eles reivindicam levará seus filhos para o combate, suas filhas para cozinhar, e seus vinhedos, campos, gado, ovelhas e servos para satisfazer as necessidades dele. Ainda assim, o povo persiste e seu desejo é atendido. Um século depois, o reino se parte em dois e caminha a passos largos para a destruição.

Nada há de repreensível em querer um líder forte – pouca gente ansiaria por um fraco –, mas a lista de lideranças nacionais que pareciam virtuosas antes de revelar uma ou mais falhas desastrosas de caráter começa ao nascer da própria história e continua a aumentar. Em 1980, Robert Mugabe foi aclamado como herói na África por seu papel na independência da Rodésia (atualmente Zimbábue) do domínio colonial branco. Dali para a frente, meteu os pés pelas mãos na condução da economia, fomentou a corrupção, atropelou cruelmente os direitos humanos, suprimiu a oposição política e recusou-se a deixar o poder até ser forçado a sair, em novembro de 2017, aos 93 anos de idade. Em 1985, Hun Sen parecia o homem certo para comandar o Camboja, ainda em processo de recuperação do Khmer Vermelho genocida. Mas isso ocorreu há mais de três décadas, tempo suficiente para que se transformasse num ditador. Em 1986, ao assumir o comando de Uganda após uma brutal guerra civil, Yoweri Museveni prometia democracia irrestrita. Muitos o consideravam o arauto de uma nova e esclarecida geração de líderes africanos; mas, enquanto outros em seu círculo já saíram de cena, ele permanece e permanece, e torna-se mais autocrático a cada novo mandato.

Infelizmente, pode-se adicionar muitos outros nomes a essa lista, de Daniel Ortega, da Nicarágua, a Paul Kagame, de Ruanda, passando por Ilham Aliyev, do Azerbaijão, e pelo mais longo nome de todos, Gurbanguly Berdimuhamedov, autodeclarado "protetor" do Turcomenistão. O poder, como sabemos todos, é um vício do qual somos propensos a abusar. Mesmo quem entra para a vida pública com as melhores intenções é suscetível à sua atração. Devemos, portanto, ficar atentos ao nosso próprio mau hábito – o de procurar e esperar respostas fáceis quando os problemas mais sérios que enfrentamos são tudo menos isso. Talvez devamos nos lembrar da explicação de Hitler, em 1936, para sua popularidade: "Vou contar o que me levou ao posto que atingi. Nossos problemas políticos pareciam complicados. O povo alemão não conseguia entendê-los... eu, por outro lado... os reduzi aos termos mais simples. A multidão se deu conta disso e me seguiu".

No dia 19 de outubro de 2017, peguei o trem para Nova York rumo a um evento montado por George W. Bush para celebrar o "Espírito da Liberdade". Anos atrás – quando Bush era presidente e eu mal havia começado minha nova carreira de ex-alguém –, discordamos muito sobre questões políticas. Contudo, sempre admirei seu otimismo relaxado e sua decência como pessoa, qualidades bem menos comuns hoje na vida pública do que deveriam ser.

Nessa ocasião, ele tinha uma importante mensagem a transmitir. Falando calma mas firmemente, o ex-comandante em chefe alertou quanto à degradação do debate político nos Estados Unidos e no exterior. Criticou o sectarismo rígido, o renascimento de sentimentos isolacionistas e protecionistas, a deturpação do orgulho nacional na forma de fanatismo nativista e a tola aceitação por parte de alguns de teorias da conspiração e mentiras deslavadas. "No fundo, sabemos", disse ele, "que a repressão não é a onda do futuro... Sabemos que governos livres são a única forma de garantir que os fortes sejam justos e os fracos, valorizados. E sabemos que se perdermos de vista os nossos ideais, não foi a democracia que falhou. O fracasso pertence aos encarregados de preservá-la e protegê-la."

Quando tive a oportunidade de falar, expressei meu desconforto – como sempre faço – para com aqueles ora no poder que consideram possível para os Estados Unidos caminhar sem a ajuda de seus amigos. No meu ponto de vista, precisamos trabalhar bem com os outros, não importando se a meta é deter o terrorismo, impedir a proliferação de armas nucleares, subir o padrão de vida da população, preservar o meio ambiente, prevenir epidemias, prender traficantes internacionais de drogas ou – sim – garantir a segurança de nossas fronteiras. Não há razão neste mundo para termos medo ou não termos disposição para a colaboração construtiva. Conceber os Estados Unidos como um país de idiotas que passaram os últimos cinquenta anos sendo roubados por estrangeiros astutos é absurdo. A sugestão de que nosso país possa fugir às suas responsabilidades numa era no mínimo tão perigosa quanto qualquer outra é meramente triste. Não é esse o país que eu reconheço.

Como secretária de Estado, tive o orgulho de corroborar as palavras dos presidentes George H. W. Bush e Bill Clinton, que chamavam os EUA de "nação indispensável". Preocupo-me hoje se o país não estaria, por sua própria escolha, tornando-se menos admirado e menos relevante na política internacional. Em parte por esse motivo, enxergo o fascismo e as políticas fascistas como ameaças mais violentas à liberdade, à prosperidade e à paz internacionais do que em qualquer outro momento desde a Segunda Guerra Mundial. Mais uma vez, sou levada à minha definição de um fascista como alguém que alega falar em nome de toda uma nação ou um grupo, não tem preocupação alguma com os direitos de terceiros e está disposto a lançar mão de violência e quaisquer outros meios necessários para atingir as metas que porventura tenha. Ao longo de minha vida adulta, sempre achei que poderíamos contar com os Estados Unidos para erguer obstáculos no caminho de qualquer líder, partido ou movimento com essas características. Nunca pensei que, aos 80 anos, começaria a ter dúvidas.

A sombra que paira sobre estas páginas é, claro, a de Donald Trump. Ele é presidente por ter convencido um número suficiente de votantes nos estados certos de ser um contador de verdades duras, um mestre negociador e defensor efetivo dos interesses americanos. O fato de não ser nada disso já deveria nos colocar em alerta, mas há uma causa maior para ansiedade. Trump é o primeiro presidente antidemocrático na história moderna dos EUA. Demasiadas vezes, ao iniciar o dia, ostenta seu desdém pelas instituições democráticas, pelos ideais de igualdade e justiça social, pelo discurso civil, pelas virtudes cívicas e pelos Estados Unidos propriamente ditos. Se transplantado para um país com menos garantias democráticas, tentaria ser ditador, pois esse é seu instinto natural. Tal fato assustador tem consequências. A mentalidade de manada é forte na política internacional. Líderes mundo afora observam uns aos outros, aprendem uns com os outros, e imitam uns aos outros. Veem para onde se dirigem seus colegas, o que está ao seu alcance, e como podem aumentar e perpetuar seu poder. Uns seguem os passos dos outros, como Hitler fez com Mussolini – e atualmente a manada está se movendo na direção do fascismo.

Com todas as suas diferenças, há também elos a conectar figuras como Maduro, Erdogan, Putin, Orbán, Duterte e – o único exemplo entre estes de um verdadeiro fascista – Kim Jong-un. Todos tentaram afastar seus seguidores do consenso de apoio a normas democráticas construídas ao longo de décadas e à custa de muita luta e sacrifício. Para esses homens de atitudes premeditadas, o acesso ao alto escalão não é um privilégio temporário, mas uma forma de impor seus desejos por todo o tempo possível. Em suas manifestações públicas, não mostram interesse algum em cooperar com ninguém fora dos grupos específicos que se arvoram a representar e em cujo nome dizem falar. Todos clamam para si o manto de "líder obstinado"; todos dizem falar em nome do "povo"; e buscam ajuda uns nos outros para aumentar a rede de sustentação.

Se esse círculo de déspotas não tivesse se formado, provavelmente a desalentadora influência de Trump seria temporária e administrável, um mal menor do qual um corpo saudável se recuperaria rapidamente; mas, quando a ordem legal internacional já está acometida de uma série de doenças, seu sistema imunológico está enfraquecido. É esse o perigo à nossa frente.

Um dos meus passatempos em anos recentes tem sido a participação em laboratórios de ideias para avaliar, por exemplo, as perspectivas para a democracia no Oriente Médio e as ameaças ao pluralismo político e social nos Estados Unidos e em outros países. Esse processo – que, Deus me perdoe, eu amo – envolve reunir gente inteligente e entupida de cafeína ao redor de uma mesa para conversar, beliscar frios e escrever recomendações que circulam internamente, depois revisadas e então publicadas. Talvez alguns imaginem ser essa a forma de os elitistas conceberem planos maquiavélicos para dominar o mundo. Contudo, para os envolvidos, é um exercício da mais miserável modéstia. É muito raro nossos relatórios tão meticulosamente constituídos e seriamente debatidos chegarem a ter algum impacto, apesar de eu considerar que o mundo só teria a ganhar caso mais gente estivesse disposta a lê-los, fazer marcações e aprender sobre seu conteúdo.

Os relatórios estão à disposição de todos e carecem de atenção. Por isso, não vou pedir aos leitores deste livro para se debruçarem sobre uma longa lista de propostas que visam a reduzir o excesso de dinheiro em circulação na política, melhorar a educação cívica, defender a independência jornalística, adaptar-nos às transformações no mercado de trabalho, enriquecer o diálogo entre religiões e colocar rédeas nesse cavalo chucro chamado internet. Devemos fazer todas essas coisas e outras mais; seria o bastante, porém?

O presidente Obama passou oito anos tentando levar os Estados Unidos para a frente na maior parte dessas áreas, com algum sucesso. A política fiscal e de gastos públicos de seu governo era diretamente voltada a aumentar salários de gente de rendas baixa e média. O Departamento de Educação promoveu a educação continuada, o treinamento vocacional e a redução de mensalidades, ao mesmo tempo em que enquadrou um punhado de universidades particulares conceituadas que metiam a mão no bolso dos alunos. O presidente tentou muito ser uma presença apaziguadora – até com um toque de "Assombrosa Graça"¹ – na questão das divisões raciais. Mais que qualquer de seus predecessores, era sintonizado com as mídias sociais e a realidade complexa do cibermundo. Era tão dedicado a fazer cumprir as leis de imigração como criativo na tentativa de encontrar um caminho legal para os merecedores tornarem-se cidadãos. Herdou uma hecatombe econômica e deixou o cargo na sequência da maior expansão continuada de empregos no setor privado na história do país.

Vamos então ao que não faz sentido. Em novembro de 2016, a taxa de aprovação de Obama era a mais alta de seus dois mandatos – e, no entanto, o Colégio Eleitoral americano premiou um candidato que insistia em afirmar que o país estava a caminho do inferno.

O quebra-cabeças não se limita a 2016 ou somente a um país. Na Rússia, talvez se explique a ascensão de Putin pelos desastres dos anos 1990. Em 2002, quando Erdogan concorreu a presidente pela primeira vez, parecia um salvador se comparado aos velhos cansados que haviam levado a Turquia à lona.

As causas mais recentes de descontentamento, no entanto, são menos evidentes ou têm menos peso. Países como a Hungria, a Polônia e as Filipinas não estão em situação econômica particularmente difícil nem sofreram algum trauma histórico recente. Além disso, em uma série de aspectos, o mundo está em melhores condições do que jamais esteve. Crianças nascidas hoje têm maior probabilidade de iniciar a vida com saúde, receber as vacinas necessárias, ter acesso à educação e chegar à terceira idade do que as de qualquer geração anterior. Os números do Banco Mundial mostram que a taxa global de pobreza extrema está abaixo de 10% pela primeira vez. Parcerias entre órgãos de ajuda humanitária e o setor privado geraram enormes dividendos ao ampliar o alcance da medicina, atacar a malária e a aids e aumentar o acesso à eletricidade e à comunicação moderna. Há uma série de falhas no sistema internacional e a crise dos refugiados sírios esticou além do limite sua capacidade humanitária, mas profissionais nos campos de desenvolvimento, saúde pública e

---

1. Citação do hino cristão "Amazing Grace" (1779), clássico do cancioneiro americano gravado milhares de vezes ao longo do século XX. (N.T.)

assistência a refugiados nunca conseguiram fazer tanto bem em tantos lugares ou para um número tão grande de pessoas.

Sim, os salários continuam muito baixos e temos muito trabalho à frente para providenciar empregos para a próxima geração e a seguinte. Não há razões para satisfação, mas nem por isso devemos nos entregar à ilusão de que o autoritarismo possa ser uma opção mais prática. Alguém poderia se perguntar: mas e a China? Sua ascensão contribuiu em muito para os ganhos globais, mas isso ocorreu porque três décadas atrás os líderes em Pequim decidiram abrir sua economia e abraçar muitos dos princípios da livre iniciativa. A China tornou-se uma grande potência não por ter se superado numa fórmula própria de sucesso, mas porque seu povo se mostrou propenso ao capitalismo.

Consideremos todas as exigências impostas ao governo e contabilizemos as mudanças abissais ocorridas nas últimas sete décadas: o fim do colonialismo, a queda da Cortina de Ferro, o estreitamento da divisão Norte-Sul, a revolução na tecnologia e a mobilidade aumentada da população. Qualquer padrão objetivo que se adote mostrará como a democracia – apesar de desafiada em todos os seus aspectos – não fracassou nem está fracassando. Por que, então, temos tamanha sensação de que o contrário ocorreu e continua a ocorrer?

Nesses mais de vinte anos de magistério, aprendi a questionar se, na falta de boas respostas, não seria eu a procurar nos lugares errados. Agora, imagino se nós, cidadãos democráticos, não estaríamos sendo descuidados na formulação das perguntas corretas. Talvez tenhamos nos acostumado tanto à satisfação imediata fornecida por nossos dispositivos que perdemos a paciência com o ritmo moroso da democracia. É possível que tenhamos nos permitido ser manipulados por vendilhões que prometem mundos e fundos, mas não fazem a menor ideia de como cumprir a palavra. Talvez estejamos nos permitindo ser logrados e confundidos por aparências – a ilusão de determinação, a torrente incansável de trivialidades, os dramas artificiais de *reality show* – a ponto de já não reconhecermos o que é verdade e acreditarmos com convicção no que não é. O momento talvez peça uma pausa para considerarmos mais a fundo exatamente o que queremos dizer ao falarmos em conceitos como grandeza e força.

Poucos presidentes americanos eram tão desprezados às vésperas de assumir o cargo quanto Abraham Lincoln. Eram previsíveis as ofensas de seus críticos nos estados do Sul, mas alguns dos principais líderes políticos do Norte – mesmo em seu próprio partido – o tachavam de "vacilante e ineficiente", "insípido como água" e "um reconhecido fracasso sem fibra, coragem ou vocação executiva". A grita só aumentou quando, por razões de segurança, ele usou um chapéu de capa baixa e um enorme sobretudo para evitar ser reconhecido ao trocar de trem a caminho de Washington para a posse. Aparentemente, o novo presidente não era só – entre outros epítetos a ele dirigidos – caipira, grosseirão, gorila e idiota; era também covarde. Quatro anos depois, debruçado no balcão do Ford's Theatre, John Wilkes Booth o chamou de tirano.

A se julgar por seu impacto durante a estada no cargo, nenhum chefe do poder Executivo nos EUA foi mais polêmico que Lincoln, e no entanto trata-se hoje de um dos poucos presidentes reverenciados por republicanos e democratas, historiadores e cidadãos comuns de todas as partes do país, além de milhões de pessoas mundo afora. Há muito tempo é considerado pela história um líder forte, mas não por assim se intitular. Apesar de ter sido muito ridicularizado, Lincoln jamais caçoou dos oprimidos, se gabou das próprias realizações ou demonstrou crueldade pessoal. Era um político hábil que sabia jogar duro, cujas medidas em tempo de guerra comprometeram liberdades civis, mas que nunca titubeou em sua real meta – salvar a nação da perversidade de suas piores paixões e estratagemas.

Como comunicador, era autêntico, exigia mais dos americanos, dirigia-se ao povo com mais franqueza que qualquer presidente anterior ou posterior. No início da guerra, seu apelo era direcionado "aos melhores anjos de nossa natureza"; com a aproximação do final do conflito, aos princípios de "rancor para com ninguém" e "caridade para todos". Disse a uma nação sobrecarregada com pesar para considerar a possibilidade de ter sido anfitriã do próprio

Armagedom ao tolerar a escravidão por tanto tempo. Instigou aqueles com sede de vingança a se concentrarem em costurar as feridas da nação e cuidar "daquele que arcou com o combate, de sua viúva e de seu órfão".

Um século depois, a leste do oceano Atlântico, Nelson Mandela, no auge da vida, começou a cumprir uma pena de 27 anos de prisão. Seu crime, o de se opor aos opressores racistas que haviam assegurado o monopólio do poder e dos privilégios em seu país. O corajoso dissidente tinha intensos motivos para lamentar-se, razões legítimas para amargura e milhares de dias passados atrás das grades para cultivar o ódio. Contudo, optou por passar o tempo aprendendo a respeito dos responsáveis por colocá-lo na cadeia – os africâneres. Estudou sua língua, sua história, seus ressentimentos, seus medos. Ao chegar o tão esperado dia de sua libertação, Mandela não se limitava a entender aqueles que o haviam jogado na prisão; era capaz de comunicar-se com eles, achar pontos em comum, perdoá-los e – o mais assombroso – liderá-los. Como presidente, Mandela resistiu aos muitos de seu partido que queriam justiça imediata para os inúmeros malfeitos a membros do movimento antiapartheid. Nomeou uma Comissão de Verdade e Reconciliação que recebeu testemunhos dos dois lados. Ao contrário de tantos, não teve dificuldade em resistir às armadilhas do alto cargo e recusou-se a tentar a reeleição. Em seu discurso de despedida às Nações Unidas, disse:

> Ao recostar-me em Qunu e tornar-me tão antigo como suas colinas, continuarei a alimentar a esperança de que, em meu próprio país e região, em meu continente e no mundo, tenha emergido um quadro de líderes que não permita a negação da liberdade a ninguém, como nos foi negada; a transformação de ninguém em refugiados, como nos tornamos; a condenação de ninguém à fome, que nós passamos; a perda da dignidade humana de ninguém, como perdemos a nossa.

Lincoln e Mandela combateram monstros; nenhum dos dois tornou-se igual a eles.

Talvez alguns enxerguem alarmismo neste livro e em seu título. Ótimo. Temos de estar atentos ao ataque aos valores democráticos que ganha força em tantos países estrangeiros e divide os Estados Unidos. É poderosa a tentação de fechar os olhos e esperar que o pior passe, mas, como a história nos ensina, a liberdade só sobreviverá se defendida, e as mentiras só cessarão se forem expostas.

Se Donald Trump não tivesse sido eleito presidente, ainda assim eu teria mergulhado neste trabalho, pois concebi o projeto com a ideia de dar impulso à democracia durante o primeiro mandato de Hillary Clinton. A eleição de Trump só fez aumentar meu sentido de urgência. Obviamente não podemos esperar de todos os líderes a sabedoria de Lincoln ou a grandeza de alma de Mandela, mas ao pensarmos quais perguntas seria mais proveitoso fazer a eles, talvez nosso ponto de partida deva ser a compreensão do que acham digno que escutemos.

Estariam explorando nossos preconceitos ao sugerir que tratemos como indignas de respeito pessoas de outras etnias, raças, credos ou partidos?

Estariam tentando direcionar nossa raiva contra aqueles que acreditamos terem nos prejudicado, pondo o dedo em nossas feridas, fazendo-nos pensar em vingança?

Estariam nos incutindo desprezo pelas instituições governamentais e pelo processo eleitoral?

Estariam tentando destruir nossa fé em colaboradores essenciais de uma democracia como a imprensa livre e o judiciário profissional?

Estariam explorando símbolos de patriotismo – a bandeira, o juramento – em um esforço consciente para voltar-nos uns contra os outros?

Se derrotados nas urnas, aceitariam o veredito ou insistiriam ter vencido contra todas as evidências?

Vão além de pedir nossos votos, gabando-se de serem capazes de resolver todos os problemas, apaziguar todas as nossas ansiedades e satisfazer todos os nossos desejos?

Tentam obter nossos aplausos falando casualmente, de forma exaltada e viril, sobre lançar mão da violência para dar cabo de inimigos?

Ecoam a atitude de Mussolini de que "a massa não precisa ser informada", apenas acreditar e "submeter-se a nossos moldes"?

Ou nos convidam a unirmo-nos na construção e manutenção de um centro saudável para nossa sociedade, um lugar com justa distribuição de direitos e deveres, respeito ao contrato social e espaço para todos sonharem e crescerem?

As respostas a essas perguntas não nos dirão se um candidato a líder é de esquerda ou de direita, conservador ou liberal ou – no contexto americano – democrata ou republicano. Contudo, nos dirão muito do que precisamos saber sobre quem pretende nos liderar e, também, sobre nós mesmos. Aos que amam a liberdade, as respostas nos fornecerão bases para tranquilizarmo-nos ou um aviso que não poderemos ousar ignorar.

AGRADECIMENTOS

Em janeiro de 2001, ao deixar o cargo de secretária de Estado dos Estados Unidos, queria muito contar minha história nas páginas de um livro. Minhas memórias, *Madam Secretary*, foram publicadas dois anos e meio depois. Tendo atingido a idade convencional de aposentadoria, imaginei que minha carreira de escritora havia acabado. Estava errada. *Fascismo: Um alerta* é meu sexto livro. Ou eu não sei parar, ou os acontecimentos determinam que continue a escrever – creio ser a segunda opção. Este projeto, mais que outros, está ligado a avanços recentes e ainda em andamento na arena pública e pode, portanto, ser deixado para trás em alguns de seus detalhes pelo que vier a ocorrer a seguir. Contudo, suspeito (e temo) que o assunto geral mantenha-se relevante por estar intimamente ligado à natureza humana e a como pessoas de formações distintas encontram, ou não conseguem encontrar, formas pacíficas de viver em comunidade.

Cada livro é produto de uma equipe e, com toda a prática que acumulamos, o nosso já é veterano. Como sempre, fico profundamente grata pela ajuda e pelo apoio da minha família: minha irmã, Kathy Silva; meu irmão e minha cunhada, John e Pamela Korbel; minhas três filhas, Anne, Alice e Katie; meus genros; meus seis netos. Sem eles, pouco poderia e nada amaria fazer.

O fenômeno que chamamos de fascismo teve um papel central na minha vida, como na de tantos outros e na história de nosso tempo. Saber disso, no entanto, não equivale a entender as origens e os métodos do fascismo; a pesquisa é indispensável. Agradeço a meu parceiro de escrita de longa data, Bill Woodward, por sua exploração do passado, suas muitas ideias e dedicação ao trabalho. A ajuda de Elaine Shocas, outra colega de longa data, na revisão das versões do texto e nos sábios conselhos oferecidos, foi essencial. Richard Cohen editou todos os livros que escrevi – até aquele sobre broches – e, sempre, conseguiu melhorá-los em tudo, dos temas-base ao uso de vírgulas. É delicioso trabalhar com ele e o proíbo de se aposentar.

Uma autora precisa de uma editora, e terá muita sorte se puder trabalhar com a melhor do ramo. Tenho uma dívida de gratidão com a equipe estelar da HarperCollins – a começar por Jonathan Burnham e Jonathan Jao, incluindo também Sofia Groopman, que dedicou tantas horas a este projeto, e a equipe inteira da Harper, como Brian Murray, Michael Morrison, Tina Andreadis, Kate D'Esmond e Juliette Shapland; agradeço por sua fé e orientação constante.

Meus conselheiros Bob Barnett e Deneen Howell estabeleceram o padrão de excelência em sua profissão. Ninguém é mais inteligente que eles, ninguém é mais agradável. Valorizo sua ajuda e tenho sua amizade em alta conta.

A razão de minha expressão feliz na quarta capa é o fato de o fotógrafo Timothy Greenfield-Sanders ser um dos mais habilidosos do mundo. Não lhe dou muito com que trabalhar, mas ele sempre acha uma maneira de captar algo mais profundo que a impressão superficial. Sinto-me honrada por mais um dos retratos que fez de mim ter passado a integrar a coleção permanente da National Portrait Gallery.

Como a maioria dos livros, o texto deste teve várias versões. Agradeço a todos que se dispuseram a revisar vários capítulos, incluindo meus colegas Wendy Sherman, Jim O'Brien, Jacob Freedman, Fariba Yassaee e, em especial, Ken Wollack, presidente de longa data do National Democratic Institute. Ken fez várias colocações importantes, e também sou grata à ajuda de Scott Hubli, do NDI, na relação entre a tecnologia da informação e a democracia.

Projetos como este demandam grande investimento de tempo, e isso pode nos afastar de outras obrigações. Felizmente, tenho o privilégio de trabalhar todo dia junto a uma equipe talentosa e compreensiva no Albright Stonebridge Group. Jan Stewart e Liza Romanow estiveram ao meu lado ao longo do processo, que não teria sido possível sem sua assistência, paciência e habilidade. É muita gente para que eu possa citar o nome de todos, mas devo agradecimentos especiais a Melissa Estok, Mica Carmio, Lauren Cotter e Nancy Sefko.

Anna Stolk dedicou muitas horas à pesquisa e checagem de fatos. Seu bom senso e seu olhar cuidadoso foram contribuições valorosas a este projeto. Will Palmer fez um trabalho estupendo como copidesque, e por isso o saúdo.

Uma das alegrias da minha vida é o fato de minhas viagens e o tempo que passo com velhos amigos serem quase sempre dedicados ao interesse público. Em 2003, tive a ideia de manter contato com alguns dos ex-ministros das Relações Exteriores com quem trabalhara em minha passagem pela Secretaria de Estado. O nome original do grupo, "Madeleine e seus ex", pegou, mas para efeito formal trata-se do Aspen Ministers Forum. Encontramo-nos uma ou duas vezes por ano, continuamos a acolher os aposentados mais recentes e volta e meia divulgamos comunicados ou escrevemos artigos para resumir nossos pensamentos. Ultimamente temos debatido a situação da Europa, o ambiente político nos Estados Unidos e as implicações de ambos para o restante do mundo. Naturalmente, o tema deste livro surgiu nas conversas e vários ex-ministros me permitiram tomar emprestados seus cérebros. Por seu tempo e pensamentos, quero agradecer em particular a meus amigos Lloyd Axworthy (Canadá), Lamberto Dini (Itália), Erik Derycke (Bélgica), Jan Eliasson (Suécia), Joschka Fischer (Alemanha), Jaime Gama (Portugal), Susana Malcorra (Argentina), David Miliband e Malcolm Rifkind (Reino Unido), Ana Palacio (Espanha), George Andreas Papandreou (Grécia), Hubert Védrine (França) e Knut Vollebaek (Noruega). Porém é importante deixar claro que as opiniões expressas neste livro são de minha inteira responsabilidade, e não deles.

Por fim, sou profundamente grata aos alunos de minha turma de pós-graduação em Georgetown por suas ideias provocativas sobre o fascismo e por terem concordado alegremente em servir de cobaias para este livro. A lasanha não foi pagamento suficiente. Vamos à chamada: os professores assistentes Friederike Kaiser, Shannon Mizzi e Kirby Neuner; e os alunos Hadeil Abdelraouf, Bassima Alghussein, Katherine Ayanian, Daniel Bishop, Dainis Butners, Yanique Campbell, Samuel Denney, Shane Feifer, Anthony Johnson, Melissa Karakash, Ted Kenyon, Annie Kowalewski, Jennifer Lincoln, Amelie Lohmann, James Lowe, Gayle Martin, Alexandra Memmott, Sarah Oldham, Yusuke Saito, Sonny Santistevan, Samta Savla, Sally Scudder, Amanat Thind, Amanda Thoet e Patrick Zimet. Obrigada a todos e a cada um de vocês.

REFERÊNCIAS

CAPÍTULO 1: UMA DOUTRINA DE RAIVA E MEDO

10 "A força que nasce": Mohandas K. Gandhi, citado em Surendra Bhana e Bridglal Pachal, eds., *A Documentary History of Indian South Africans* [Uma história documental dos indígenas sul-africanos] (Cidade do Cabo: D. Philip, 1984), como citado em "Gandhi explica 'Satyagraha'", South African History Online, www.sahistory.org.za/archive/44-gandhi-explains-satyagraha.

12 "O fim da Guerra Fria foi uma vitória": George H. W. Bush, discurso sobre o Estado da União ao 102º Congresso, em Washington, 29 de janeiro de 1991.

12 "A Europa está tentando criar": Václav Havel, Discurso à Nação, Praga, Tchecoslováquia, 1º de janeiro de 1994.

12 "sob ataque e recuando": *Freedom in the World 2018: Democracy in Crisis* [Liberdade no mundo 2018: A democracia em crise] (Washington: Freedom House, 2018), 1.

13 "inimigos do povo americano": Donald J. Trump, citado em "Trump Calls the News Media the 'Enemy of the American People'" ["Trump chama a mídia de 'inimigos do povo americano"], *The New York Times*, 17 de fevereiro de 2017.

13 "uma piada": Trump, citado em Ruth Marcus, "Our Criminal Justice System Is Not a 'Joke', Yet" ["Nossa justiça criminal não é uma 'piada', por enquanto"], *Washington Post*, 3 de novembro de 2017.
19 "O fascismo foi a principal inovação política", Robert O. Paxton, *A anatomia do fascismo* (Rio de Janeiro: Paz e Terra, 2008), 3.
21 "todos têm o direito": Woodrow Wilson, discurso à Primeira Assembleia Anual da Liga para a Promoção da Paz, 27 de maio de 1916, American Presidency Project, www.presidency.ucsb.edu/ws/?pid=65391.

CAPÍTULO DOIS: O MAIOR ESPETÁCULO DA TERRA
23 "gênio da era moderna": Thomas Edison, citado em Richard Collier, *Duce: Ascensão e queda de Benito Mussolini* (Rio de Janeiro: Record, 1971), 93.
23 "um super-homem": Gandhi, citado na mesma fonte, 93.
23 "luta contra o apetite bestial do leninismo": Winston Churchill, citado na mesma fonte, 93.
29 "É quebrar os ossos dos democratas": Benito Mussolini, citado em Paxton, *A anatomia do fascismo*, 17.
29 "Ou nos permitem governar": Mussolini, citado em Denis Mack Smith, *Mussolini* (Londres: Phoenix Press, 1981), 51.
30 "O público atraído pela ocasião era variado": Descrição dos manifestantes em Collier, *Duce*, 25 a 26.
31 "Podia ter transformado este salão acinzentado e monótono": Mussolini, citado em Collier, *Duce*, 66.
32 "Quero deixar uma marca na minha época", citado na mesma fonte.
32 "Nunca antes... o povo esteve tão sedento": Mussolini, "*A doutrina do fascismo*", em *Enciclopedia italiana di scienze, lettere ed arti* [Enciclopédia italiana de ciências, letras e arte] (Roma: Treccani, 1932).
33 "Vivam perigosamente": Mussolini, citado em Smith, *Mussolini*, 112.
33 "a maior guerra colonial de toda a história", citado na mesma fonte, 201.
33 "erguer as bandeiras": Mussolini, citado em Collier, *Duce*, 130.

34 "quando o *signor* Mussolini aparecia": Herbert Matthews, "Mussolini Declares War Unnecessary; Present Problems Do Not 'Justify It'" ["Mussolini chama guerra de desnecessária; os atuais problemas 'não a justificam'"], *New York Times*, 15 de maio de 1939.
34 *Se eu avançar, siga-me!*: slogan em faixa citada em Collier, *Duce*, 91. A frase pode ter sido criada pelo general francês Henri de La Rochejaquelein (1772-94).
35 "Só uma pessoa na Itália é infalível": Mussolini, citado em Smith, *Mussolini*, 180.
35 "Muitas vezes eu gostaria de estar errado": Mussolini, citado na mesma fonte, 110.

CAPÍTULO TRÊS: "QUEREMOS SER BÁRBAROS"

37 "Naquela noite na hospedaria": Patrick Leigh Fermor, *Um tempo de dádivas* (Rio de Janeiro: Edições de Janeiro, 2018), 77.
38 "Não quero os votos de vocês": Adolf Hitler, citado em Alan Bullock, *Hitler: A Study in Tyranny* [Hitler: Um estudo sobre a tirania] (Londres: Penguin, 1990), 270.
39 "impertinente, teimoso, arrogante": Dr. Eduard Hüner, citado na mesma fonte, 27.
41 "inverdades colossais": Hitler, citado na mesma fonte, 70.
41 "de quem se sente enganado": Friedrich Nietzsche, citado em Karl Dietrich Bracher, *The German Dictatorship: The Origins, Structure and Effects of National Socialism* [A ditadura alemã: As origens, a estrutura e os efeitos do nacional-socialismo] (Nova York: Praeger, 1970), 63.
42 "Nós, nacional-socialistas": Hitler: *Minha luta*, volume 2, capítulo VII, www.hitler.org/writings/mein_kampf/mkv2ch07.html.
42 "homem nascido para ser ditador": Hitler, citado em Bullock, *Hitler*, 117.
42 "uma política de legalidade": Hitler, citado em Bracher, *The German Dictatorship*, 118.
45 "revolução legal": Hitler, citado na mesma fonte, 48.

45 "As forças reacionárias acham": Hitler, citado em Bullock, *Hitler*, 276.
47 "Se serei morto": Ernst Röhm, citado em "Night of the Long Knives" [A Noite das Facas Longas], *The Triumph of Hitler* [O triunfo de Hitler], The History Place, 2002, www.historyplace.com/worldwar2/triumph/tr-roehm.htm.
48 "Trabalhadores... olhem para mim": Hitler, citado em Bullock, *Hitler*, 632.
48 "Nós o estudávamos como se fosse a Bíblia": Martin Bormann Jr., citado em Erna Paris, *Long Shadows: Truth, Lies and History* [Sombras duradouras: Verdade, mentiras e história] (Nova York: Bloomsbury, 2000), 55.
48 "Aqueles que estiveram frente a frente com Herr Hitler": Winston Churchill, *Grandes homens contemporâneos* (São Paulo: Companhia Editora Nacional, 1941), 170.
49 "erguer o Reich alemão sonhado pelos grandes poetas": Hitler, citado em Bullock, *Hitler*, 632.

CAPÍTULO QUATRO: "NÃO TENHAM PIEDADE NO CORAÇÃO"

52 "estúpidas, bárbaras e indignas": Benito Mussolini, citado em Collier, *Duce*, 148.
52 "o grande homem ao sul dos Alpes": Adolf Hitler, citado em Robert M. Edsel, *Salvando a Itália* (Rio de Janeiro: Rocco, 2014), 10.
53 "Hitler fala, e fala, e fala": conde Galeazzo Ciano, citado em Bullock, *Hitler*, 678.
54 "A guerra é para um homem": Mussolini, discurso à Câmara dos Deputados da Itália, 28 de abril de 1939.
55 "amam a guerra total e impiedosa": Mussolini, citado em Peter Wyden, *The Passionate War: The Narrative History of the Spanish Civil War, 1936-1939* [A guerra apaixonada: A história narrativa da Guerra Civil Espanhola, 1936-1939] (Nova York: Simon and Schuster, 1983), 446.
55 "Não tenham piedade no coração": Hitler, citado em Bullock, *Hitler*, 526.
56 "Hitler sempre me traz um fato consumado": Mussolini, citado em Collier, *Duce*, 178.

58 "É necessário espalhar uma atmosfera de terror": General Emilio Mola, citado em Wyden, *Passionate War*, 108.
61 "Nós três": Hitler, citado em Bullock, *Hitler*, 609.
61 "cometendo o maior erro de sua vida": Hitler, citado na mesma fonte.

CAPÍTULO CINCO: "A VITÓRIA DOS CÉSARES"
65 "O século passado foi o inverno do Ocidente": Oswald Spengler, *A decadência do Ocidente* (São Paulo: Forense Universitária, 2013).
65 "arrogância esmagadora": Jennie Lee, citada em John Simkin, "Oswald Mosley", Spartacus Educational, http://spartacus-educational.com/PRmosley.htm
66 "sejam hebreus ou qualquer outro tipo": William Joyce, citado na mesma fonte.
68 "povos oriundos dos planaltos da Ásia Central": Houston Stewart Chamberlain, *Aryan World-View* [Visão de mundo ariana] (Henderson, Nevada: Patriot Press, 2002), 11.
68 "restauração da cultura ariana": porta-voz do Partido Hindu, 25 de março de 1939, citado em Marzia Casolari, "Hindutva's Foreign Tie-Up in the 1930s: Archival Evidence" [Ligações estrangeiras do nacionalismo hindu nos anos 1930: provas de arquivo], *Economic and Political Weekly*, 22 de janeiro de 2000, 224, www.sacw.net/DC/CommunalismCollection/ArticlesArchive/casolari.pdf.
70 "Assim como Cristo desejava que viessem": menina em um acampamento para jovens nazistas em Milwaukee, Wisconsin, citada em Mark D. Van Ells, "Americans for Hitler – the Bund" [Americanos pró-Hitler – O Bund], *America in WWII*, agosto de 2007.
70 "Rosenfeld" e seu "Jew Deal": Fritz Kuhn, citado na mesma fonte.
70 "Os oradores começaram com suas diatribes": Meyer Lansky, citado em Michael Feldberg, "But They Were Good to Their People" [Mas eles eram bons com seu próprio povo], My Jewish Learning, www.myjewishlearning.com/article/but-they-were-good-to-their-people/2.

72 "O ramo": John Kander e Fred Ebb, "Tomorrow Belongs to Me", de *Cabaret*, dirigido por Bob Fosse (Nova York: Allied Artists Pictures, 1972).

CAPÍTULO SEIS: A QUEDA

76 "O zumbido de uma bomba que passou voando": Prokop Drtina, *Ceskoslovensko muj osud* (Praga: Melantrich, 1991). 573. Tradução da autora.

78 "muitas dezenas de milhões de pessoas": Hermann Göring, diretiva de guerra, 23 de maio de 1941, citado em Bullock, *Hitler*, 642.

80 um novo papai "muito melhor": David F. Crew, editor, *Nazism and German Society, 1933-1945* [Nazismo e sociedade alemã, 1933--1945] (Londres: Routledge, 1994), 180.

80 "emancipá-las da emancipação": slogan alemão, citado na mesma fonte, 3.

82 "Você acredita ter a devoção do povo": Dino Grandi, citado em Collier, *Duce*, 218-19.

83 "você é o homem mais odiado da Itália": rei Vítor Emanuel, citado na mesma fonte, 229.

83 "perdem qualquer noção de equilíbrio": Benito Mussolini, citado na mesma fonte, 317.

85 "homens que os desprezam, escravizam...": *O grande ditador*, dirigido por Charles Chaplin (Hollywood, Califórnia: Charles Chaplin Film Corporation, 1940).

CAPÍTULO SETE: A DITADURA DA DEMOCRACIA

87 "o Estado a tudo abrange": Benito Mussolini, "Doutrina do fascismo".

89 "engenheiros de almas humanas": Josef Stálin, citado em Michael Geyer e Sheila Fitzpatrick, editores, *Beyond Totalitarianism* [Além do totalitarismo] (Nova York: Cambridge University Press, 2009), 319.

92 "Não concordo com a política de seu governo": Oficial do exército iugoslavo, citado em Josef Korbel, *Tito's Communism* [O comunismo

de Tito] (Denver, Colorado: University of Denver Press, 1951), 124-25.

96 "*Ili Schweigen ili Gefängnis*": cidadão russo citado em I. F. Stone, *The Haunted Fifties: 1953-1963* [Os assustadores anos 50: 1953-1963] (Boston: Little, Brown, 1963), 80.

98 "Tenho em mãos uma lista": Joseph McCarthy, citado em Jack Anderson e Ronald W. May, *McCarthy: The Man, the Senator, the "Ism"* [McCarthy: O homem, o senador, o "ismo"] (Boston: Beacon Press, 1952), 194.

98 "uma conspiração tão imensa": citado na mesma fonte, 237.

CAPÍTULO OITO: "HÁ MUITOS CORPOS LÁ EM CIMA"

103 "O fascismo não morreu com Mussolini": Harry S. Truman, observações à assembleia de fundação das Nações Unidas, San Francisco, Califórnia, 26 de junho de 1945.

106 "Precisamos assegurar a unidade da Sérvia": Slobodan Milosevic, citado em Steve Engleberg, "Carving Out a Great Serbia" [Esculpindo uma grande Sérvia], *New York Times*, 1º de setembro de 1991.

CAPÍTULO NOVE: UMA DIFÍCIL ARTE

110 "A Constituição só mapeia": Adolf Hitler, citado em Bracher, *The German Dictatorship*, 193.

117 "governar uma república é uma difícil arte": Cícero, citado em Edith Hamilton, *The Roman Way* [A maneira romana] (Nova York: W.W. Norton, 1932), 58.

121 "não aguenta mais especialistas": Michael Gove, entrevistado por Faisal Islam, *Sky News*, 3 de junho de 2016.

123 "Democracia não é só um modelo de Estado": Tomas Masaryk, citado em Karel Capek, *Talks with T.G. Masaryk* [Conversas com T. G. Masaryk], editado e traduzido por Michael Henry Heim (North Haven, Connecticut: Catbird Press, 1995).

CAPÍTULO DEZ: PRESIDENTE VITALÍCIO

127 "populismo irresponsável": Brian Palmer, "Why Did Hugo Chávez Hate the United States So Much?" [Por que Hugo Chávez odiava tanto os Estados Unidos?], *Slate*, 6 de março de 2013.

132 "Fiquei confuso porque tive a impressão": Gabriel García Márquez, citado em Rory Carroll, *Comandante: A Venezuela de Hugo Chávez* (Rio de Janeiro: Intrínseca, 2013), 4-5.

134 "Como esquecer a sensação": Hugo Chávez, citado na mesma fonte, 188.

137 "Catorze anos atrás, meus vizinhos de bairro": Lisa Sullivan, "Yo Soy Chávez, Tu Eres Chávez, Todos Somos Chávez" [Eu sou Chávez, você é Chávez, todos somos Chávez], Chicago Religious Leadership Network on Latin America, www.crln.org/reflection-on-the-death-of-hugo-chavez.

138 "entra aos borbotões": Andrew Lloyd Webber e Tim Rice, "And the Money Kept Rolling In", do musical *Evita*, 1976.

140 "tendências golpistas e sedentas de poder": Nicolás Maduro, citado em Mariana Zuñiga e Nick Miroff, "Venezuela's Opposition Holds Its Biggest Protests in Years. Will They Change Anything?" [A oposição venezuelana promove seu maior protesto em anos. Conseguirão mudar alguma coisa?], *Washington Post*, 12 de abril de 2017.

CAPÍTULO ONZE: ERDOGAN, O MAGNÍFICO

143 "As mesquitas são nossos quartéis": Ziya Gökalp, "A oração do soldado" (1912).

145 "Pelo povo, apesar do povo": slogan político, citado em Steven Kinzer, *Crescent and Star: Turkey Between Two Worlds* [Lua crescente e estrela: A Turquia entre dois mundos], edição revisada (Nova York: Farrar, Straus & Giroux, 2008), 47.

146 "Os outros partidos têm membros": Necmettin Erbakan, citado em Soner Cagaptay, *The New Sultan: Erdogan and the Crisis of Modern Turkey* [O novo sultão: Erdogan e a crise da Turquia moderna] (Londres: I.B. Taurus, 2017), 69.

148 "estrela brilhante na escuridão": Adolf Hitler, citado em William O'Connor, "The 20th-Century Dictator Most Idolized by Hitler" [O ditador do século XX mais idolatrado por Hitler], *Daily Beast*, 24 de novembro de 2014.

148 "quaisquer questões que estejam em jogo na Turquia": Madeleine Albright, entrevista coletiva com Valdis Birkavs, ministro de Relações Exteriores da Letônia, Washington, 13 de junho de 1997.

151 "geração devota": Recep Tayyip Erdogan, citado em "The Decline of Turkish Schools" [A decadência das escolas turcas], *The Economist*, 30 de setembro de 2017.

151 "caminho sagrado": Erdogan, citado em "Erdogan Strengthens Grip with AKP Return" [Erdogan aumenta seu controle com retorno ao AKP], *Financial Times*, 21 de maio de 2017.

154 "ao estilo turco... meias-pessoas": Freedom House, relatório "Freedom in the World 2017" [Liberdade no mundo em 2017], março de 2017, https://freedomhouse.org/report/freedom-world/2017/turkey.

156 "segunda guerra pela independência": Erdogan, citado em "Brave 'New Turkey': The Legacy of an Attempted Coup" [A brava "Nova Turquia": O legado de uma tentativa de golpe], *The Economist*, 12 de abril de 2017.

156 "Nazismo... renascido das cinzas": Erdogan, citado em Patrick Kingsley e Alissa J. Rubin, "Turkey's Relations with Europe Sink amid Quarrel with Netherlands" [Relações da Turquia com a Europa afundam em meio a disputa com a Holanda], *The New York Times*, 12 de março de 2017.

156 "Se o Ocidente chama alguém de ditador": Erdogan, citado em Steven A. Cook, "Five Myths About Turkey" [Cinco mitos sobre a Turquia], *Washington Post*, 17 de março de 2017.

156 "Não estou nem aí para o que Hans ou George dizem": Erdogan, citado em Patrick Kingsley, "Erdogan and Supporters Stage Rally on Anniversary of Failed Coup" [Erdogan e apoiadores promovem comício no aniversário da tentativa de golpe], *The New York Times*, 16 de julho de 2017.

157 "mais bárbara que a de Hitler": Jack Simpson, "Turkish Prime Minister Says Israel Is 'More Barbaric Than Hitler'" [Primeiro-ministro turco diz que Israel é "mais bárbaro do que Hitler"], *Independent* (Reino Unido), 20 de julho de 2014.

CAPÍTULO DOZE: O HOMEM DA KGB

160 "produto autêntico e perfeito": Vladimir Putin, com Nataliya Gevorkyan, Natalya Timakova e Andrei Kolesnikov, *First Person* [Em primeira pessoa], tradução de Catherine A. Fitzpatrick (Nova York: PublicAffairs, 2000), 41-2.

163 "Não tentem espremer a Rússia": Putin, citado em Madeleine Albright, *Madam Secretary: A Memoir* [A senhora secretária: Memórias] (Nova York: Talk/Miramax, 2003), 560.

165 "quase incontido uso frenético da força": Putin, em discurso à 43ª Conferência de Munique sobre Política de Segurança, Munique, 10 de fevereiro de 2007, www.washingtonpost.com/wp-dyn/content/article/2007/02/12/AR2007021200555.html.

166 "não temos democracia": Nikita Orlov, citado em Neil MacFarquhar e Ivan Nechepurenko, "Across Russia, Protesters Heed Navalny's Anti-Kremlin Rallying Cry" [Por toda a Rússia, manifestantes estão atentos ao grito de guerra anti-Krêmlin de Navalny], *New York Times*, 12 de junho de 2017.

168 "começar a colher frutos silvestres e comer mel": Putin, entrevista coletiva anual, Moscou, 18 de dezembro de 2014.

169 "Se a Ucrânia se separar": Eduard Shevardnadze, citado em James A. Baker III, *The Politics of Diplomacy* [A política da diplomacia] (Nova York: Putnam, 1995), 560.

170 "Uma mentira não é um lado da história": *The Wire*, quinta temporada, episódio 8, "Clarifications" [Esclarecimentos], dirigido por Anthony Hemingway, roteirizado por Dennis Lehane e David Simon, exibido em 24 de fevereiro de 2008 na HBO.

170 "Sabe, eu gosto de comida chinesa": Putin, citado em Albright, *Madam Secretary*, 439-40.

171 "A ideia do fascismo conquista o mundo": Benito Mussolini, citado em Collier, *Duce*, 114.

CAPÍTULO TREZE: "SOMOS QUEM UM DIA FOMOS"

174 "Nós, jovens": Viktor Orbán, citado em Timothy Garton Ash, *Nós o povo: A revolução de 1989 em Varsóvia, Budapeste, Berlim e Praga* (São Paulo: Companhia das Letras, 1990), 51.

174 "nacionalista antidemocrático e xenófobo": Carol Giacomo, "A Democracy Road Trip Through Hungary" [Na estrada com a democracia Hungria afora], *New York Times*, 1º de julho de 2017.

175 "de manhã, de tarde e de noite": Ferenc Gyurcsány, citado em Pablo Gorondi, "Hungary's Prime Minister in Trouble over Leaked Recording" [Primeiro-ministro da Hungria em dificuldades devido a vazamento de gravação], Associated Press, 18 de setembro de 2006.

177 "estado mafioso": George Soros, citado em Palko Karasz, "George Soros Accuses Viktor Orban of Turning Hungary into 'Mafia State'" [George Soros acusa Viktor Orbán de transformar Hungria em 'estado mafioso'], *New York Times*, 1º de junho de 2017.

179 "doenças e parasitas": Jaroslaw Kaczynski, citado em Henry Foy, "Poland's Kingmaker" [O coroador de reis da Polônia], *Financial Times*, 26 de fevereiro de 2016.

179 "trazer Budapeste a Varsóvia": Kaczynski, estação de TV polonesa N24, 9 de outubro de 2011.

180 "Vocês são uns canalhas": Kaczynski, citado em Rick Lyman, "In Poland, an Assault on the Courts Provokes Outrage" [Na Polônia, investida sobre os tribunais causa revolta], *New York Times*, 19 de julho de 2017.

181 "poloneses da pior espécie": Kaczynski, citado em Monika Scislowska, "Divisive Polish Party Leader Kaczynski Pulls the Strings" [Kaczynski, polêmico líder partidário polonês, mexe seus pauzinhos], Associated Press, 7 de fevereiro de 2017.

181 "aterrorizados por não viverem num país livre": Paulina Wilk, citada em Isaac Stanley-Becker, "Led by Populist Law and Justice

Party, Polish Parliament Moves to Strip Supreme Court of Independence" [Sob o comando do populista Partido Lei e Justiça, parlamento polonês toma medidas para restringir a independência da Suprema Corte], *Washington Post*, 23 de julho de 2017.

182 "Não haverá paz": Jean Monnet, declarações ao Comitê Francês de Libertação Nacional, 5 de agosto de 1943.

183 "Uma das razões que levam cidadãos europeus a se afastar": Jean-Claude Juncker, declarações à Assembleia Parlamentar do Conselho da Europa, Estrasburgo, França, 19 de abril de 2016.

185 "Vejo o islã como um corpo estranho": Alexander Gauland, citado em Guy Chazan, "Gauland Struggles to Tame Germany's Wayward AfD" [Gauland luta para domar o instável AfD alemão], *Financial Times*, 22 de julho de 2017.

186 "dá para se ouvir ecos de temas fascistas clássicos": Paxton, *A anatomia do fascismo*, 185-86.

187 "o Trump tcheco": Milos Zeman, citado em Griff Witte, "'Czech Trump' Wins Second Term as President" ["Trump tcheco" obtém segundo mandato na presidência], *Washington Post*, 28 de janeiro de 2018.

187 "Essas multidões que chegam de outras civilizações": Viktor Orbán, Discurso à Nação, Budapeste, Hungria, 15 de março de 2016.

188 "Não há forma mais efetiva de persuasão": Joseph Goebbels, citado em Rory Sutherland, "The Hitler Guide to Rigging a Referendum" [O guia hitleriano para fraudar um plebiscito], *The Spectator*, 11 de maio de 2013.

189 "No momento em que dermos cidadania": senador romano, citado em Mary Beard, *SPQR – Uma história da Roma Antiga* (Rio de Janeiro: Bertrand, 2016), 237.

191 "Somos quem um dia fomos": Orbán, discurso em Budapeste, 15 de março de 2016.

CAPÍTULO CATORZE: "O LÍDER SEMPRE ESTARÁ CONOSCO"

206 "Se tivermos de entrar em guerra": Mun Hyok-myong, citado em Nicholas Kristof, "War Drums Inside the North" [Tambores de

guerra ressoam dentro do Norte], *New York Times*, 8 de outubro de 2017.

206 "Homem-Foguete... numa missão suicida": Donald J. Trump, discurso à Assembleia Geral das Nações Unidas, 19 de setembro de 2017.

CAPÍTULO QUINZE: PRESIDENTE DOS ESTADOS UNIDOS

211 "Toda a Europa nos apoia": Benjamin Franklin, citado em Stacy Schiff, *A Great Improvisation: Franklin, France and the Birth of America* [Um grande improviso: Franklin, a França e o nascimento dos Estados Unidos] (Nova York: Henry Holt, 2005), 64.

211 "A questão americana": Giuseppe Garibaldi, citado em Don H. Doyle, *The Cause of All Nations: An International History of the American Civil War* [A causa de todas as nações: Uma história internacional da Guerra de Secessão Americana] (Nova York: Basic Books, 2015), 299.

211 "Os primeiros estágios de uma grande nova ordem social": Adolf Hitler, citado na mesma fonte, 10.

212 "milhões de peles-vermelhas": Hitler, citado em James Whitman, "Why the Nazis Loved America" [Por que os nazistas amavam os Estados Unidos], *Time*, 21 de março de 2017.

213 "ainda que a tantos ouvidos desatentos": John Quincy Adams, discurso à Câmara dos Representantes dos Estados Unidos, 4 de julho de 1821.

213 "Cala a boca, sua boboca": Donald J. Trump, declarações no comício Make America Great Again, Harrisburg, Pensilvânia, 29 de abril de 2017. http://transcripts.cnn.com/TRANSCRIPTS/1704/29/se.02.html.

213 "paz invulnerável às maquinações": Franklin D. Roosevelt, discurso em rádio, Washington, 6 de junho de 1944.

214 "Deixe que os mortos são por minha conta": Duterte, citado em *The Duterte Manifesto* [O manifesto de Duterte] (Cidade Quezon, Filipinas: ABS-CBN Publishing, 2016), 40.

214 "um trabalho extraordinário": Trump citado em Michael Gerson, "Trump's Embrace of Strongmen Is a Very Bad Strategy" [O apoio

de Trump a déspotas é uma péssima estratégia], *Washington Post*, 22 de junho de 2017.

214 "fantástico": Trump, citado na mesma fonte.

215 "não terá dificuldades": Trump, citado na mesma fonte.

215 "era um cara malvado": Trump, comício de campanha, Raleigh, Carolina do Norte, 6 de julho de 2016.

215 "A gente tem de dar um crédito a ele": Trump, comício de campanha, Ottumwa, Iowa, 9 de janeiro de 2016.

215 "Um homem tão amplamente respeitado": Trump, citado em Jeremy Diamond, "Timeline: Donald Trump's Praise for Vladimir Putin" [Linha do tempo: Os elogios de Donald Trump a Vladimir Putin], CNN, 29 de julho de 2016.

215 "má, muito má": Trump, citado em Anthony Faiola, "The Germans Are 'Bad, Very Bad': Trump's Alleged Slight Generates Confusion, Backlash" [Os alemães são "maus, muito maus": A suposta gafe de Trump gera confusão e críticas], *Washington Post*, 26 de maio de 2017.

216 "estapeia as pessoas certas": Nikki Haley, entrevista coletiva, Casa Branca, 14 de setembro de 2017.

216 "uma 'clara mensagem'": Phay Siphan, citado em Mike Ives, "Cambodian Government Cites Trump in Threatening Foreign News Outlets" [Governo cambojano cita Trump ao ameaçar veículos estrangeiros de mídia], *New York Times*, 28 de fevereiro de 2017.

216 "Se o presidente dos Estados Unidos": *Diário do Povo*, da China, citado em "Autocrats Across the Globe Echo Trump's 'Fake News' Swipes" [Autocratas mundo afora ecoam ataques de Trump a "*fake news*"], *New York Times*, 13 de dezembro de 2017.

217 "Quando o mundo vê quão ruins": Trump, entrevistado por David E. Sanger e Maggie Haberman, "Donald Trump on NATO, Turkey's Coup Attempt and the World" [Donald Trump fala sobre a OTAN, a tentativa de golpe na Turquia e o mundo em geral], *New York Times*, 21 de julho de 2016.

218 "Há décadas, nosso país": Trump, declarações no comício Make America Great, Harrisburg.

219 "foram desrespeitados, feitos de bobos e roubados": Trump, entrevistado por David E. Sanger e Maggie Haberman, "Donald Trump Expounds on His Foreign Policy Views" [Donald Trump detalha sua visão da política externa], *New York Times*, 26 de março de 2016.

220 "qualquer decisão comercial": Trump, Discurso de Posse, Washington, 20 de janeiro de 2017.

220 "Sempre porei a América em primeiro lugar": Trump, discurso à Assembleia Geral das Nações Unidas, Nova York, 19 de setembro de 2017.

220 "visão lúcida de que o mundo": H. R. McMaster e Gary Cohn, "America First Doesn't Mean America Alone" [Os Estados Unidos antes de tudo não significa os Estados Unidos isolados], *Wall Street Journal*, 30 de maio de 2017.

223 "Eu vou à Polônia": Trump, entrevistado por Peter Baker, Michael S. Schmidt e Maggie Haberman, "Excerpts from the Times's Interview with Trump" [Trechos da entrevista de Trump ao Times], *The New York Times*, 19 de julho de 2017.

223 "O único que interessa sou eu": Trump, entrevistado por Laura Ingraham, *The Ingraham Angle*, Fox News, 2 de novembro de 2017.

220 "Sou uma pessoa muito instintiva": Trump, entrevistado por Michael Scherer, *Time*, 23 de março de 2017.

223 "um gênio perfeitamente estável": Trump, citado em David Nakamura e Karen Tumulty, "Trump Defends Fitness for Office" [Trump se diz apto ao cargo], *Washington Post*, 7 de janeiro de 2018.

223 "passou": Angela Merkel, citada em Samuel Osborne, "Angela Merkel Says Germany Can No Longer Rely on Donald Trump's America" [Angela Merkel diz que a Alemanha já não pode confiar nos EUA de Donald Trump], *Independent* (Reino Unido), 28 de maio de 2017.

227 "não só através do terror": Primo Levi, citado em Stanislao Pugliese, "A Specter Haunting America: Trump and Italian Fascism" [Um espectro que ronda os EUA: Trump e o fascismo italiano], *La Voce di New York*, 20 de novembro de 2016.

CAPÍTULO DEZESSEIS: SONHOS RUINS

230 "milionários arrogantes que tomam para si as riquezas": James B. Weaver, *A Call to Action* [Um chamado a agir] (Des Moines: Iowa Printing and Co., 1892), 6.

230 "Todo Homem É um Rei": Huey P. Long, "Compartilhe a Riqueza", discurso em cadeia nacional de rádio, 23 de fevereiro de 1934.

230 "esses professores universitários intelectuais": George Wallace, citado em Ken Ringle, "The Enduring Symbol of an Era of Hate" [O símbolo duradouro de uma era de ódio], *Washington Post*, 15 de setembro de 1998.

231 "Eu já matava fascistas": Wallace, citado em Federico Finchelstein, *From Fascism to Populism in History* [Do fascismo ao populismo na história] (Berkeley: University of California Press, 2017), 221.

231 "ensurdecedor som de sucção": Ross Perot, segundo debate da campanha presidencial, Richmond, Virgínia, 15 de outubro de 1992.

231 "Goebbels teria inveja": Perot, citado em Jeff Noonan, "Lessons from History IV: Right Wing Populism in America: Too Close for Comfort" [Lições de história IV: Populismo de direita nos Estados Unidos: Próximo demais para ficarmos tranquilos], blog de Jeff Noonan: *Interventions and Evocations*, www.jeffnoonan.org.

234 "Viver esse processo": Cidadão alemão citado em Milton Mayer, *They Thought They Were Free: The Germans, 1933-45* [Eles se achavam livres: Os alemães, 1933-45] (Chicago: University of Chicago Press, 1981), 166-73.

239 "Chegou a hora de um movimento": "Who We Are" [Quem somos], American Blackshirts, www.americanblackshirts.com/about.

CAPÍTULO DEZESSETE: AS PERGUNTAS CERTAS

243 "Quem quer que lute contra monstros": Friedrich Nietzsche, *Além do bem e do mal* (Companhia de Bolso: São Paulo, 2005/Martin Claret Editores: São Paulo, 2011), 102.

245 "sejamos como todas as outras nações": 1 Samuel 8:20 (Nova versão internacional).

244 "Vou contar o que me levou": Adolf Hitler, citado em Bullock, *Hitler*, 381.

246 "No fundo, sabemos": George W. Bush, Fórum Nacional do Instituto Bush sobre Liberdade, Livres Mercados e Segurança, Lincoln Center, Nova York, 19 de outubro de 2017.

252 "vacilante": Senador Zachariah Chandler (republicano, Michigan), senador William Fessenden (republicano, Maine), William M. Dickson (republicano, Ohio), citados em Mark Bowden, "'Idiot', 'Yahoo', 'Original Gorilla': How Lincoln Was Dissed in His Day" [Idiota, grosseirão, o gorila original: Como Lincoln era xingado em sua época], *Atlantic*, junho de 2013.

253 "Ao recostar-me em Qunu": Nelson Mandela, Assembleia Geral das Nações Unidas, 21 de setembro de 1998.

255 "a massa não precisa ser informada": Benito Mussolini, citado em Smith, *Mussolini*, 126.

ÍNDICE REMISSIVO

A

Acordo de Paris sobre o Clima, 224

Adamns, John Quincy, 213

Afeganistão, 105, 117, 238

África, 12, 147
  governos da, 117 (*v. tab*. Rodésia (hoje Zimbábue)
  do sul, 112, 116, 207
    Mandela como presidente, 12
  governos da, 117

Albânia, 33
  Kosovo e, 109, 110

Albright, Madeleine
  Babis, impressão de, 187
  bombardeio alemão na Grã-Bretanha e, 76
  Chávez e, 127
  chegada nos Estados Unidos, 9
  com cabeça da NDI, 115
  como embaixadora da ONU, 217
  como imigrante nos Estados Unidos, 910, 188
  como secretária de Estado, 110
  conferência da Comunidade de Democracias, 114
  crise em Kosovo e Milosevic, 109
  em campanhas presidenciais, 122
  estudo do leste europeu, 11
  família aviaja para os Estados Unidos (1948), 9, 95
  família retorna à Tchecoslovpaquia (194548), 90
  fuga da família para Londres, (1939), 9
  Guerra Fria e visão de mundo de, 160
  Hungria aceita na OTAN e, 175
  Instituto Gulen e, 153
  integrante da equipe, presidência de Carter, 129
  leste Europeu, especialista, 11
  na Casa Branca de Carter, 129
  pai de, ver Korbel, Josef
  pesquisa sobre atitudes relativas à livre iniciativa, 161

presidência de Trump, análise, 220

presidência de Trump, análise, 220, 248

projeto laboratórios de ideias, 249

Putrin e, 162

relacionamento de Bush com, 246

sobre a globalização e cooperação, 22425

sobre a OTAN, 222

sobre a Turquia e Erdogan, 148

sobre o propósito fundamental da política externa, 204

sobre questões de imigração, 189

trabalho com direitos humanos, 224

tropas americanas na Inglaterra e, 212

União Europeia e, 183

Alemanha

A noite das Facas Longas, 264n

bandeira, 42

doutrinação, 48

Gestapo na, 46

Hitler orador, 41

ideal ariano, 48

Lei Habilitante, 39, 45

mito de Hitler, 84

Partido NacionalSocialista dos Trabalhadoares Alemães, 41

revolução nazista, 46

saudação fascista e, 41

Sturmabteilung, 38

Alemanha Nazista (*v.tb*. Hitler, Adolf)

ascensão do Terceiro Reich, 234

mulheres na força de trabalho, 80

policia secreta de Heinrich Himmler, 38

slogan nazista, 60

suástica e, 38, 38n, 42

União Soviética e, 56

mulheres na força de trabalho, 80

pósguerra e o contemporâneo Alternativa para a Alemanha (AfD) e renascimento do nacionalismo na, 185

Merkel como chanceler, 185

queda do muro de Berlim, 113

Alfonso XIII, rei da Espanha, 57

Aliyev, Ilham, 246

Alvarado, Juan Velasco, 129

amante do cardeal, A (Mussolini), 24

American Blackshirts, 239

American People's Party, 230

Anthony, Susan B., 132

Antissemitismo, 41, 65, 69
  estatutos na Itália, 82
  Mosley e fascismo na Grã-Bretanha, 65
  na Alemanha, 41
  na Tchecoslováquia ocupada, 73
  na União Soviética, 88
  nos EUA, 69
  Pelley e a Silver Legion, 69
  Protocolos dos Sábios de Sião, 99

Arábia Saudita, 100, 223

Arafat, Yasser, 203

Argentina, peronismo na, 129

Armênia, 105
  Assad, Bashar al, 170

Ato Magnitsky, 224

Áustria
  assassinato do chanceler pelos nazistas, 54

Hitler e, 39

Partido da Liberdade, 186

pósPrimeira Guerra Mundial, 20

Primeira Guerra Mundial, 25

Autocracia, 19
  tática do fascismo e, 124

Autocracia, 19 (*v.tb.* Filipinas; Rússia; Venezuela)
  tática do fascismo e, 124

Azerbaijão, 105, 246

B

Babis, Andrej, 187

Bahrein, 214

Baker, James, 269

Báltico, 11

Benes, Edvard, 91, 93, 94

Berdimuhamedov, Gurbanguly, 246

Birmânia, 209 (*v.tb.* Mianmar), 209

Bolívar, Simón, 130, 136, 141

Booth, John Wilkes, 252

Brasil, 100, 232

Brecht, Bertolt, *A resistível ascensão de Arturo Ui*, 229

Bryan, William Jennings, 231

Buckley, William, 240

Bulgária, 92, 144, 182

Birmânia, 209

Bush, George H.W., 12, 241,246, 247

Bush, George W., 231
  Coreia do Norte e discurso no Fórum Nacional do Instituto Bush (outubro de 2017), 203, 277n

C

Cabaret (musical), 72

Camboja, 105, 216, 245

Campanha de desinformação, 120

Capitalismo, 28, 121
  anticapitalistas, 17

Carson, Johnny, 240

Carter, Jimmy, 100, 129, 218

Cartum Punch, "o ovo do pároco", 119

Castro, Fidel, 133, 135

Catarina, a Grande, 165

Cáucaso, 11

Chaplin, Charlie, 51, 51n, 85

Chávez, Hugo, 127
  como orador, 136
  concentração de poder, 132
  democracia e governo de, 135
  estratégia de comunicações, 133
  fascismo e, 141
  formação e família, 130
  golpe fracassado contra (2002), 133
  ira de, 132
  passagem pela presidência, 135
  política como espetáculo, 135
  realizações, 127
  sucessor para, 139, 147
  tentativa de golpe por e prisão de, 131

Chile, 100, 171

China
  abertura econômica, 197
  aumento do poder da, 226
  Coreia do Norte e, 194
  firewalls na, 281
  Guerra da Coreia e, 194 195
  política comercial de Trump e, 226
  problemas de dieitos humanos e, 100

Churchill, Winston
  Mussolini e, 23

prisão de Mosley e, 66
rejeição ao acodo de paz de Hitler,. 75
sobre a Primeira Guerra Mundial, 20, 21

Cleo, 100

Clinton, Bill
Chàvez e, 127
conferência da Comunicade das Democracias, 114
Coreia do Nortee e, 197
paz entre Israel e Palestina e, 203
sobre liderança, 244

Clinton, Hillary, 254

Colômbia, 139

Comunismo
aspirações utópicas, 87
fascismo e, 87
na Polônia, 178
na Tchecoslováquia, 94
oposição de Mussolini ao, 87

Conferência de Paz de Paris, 95

Conformismo, 11

Convenção para a Prevenção e a Repressão do Crime de Genocídio, 112

Coolidge, Calvin, 14

Cooperação internacional, 15

Coreia, 193
depois da Segunda Guerra Mundial, 193
do Norte, 120, 196
acesso a armas nucleares, 124
é um Estado Islâmico secular, 209
do Sul, 12, 100
separação, 194

Costa Rica, 100

Coughlin, padre Charles, 69

Credo fascista, 32

Crimeia, 164

Crise financeira de 2008, 119

Croata, 105

Cuba, 133, 137, 217

Curdos, 147, 152

D

Declaração Universaç dos Direitos Humanos, 112

Democracia (*v.tb.* países específicos)
"iliberal", 176
analogia com o ovo do pároco, 119
apoio de Reagan à, 100
condições hoje, 115

defesa dos valores da, 122
demandas do eleitorado, 245
descontentamento com a, 119
desprezo pela, 70
ditadura da, 93
emergentes, 121
EUA não deram o devido valor à, 10
fascimo se espalham dentro da, 17
fracasso da, 20
"imperfeita", 118
Índice de Democracia da The Economist, 118
iliberal, 176, 179
na Europa Central, 116
na Rússia, 165
nações consideradas democracias, 119
no Oriente Médio, 249
parlamentar, 145
perguntas a um candidato a líder, 254
plena, 118
que falhou, 247
representativa, 119, 148
segundo a expectativa de Woodrow Wilson, 113
"sob ataque recuando", 12
Trump e, 217

valor da, 10
Direitos humanos
Ato Magnitsky, 224
China e, 100
Declaraçái Universal dos, 112
intervenção americana por Kim Daejung, 218
relatório da Human Rights Watch (2017), 232
Tchetchênia e na Ásia Central, 163
Ditaduras, 17, 19, 82, 100, 195, 219, 232
da democracia, 87
parceiros de Nixon do "mundo Livre", 100
Duterte, Rodrigo, 213, 248
Trump e, 214

E

Economist The, Índice de Democracia da, 118
Egito, 100, 146, 214
Eichmann, Adolf, 129
Eisenhower, Dwight D., programa Átomos para a Paz, 100
El Salvador, 117

Elena, rainha da Itália, 33
Equador, 137
Eslováquia, 75, 178, 182
Estados Unidos
  Albright nos, 9
  após a Segunda Guerra Mundial, 242
  China e, 224
  e Coreia do Norte, 201
  e Coreia do Sul, 208
  Fethullah Gülen no, 153
  Grande Depressão, 161
  Guerra de Independência dos, 120
  "moral" dos, 218
  movimento "Dreamer", 232
  presidentes dos, 211
  rocha contra o fascismo, 124
  visão de Trump dos, 216
Etiópia, 33, 52, 53, 238
Europa
  Balcãs, 105, 108
  "branca", 186
  conflitos em exrepúblicas sociéticas, 165
  cosmopolitismo, 184
  crise dos refugiados, 157, 187, 250
  entidades hipernacionalistas, 186
  escassez de mão de obra, 184
  fascismo na, 20, 67
  imigração ilegal para, 184, 190
  nacionalismo na, 19, 52, 64, 103, 181
  OTAN e, 95
  Pacto de Munique, 68
  Plano Marshall, 14, 92
  política trabalhista de esquerda na, 24
  população muçulmana na, 184
  renascimento da democracia na Europa central, 116
Europa (*v.tb.* União Europeia, Primeira Guerra Mundial; Segunda Guerra Mundial)
  unificação, 12
Eva Braun, 85

F

Facebook
  fake news, 240
  regimes inescrupulosos espalham mentiras pelo, 18
Fake news, 240
Fascismo
  alemão, 117
  aspirações utópicas, 87

autocracia e, 19
autocrataas copiando táticas do, 124
britânico, 66
crescimento do4
declarações de Wallace sobre, 230
do século XX, 28
dois tipos de fascistas, 233
e comunismo, 87
filmes sobre justiceiros e 244
ganhou vida no início do século XX, 20
Guerra Civil Espanhola, 54
Holocausto e, 10
italiano, 117
medo do comunismo e, 100
Mussolini descreve o, 87
nortecoreano, 196, 208
o que é?, 16
Paxton a respeito do, 19
peça de Brecht parodiando o, 229
personificações do, 80
saudação, 34
sintomas clássicos do, 96
táticas de liderança, 17
Fascismo (*v.tb.* Hitler, Adolph; líderes específicos)
Mussolini descreve o, 87

Fermor, Patrick Leigh, Um tempo de dádivas (*Aquela noite na hospedaria*), 37
Filipinas, 12, 100, 124, 171
Fracasso do idealismo democrático após a Primeira Guerra Mundial, 21
França
  Frente Nacional, 186
  Partido Socialista na, 26
  Solidarité Française, 67
  Tratado de Maastricht, 183
Franco, Francisco, 54
Franklin, Benjamin, 120
Freedom House, 12
Freud, Sigmund, 20
Fundo Monetário Internacional (FMI), 96
  Venezuela e, 130

G

Galton, Francis, 20
Gandhi, Mahatma, 10, 132
Garibaldi, Giuseppe, 30, 211
Gauland, Alexander, 185
George V, rei da Inglaterra, 66
Geórgia, 105, 167, 238
German American Bund (GAB), 69

Globalização, 121, 146

Göring, Hermann, 78

Gottwald, Klement, 91

Grande Depressão, 43, 57, 100

grande ditador, O (filme), 51, 51n it

Grandi, Dino, 82

Grant, Ulysses S., 231, 231n

Grécia, 21, 95, 100, 131, 185

Guatemala, 117, 232

Guerra
  cibernética, 168
  da Bósnia, 107
  da Coreia, 195, 208

Guerra fria, 10
  fim da, 12
  formação da visão de mundo de uma geração, 160
  na Turquia, 145
  União Soviética durante, 197

Guilherme II, kaiser, 40

Gülen, Fethullah, 153, 164

H

Haiti, 105

Haley, Nikki, 216

Hanks, Tom, 240

Harading, 14

Harding, Warren, 14

Havel, Václav, 11, 174

Hemingway, Ernest, 58

Henlein, Konrad, 67

Hindenburg, Oskar von, 44

Hindenburg, Paul von, 44

Hitler, Adolf
  anticomunismo de, 52
  antissemitismo, 41
  camisas marrons, 38, 69
  como personificação do fascismo, 80
  comunicação, 48
  conduzido ao Castelo de Praga, 9
  crueldade de, 83
  e Stálin, 138
  explicação cunhada por si mesmo sobre sua popularidade, 246
  filme de Chaplin, O grande ditador e, 51, 85
  formação e família, 39
  Mein kampf, 42
  memórias de uma viajante inglesa, 37
  mentiras nazistas, 68
  miltarização da, 49

Mussolini e, 51
nascimento de, 39
no Castelo de Praga, 9
peça de Brecht parodiando a ascensão de, 229
poder constitucional, 116
"política de legalidade", 42
"somos bárbaros", 45
Holanda, 554, 167
   Partido para a liberdade, 186
Holocauasto
   judeus tchecoslovacos, 74
   liberação do campo de exterímínio de Auschwitz, 85
   liberação do campo de exterímínio de Majdanek, 85
   liberação dos portões de BergenBelsen, 85
   liberação dos portões de Büchenwald, 85
   membros da família Albright que morreram no, 10, 288
Honduras, 117
Hoover, 14
Hun Sen, 245
Hungarismo", 63
Hungria
   crise de refugiados, 187
   na OTAN, 175
   na União Europeia, 176
   numa camisa de força fascista, 176
   Orbán e, 177
   Partido da Cruz Flechada, 63
   partido Fidesz, 175
   Plano Soros, 188
   praça dos Heróis, 173
   república democrática, 11
Hussein, Saddam, 161, 204, 215

I

Imigração
   de muçulmanos, 224
   ilegal, 184
   impacto da, 184
   legal, 184
Império
   AustroHúngaro, 20, 63
   Otomano, 20
   Romano novo, 35
Índia, 95, 113
Indonésia, 12, 100, 116, 171
   Suharto e, 171
Instituto Gulen, 153
Iraque, 117
   democracia e, 122

Islá, 111
 reação de Bush aos ataques terroristas de onze de setembro, 241
Israel, 157, 223, 225
Itália, 21
 comunistas e socialistas, 81
 credo fascista, 32
 fascismo na, 195
 líder socialista assassinado (1924), 32
 Marcha sobe Roma, 30
 primeira vaista de Hitler à, 51
 spazio vitale (espaço vital), 33
Iugoslávia,75, 92, 104, 106

J

Jackson, Andrew, 231
Japão, 103, 193, 201, 224
Jefferson, Thomas, 212
João Paulo II, papa, 11
 Joyce, William (lorde HawHaw), 66
Judeus húngaros, 64
Julgamento de Nuremberg, 112
 Juncker, JeanClaude, 183

K

Kaczynski, Jaroslaw, 178
 carisma de, 178
 Partido da Lei e Justiça (PiS), comandado por, 178
 primeirоministro, 179
 "verdadaeiro polonês", 181
Kaczynski, Lech, 178
Kagame, Paul, 246
 Kemal, Mustafa (Atatürk), 144148, 151
Kennedy, John F., Aliança para o, 100
Kershaw, Ian, 84
 Kim Daejung, 218
 Kim Ilsung, 194
 sistema milatar coercivo, 206
 Kim Jongil, 196, 198
 Albright enconcontrase com, 199
 Kim Jongun. 196, 206, 215, 248
King, Martin Luther, Jr., 232
Kissinger, Henry, 222
Körbel, Josef, 76, 257
Ku Klux Klan, 69, 240
Kuhn, Fritz, 70

L

La Follette, Robert, 231

La Rochejaquelein, Henri de, 263n

Lansky, Meyer, 265

Largo Cabellero, Francisco, 57

Lavrov, Sergey, 170

Lênin, Vladimir, 87

Levi, Primo, 227

Lewis, Flora, 240

Lewis, Sinclair, *It Can't Happen Here*, 230n

Libéria, 105

Líbia, 207, 216, 238

Liga das Nações, 21, 52, 95

Lincoln, Abraham, 231

Lindbergh, Charles, 230

Long, Huey, 230

M

Maduro, Nicolás, 139, 248

Malthus, Thomas, 20

Mandela, Nelson, 12, 132, 253
  discurso de despedida às Nações Unidas, 253
  liberação de, 12

Marcos, Ferdinand, 115

Markovic, Mirjana, 110

Márquez, Gabriel García, 132

Marshall, George, 91

Marx, Karl, 11
  sonho de, 11

Masaryk, Jan, 94

Masaryk, Tomas Garrigue, 123

McCarthy, Joseph, 267n

McGrory, Mary, 240

Mein Kampf (Hitler), 42, 48, 52

Mengele, Josef, 129

Merkel, Angela, 185

Mianmar, limpeza étnica na, 117

Mídia/jornalismo
  campanhas de desinformação., 120
  fake news, 240
  mídas sociais, 152
  na Alemanha nazista, 48
  papel da mídia, 240
  revolução da informação (Coreia do Norte), 207
  traidores da mídia, 96

Mídias sociais, 152, 250

Milosevic, Slobodan, 105

Milosevic, Slobodan, 105, 110
  guerra da Bósnia, 107
Mladic, Ratko, 113n
Moçambique, 105
Monnet, Jean, 182
Mosley, Oswald, 65, 67
Movimento Revolução do Poder Popular (Filipinas), 115
Mugabe, Robert, 245
  Mun Hyokmyong, 206
Muro de Berlim, 11
Museveni, Yoweri, 245
Mussolini, Benito
  ascensão de, 30
  caráter e personalidade, 81
  como "encarnação de Deus", 23
  como Il Duce, 30
  fascismo descrito por, 87
  formação e família, 23
  Hitler e, 51, 52
  Marcha sobre Roma de, 42
  nascimento, 23
  spazio vitale, 33

N

Nacionalismo, 52, 104
  ascensão do, 144
  assertivo, 148
  de Putin, 168
  exacerbado de líderes, 103
  fanático, 19
  jungoísta, 176
Nações Unidas, discurso de despedida de Mandela, 253
NAFTA (Tratado Norte Americano de Livre Comércio), 224
Nagy, Imre, 173, 188
National Democratic Institute, 115, 258
Nepal, 116
Nicarágua, 117, 246
Nietzsche, Friedrich, 263n, 276n
Nigéria, 116
Nixon, Richard, 100, 222, 232

O

Obama, Barack, 231
Open Society, 177
Orbán, Viktor, 174, 187
  estratégia de, 188
  "Plano Soros", 188
  união húngara para, 175

Oriente Médio, 14, 223, 226
  conflito no, 122
  democracias no, perspectivas, 249
Ortega, Daniel, 246
Orwell, George, 59

P

Países bálticos, 167
Panamá, Tratado do Canal do, 129
Paquistão, 95, 100, 238
Paraguai, 100
Parceiros de Nixo no "mundo livre", 100
Parker, Dorothy, 24n,
Partido Nacionalista da Islândia, 67
Paxton, Robert, 186, 272n
Pelley, William, 69
Pérez, Carlos Andrés, 130
Perigosa ascensão do populismo, A *Human Rights Watch*), 232
Perón, Eva, 128
Perón, Juan, 128
Perot, Ross, 231
Peru, 232

Petacci, Claretta, 84
Pinochet, Augusto, 116
Plano Marshall, 14, 92
Plano Soros, 188
Política como espetáculo, como Mussolini via, 135
Polk, James, 231
Polônia, 21, 92
  Hungria e, 181
  Kaczynski e, 178
  Lech Walesa, 174
  ocupada, 74
  papa nascido na, 11
  Partido Lei e Justiça (PiS), 178
Populismo, 229
  aspectos, 152
  global, 232
  irresponsável, 127
  nos Estados Unidos, 230
Portugal, 67, 100, 183
Potemkin, Grigóri, 165
Praga. praça de São Venceslau, 11
Primeira Guerra Mundial
  campos de baatalha, 20
  carnificina da, 245
  conferência de paz em Paris, 95

derrota na, 144
devastação causada, 95
Hitler festejou o início da, 39
império AustroHúngaro desmatelado, 63
vitoriosos da, 176

Programa Ponto IV de Truman, 14

Putin, Vladimir, 159
Albright e, 163
democracia liberal, 176
embustes de, 172
formação e familia, 159
na KGB, 158
portaestandarte do populismo global, 232

Pyongyang, 195

R

Raspberry, William, 240

Reagan, Ronald, 129, 218, 231

Recep Tayyip Erdogan, 143
Albright na Turquia e encontros com, 148
como líder da AKP, 144
primeiroministro da Turquia, 148
prisão de, 148

programa Visão 2023, 156
Turquia e, 156

República Tcheca (Ex Tchecoslobváquia)
assassinato de Jan Masaaryk, 94
assassinato de Masaryk, 95
Benes como presidente, 91
competição entre comunistas e, 9, 9195
família Albright foge(1929), 9
família Albright retorna, 9
Havel e, 11
Henlein e nazismo na, 67
Hitler invade, 9
ocupação nazista, 9
pósguerra, 96
Praga, 9, 11, 56, 685
Revolução de Veludo, 11

resistível ascensão de Arturo Ui, A (Brecht), 229

Reston, James, 240

Revolução de Veludo, 11

Rodésia (atualmente Zimbábue), 112, 245

Röhm, Ernst, 41, 46

Roma, 29, 30, 31n, 65, 189

Romênia, 56, 67, 92, 175, 182, 232
   Legião de São Miguel Arcanjo, 67
   petróleo da, 56
Roosevelt, Eleanor, 59
Roosevelt, Franklin, 14, 85, 103, 230
Roosevelt, Theodore, 232
Ruanda, 105, 246
   Rússia (exUnião Soviética), 165
   de Vladimir Putin, 166
   de Stálin, 82
   dos fascistas alemães, 90
   Revolução Bolchevique na, 26
   Sergey Lavrov, 170
Ruzzini, Giovanni, 30

S

Satyagraha, 10
Saudação romana (fascista), 31, 66
Schenk, Claus Philipp, 81
Schorr, Daniel, 59n
Segunda Guerra Mundial, 10
   Estados Unidos após a, 141
   Exército Vermelho durante, 90
   vitória aliada na, 113
Sérvia
   ataques aéreos da OTAN, 108
   Exército de Libertação de Kosovo (ELK), 109
   isolamento internacional da, 111
   Kosovo e, 109
   massacre em Racak, 109
   Milosevic e, 106
Sezer, Ahmet Necdet, 148
Silva, Kathy, 9, 257
Síria, 144, 157, 169, 170, 138
   Sisi, Abdel Fattah al, 214
Socialismo autogestionário de Tito, 10
Somália, 195, 216, 238
Soros, George, 177
Soros, George, 177, 188
Spencer, Herbert, 20
Spengler, Oswald, 65, 171,
Spieglova, Ruzena, 73
Stálin, Josef
   caráter e personalidade, 88
   como fascista, 16

estratégias totalitárias de, 166
Exército Vermelho de, 193
Hitler, Mussolini e, 138
Leon Trótski e, 59

Stone, I. F., 267n

Sudão, 105

Suécia, Democratas, 186

Suharto, 171

Suharto, Hajji, 171

Swift, Jonathan, 99

T

Tailândia, 216

Tajiquistão, 105

Taylor, Zachary, 231

Tchecoslováquia, 9
Revolução de Veludo, 11
Václav Havel, 11

Tecnologia
"Big Brother", 18
desinformação, 120, 168
regra número um da fraude, 18

Tito, 92

Totalitarismo, 19

Tramp, Donald, 12
na Casa Branca, 12

Tratado do Canal do Panamá, 129

Truman, Harry, 14
discurso de, 104
Programa Ponto IV de, 14

Trump, Donald, 14
caráter e personalidade, 213
como populista, 232

Tunísia, 116

Turcomenistão, 246

Turquia
cidade de Siirt, 143
coceito de democracia na, 148
Erdogan na, 176
na OTAN, 145
na União Europeia, 150
Partido da Justiça e do Desenvolvimento (AKP), 144
Partido dos Trabalhadores do Curdistão, 157

Tusk, Donald, 180

U

Ucrânia, 11, 59, 144, 167, 169, 224
derrubada do avião da Malaysia Airlines, 169

Uganda, 238, 245

União Britânica de Fascistas (BUF), 66

União Europeia (UE)
  Hungrian na, 176
  maior economia do mundo depois dos EUA, 182
  obstáculos à entrada, 157
  plebiscito do Brexit, 185
  problema da identidade étnica e, 67
  quatro perigos para, 223
  Turquia e, 145, 150
  uniuficação da Europa, 12
  vantagem, 182

União soviética, 11

Universidade de Georgetown, Walsh, 97n

V

Valores democráticos, 15

Venezuela
  Bolívar e, 130
  Chàves e, 139, 163
  Maduro como presidente, 140
  nome e história, 130
  "Pequena Vezeza", 130

Verdadeiros poloneses", 181

Vítor Emanuel III, rei da Itália, 26

W

Walesa, Lech, 174
Wallace, George, 230
Walsh, padre Edmund, 97n
Washington, George0
Weaver, James B., 230
Wilders, Geert, 186
Wilson, Woodrow, 21, 113
  tronar o mundo um lugar seguro para a democracia, 113
  visão global, 21
Wire, The (série de TV), 170

X

Xi Jinping, 226

Y

Yanukovitch, Viktor, 169
Yeltsin, Boris, 160
Walsh, padre Edmund, 97n
Washington, George, 70
Weaver, James B., 230
Wilders, Geert, 186

Wilson, Woodrow, 21, 113
   tronar o mundo um lugar seguro para a democracia, 113
   visão global, 21
Wire, The (série de TV), 170

Z

Zaire, 100
Zeran, Milos, 186

SOBRE A AUTORA

Madeleine Albright foi a 64ª secretária de Estado dos Estados Unidos, entre 1997 e 2001. Sua notável carreira inclui postos no Congresso americano e no Conselho de Segurança Nacional. Foi também embaixadora dos Estados Unidos nas Nações Unidas. Ela mora em Washington e na Virgínia.

Leia também outros títulos do selo Crítica

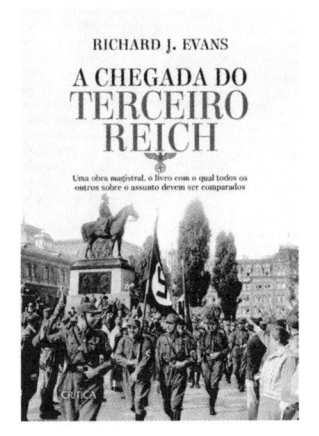

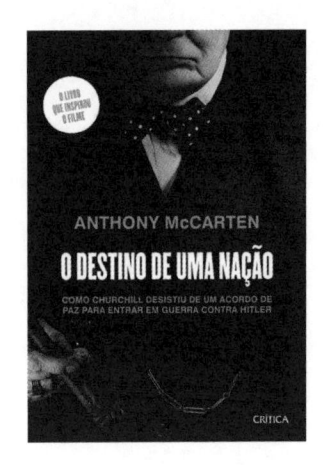

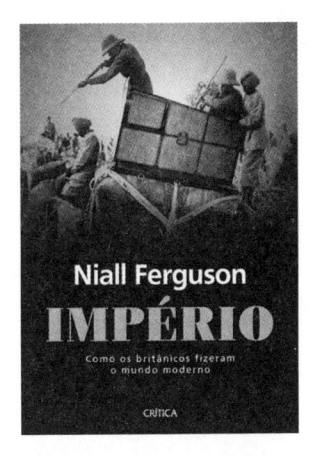

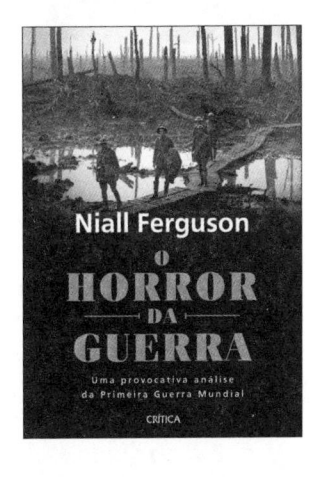

- MARTIN GILBERT — A HISTÓRIA DO SÉCULO XX (Crítica)
- Niall Ferguson — CIVILIZAÇÃO: Ocidente x Oriente (Crítica)
- Niall Ferguson — IMPÉRIO: Como os britânicos fizeram o mundo moderno (Crítica)
- Niall Ferguson — A GUERRA DO MUNDO: A era de ódio na história (Planeta)
- Niall Ferguson — A ASCENSÃO DO DINHEIRO: A história financeira do mundo (Crítica)
- Niall Ferguson — O HORROR DA GUERRA: Uma provocativa análise da Primeira Guerra Mundial (Crítica)

Este livro foi composto em Adobe Garamond Pro e impresso pela
RR Donnelley para a Editora Planeta do Brasil
em agosto de 2018.